崇祯十七年
欧洲那些事儿

马瑞民◎著

清华大学出版社
北京

本书封面贴有清华大学出版社防伪标签，无标签者不得销售。

版权所有，侵权必究。举报：010-62782989，beiqinquan@tup.tsinghua.edu.cn。

图书在版编目(CIP)数据

崇祯十七年欧洲那些事儿/马瑞民著.—北京：清华大学出版社，2021.9
ISBN 978-7-302-58903-7

Ⅰ.①崇⋯　Ⅱ.①马⋯　Ⅲ.①欧洲—近代史　Ⅳ.①K504

中国版本图书馆CIP数据核字(2021)第170758号

责任编辑：贺　岩
封面设计：李召霞
版式设计：方加青
责任校对：王凤芝
责任印制：朱雨萌

出版发行：清华大学出版社
　　　　网　　址：http://www.tup.com.cn，http://www.wqbook.com
　　　　地　　址：北京清华大学学研大厦A座　　　邮　编：100084
　　　　社 总 机：010-62770175　　　　　　　　　邮　购：010-62786544
　　　　投稿与读者服务：010-62776969，c-service@tup.tsinghua.edu.cn
　　　　质 量 反 馈：010-62772015，zhiliang@tup.tsinghua.edu.cn

印 装 者：大厂回族自治县彩虹印刷有限公司
经　　销：全国新华书店
开　　本：170mm×240mm　　　印　张：21　　　字　数：350千字
版　　次：2021年9月第1版　　　印　次：2021年9月第1次印刷
定　　价：58.00元

产品编号：087327-01

克伦威尔在马斯顿荒原击败查理一世时，为公元1644年，也即是中国崇祯皇帝上煤山的一年，也就是明亡的一年。

——《万历十五年》的作者黄仁宇

火器终为中国长技，西洋大炮不可偏废。

——崇祯皇帝

明历法以昭大统，辨矿脉以裕军需，通西商以官海利，购西铳以资战守。

——意大利传教士毕方济给大明开出的"药方"

然台湾者，中国之土地也，久为贵国所踞。今余既来索，则地当归我。

——郑成功写给荷兰殖民总督的信

天下兴亡，匹夫有责。（原话是：保天下者，匹夫之贱与有责焉耳矣。）

——顾炎武

欧洲之所以超过东方，是因为两个人两句话。一句是培根的"知识就是力量"，一句是笛卡儿的"我思故我在"。

——梁启超

只要不是公开反对天主教善良道德的，不必劝服中国人去改变他们原有的礼仪与风俗习惯。将法国、西班牙、意大利或任何欧洲国家（的风俗）输入中国，都是十分不智的。需要输入的是信仰，不是风俗。

——教皇亚历山大七世写给中国主教的训令

我将从一座腐烂的王位走向一座不朽的王位，那里没有世俗的打扰。

——英国国王查理一世临死前的演讲

人可不朽，救赎可待来日。国家不得永生，救赎唯有当下。

——法国红衣主教黎塞留

宁可使中夏无好历法，不可使中夏有西洋人。

——明末清初保守派官员杨光先

托里拆利在山顶做大气压实验

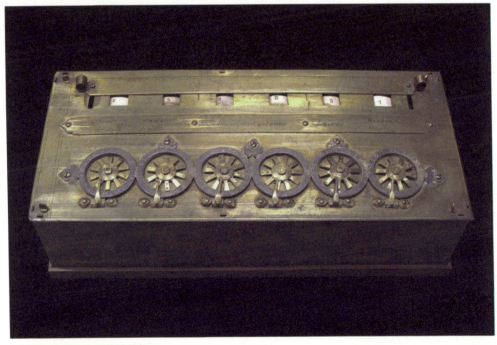

1642年帕斯卡发明的计算机

笛卡儿故居

英国国王查理一世与法国公主玛丽亚的婚姻协议

伦勃朗在阿姆斯特丹的故居

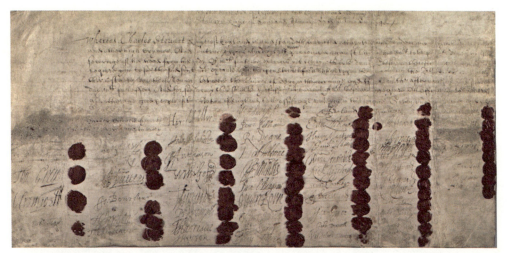

英国国王查理一世的死刑判决书（左起第一列第三个左边是克伦威尔的签名）

英国国王查理一世被斩首

17 世纪的哈佛大学

波卡洪塔斯拯救约翰·史密斯,好莱坞把这个故事拍成电影《风中奇缘》

1648年,欧洲各国签署《威斯特伐利亚和约》,一致认同以国际法来调整国与国关系

鸡鸣驿的明朝壁画,左一是黑人,右一红头发者为荷兰人

荷兰东印度公司办公楼

荷兰东印度公司十七先生会议室，这是一间影响全球历史的办公室

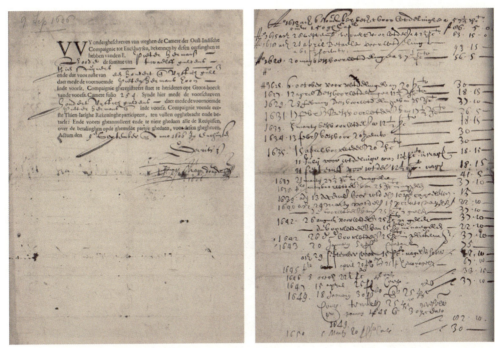

1609年荷兰东印度公司的股票(世界上最早的股票凭证)

圣彼得大教堂内部

泰姬陵,崇祯五年开建,历时 21 年完工

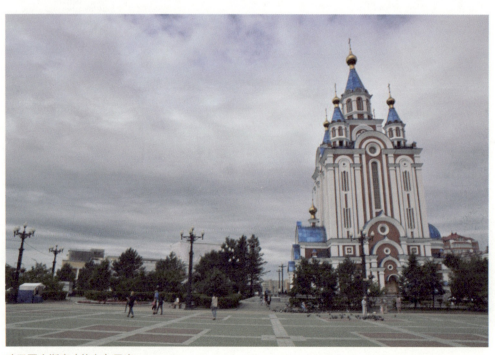

哈巴罗夫斯克(伯力)风光

伊朗伊斯法罕伊玛目广场，竣工于崇祯二年，其规模仅次于天安门广场

鲁本斯《四大洲》，1614 年，209 厘米 ×284 厘米，藏于维也纳艺术博物馆
四名女人按照地图顺序从左到右分别是欧洲、非洲、美洲和亚洲，四名老人分别是多瑙河、尼罗河、恒河和拉普拉塔河

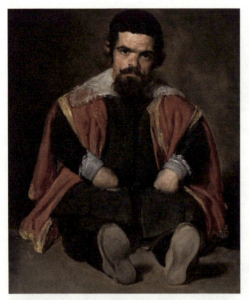

委拉斯凯兹《坐在地板上的侏儒》,1646年,106厘米×81厘米,现藏于西班牙普拉多美术馆

约翰内斯·维米尔《戴珍珠耳环的少女》,1665年,44.5厘米×39厘米,现藏于海牙莫里茨美术馆。荷兰版的《蒙娜丽莎》。画中女子欲言又止、似笑还嗔的回眸,魅力无穷。她的身份是一个千古之迷

委拉斯凯兹《宫娥》,1656年,318厘米×276厘米,现藏于西班牙普拉多美术馆
画中左边执笔者即画家本人,本画与《蒙娜丽莎》《夜巡》并称为世界三大知名油画

朱塞佩·阿尔钦博托《鲁道夫皇帝肖像》,1590年,现藏于瑞典
画像中有数十种蔬菜和水果

前 言

十 年

17世纪，40年代。

人类数千年历史中的十年。

世界、欧洲、中国发生巨变的十年。

法国人罗伯特·门泰·德·萨尔莫内写道，我们处于铁的时代，这个时代因为发生伟大而古怪的革命而闻名。

第一个日不落帝国——西班牙——落下了帷幕。它从美洲往本土运送黄金白银，运了一百年，还拥有几乎整个拉丁美洲。然而，在海上打不过英国，在陆上打不过法国，在疆域内拦不住葡萄牙和荷兰的独立，从此成为欧洲边缘国家。

第二个日不落国家——荷兰——正处于黄金时代。从1568年打响第一枪到1648年独立，荷兰人用了八十年的时间摆脱了西班牙的统治。这个只有一百多万人口的小国是人类历史上第一个资产阶级共和国，政治、经济、金融、文化和科技全方位充分发展。荷兰的国际贸易额占世界的一半，荷兰商船的吨位相当于英法德意的总和。

17世纪的荷兰，其在世界上的地位就好比今天的美国。阿姆斯特丹相当于纽约，荷兰盾相当于美元。

第三个日不落帝国——英国——正在进行一场剧烈的政治变革。查理国王认为自己的权利来自上帝，因此只需向上帝负责。而英国议会却认为，国王必须对议会负责，对人民负责。议会成立了法庭，砍下了国王的脑袋。随后，英国议会建立了共和国。克伦威尔解散了议会，把英国变成军事独裁国。最后，英国人民废掉了克伦威尔的儿子，把英国太子从海外接回来，恢复了英格兰王国。究竟什么样的政府好，英国人在探索。

这一时期，英国人在北美建立了一所学校，叫哈佛大学。

北美的英国殖民者娶了一位印第安公主，被好莱坞拍成电影《风中奇缘》。

第四个日不落大国——法国——正在孵化中。中世纪的法兰西是典型的封建国家，天子孱弱，诸侯割据，国土像是马赛克拼成的。一位弱小多病的主教，行事风格就像曹操一样，甚至比曹操更为果决。他用独裁手段把全部权力收归王室，然后举全国之力发展经济、发展文化、发展军事，使法国在短短的二十年内变成欧洲第一强国。

这一时期，法国成为世界数学中心，一直到今天都是数学强国。

第五个大国——俄国——正在崛起。用了六十年的时间，俄罗斯人把一千万平方公里的西伯利亚收入囊中。贪婪的俄国人并不满足，他们跨过黑龙江烧杀抢掠。新成立的大清帝国不得不派出一支军队，去边境抗击侵略者。

1644年，国祚延绵二百多年的大明帝国，灭亡了。

崇祯十七年，葡萄牙人在澳门定居了将近一百年。西班牙和大明做了七十年的贸易伙伴。传教士在北京居住了四十年。大明已经配备了最先进的荷兰火炮。大明的天文历法已经同国际接轨。欧洲给大明输入了科技、输入了金钱（巨额）、输入了军队和武器、输入了人才和思想。

但是，大明没有富有，没有强大，没有步入近代化。

欧洲国家崛起只是表面现象，其背后经济、科技、思想与艺术的崛起更值得关注。1500年到1644年，这一百五十年左右欧洲的成就如下：

1. 天文。哥白尼的日心说、第谷的星表、布鲁诺的宇宙说、伽利略的日月观察、开普勒三定律。

2. 地理。哥伦布发现美洲、葡萄牙人控制印度洋、西班牙人控制太平洋、荷兰人发现大洋洲。麦哲伦船队、德雷克完成环球航行。法国人殖民加拿大、英国人在北美建立哈佛大学。

3. 政治。荷兰成立资产阶级共和国、英国进行君主立宪探索、瑞士建立宗教共和国。出版的相关政治书籍有《君主论》《国家六书》《神权政治论》《利维坦》《战争与和平法》等。

4. 经济。英国东印度公司和荷兰东印度公司成立。发展工商业成为欧洲君主的共识。贸易战成为国与国竞争的新手段。

5. 科学。科学家有但不限于伽利略、阿格里科拉（矿物）、托里拆利、笛卡儿（解析几何）、梅森、斯涅尔（光学折射）、帕斯卡、列文虎克、惠更斯、韦达（代数）、纳皮尔（对数）、费马、吉尔伯特（磁石）、维萨里（人体解剖）、威廉·哈维（血液循环）。

6. 思想。马丁·路德的宗教改革、托马斯·莫尔的乌托邦、马基雅维利的君主论、蒙田的怀疑论、培根的新工具、笛卡儿的方法论、斯宾诺莎的伦理学。

7. 文艺复兴。达·芬奇、米开朗琪罗、拉斐尔、提香、丢勒、老勃鲁盖尔、卡拉瓦乔、伦勃朗、鲁本斯、贝尼尼等，大师和作品数不胜数。

欧洲已经超过了大明，并且将以更快的速度与大清拉开差距。

目 录

第一部分　白银时代的法国

第一章　红衣主教黎塞留——法国的曹操　3

他架空国王、驱逐太后、流放王弟、斩杀权贵、收买文人、压榨人民。

他对内消除割据、集中权力、壮大经济、发展文化。他对外举尽全法国之力，将最强大的敌人瓦解。

为了把国家变成第一强国，所有人都得听我的，所有人都必须付出一切。

第二章　笛卡儿——"我思故我在"　21

近代哲学的创始者，近代数学的创始者。

他和瑞典女王究竟有没有一段浪漫的爱情故事？

第三章　布莱士·帕斯卡——"人是一根会思想的芦草"　33

12岁，他证明了三角形内角和等于180度。

16岁，他发现了以自己名字命名的数学定理。

19岁，他发明了世界上第一台计算机。

30岁，他发现了以自己名字命名的物理定律。

32岁，他放弃科学、探讨哲学，写出了一本举世闻名的哲理散文集。

第四章　费马——一道解了 358 年的数学题　45

崇祯十年，公元 1637 年。一名法国律师在一本书里写下一句话："将一个高于二次的幂分成两个同次幂之和，这是不可能的。我发现了一种美妙的证法，可惜这里空白的地方太小，写不下。"

就是这句话，提出了世界上最迷人的数学猜想，让全世界的数学家几百年前仆后继、夜不能寐。

第五章　世界上到底有没有真空　59

世界上有没有一个地方，那里什么都没有？

哲学家和科学家为这个问题大打出手，直至今天仍然没有定论。

第二部分　黄金时代的荷兰

第六章　荷兰——黄金时代　71

一句话，荷兰就是 17 世纪的"美国"。

第七章　胡果·格劳秀斯——国际法之父　91

他不是帝王，不是教皇，却为世界各国立法。

第八章　夸美纽斯——我们老师的老师　105

秋季开学、按年龄和智力分年级，小学六年、中学六年、每学年结束前考试，这些今天连小学生都知道的事情，就是夸美纽斯发明的。

明朝灭亡，引发很多人思考。国家如何强大？如何免于外族入侵？

夸美纽斯说，只有教育才能强国。

第九章　斯宾诺莎——万物皆神　119

因为他的人品，所有人都愿意做他的好朋友。

因为他的论著，所有人都吓得避之唯恐不及。

第十章　明末清初的中荷往事　　　133

荷兰和大明打打合合、两败俱伤，就是不能好好地做生意。这是为什么呢？

第三部分　青铜时代的英国

第十一章　国王之死　　　149

国王是不是想做什么就做什么？是不是所有人都必须无条件服从国王？一个国家能不能没有国王？

第十二章　护国公　　　163

他是推进历史的伟人，死后却被开棺鞭尸。

第十三章　风中奇缘　　　175

万历四十二年，一名印第安少女嫁给了北美殖民地的英国人，演绎了一段《风中奇缘》。

万历四十八年，《五月花号公约》奠定了美国的国家基础。

天启四年，荷兰人开始建设曼哈顿。

崇祯九年，哈佛大学成立。

第十四章　托马斯·霍布斯——怪兽利维坦　　　185

他自称是胆小鬼，却亲自动手拆掉帝王的宝座，扯下教皇的遮羞布，批判英国议会的专权。

第十五章　威廉·哈维——近代生理学创始人　　201

几千年来，人们认为吃下的饭变成血，流到全身后用完。

第十六章　第一次中英冲突　　209

早在鸦片战争的两百年前，中英就爆发了一场武装冲突，还签署了一个条约。

第四部分　黑铁时代的大明

第十七章　明朝的两位皇帝　　217

一心做木匠活儿的天启皇帝与说不尽的崇祯皇帝。

第十八章　中国史上第一支欧洲雇佣军　　223

葡萄牙人跟随明军战斗在第一线，宁死不屈。

第十九章　欧洲的明朝故事　　231

明朝最后的皇帝，把复国的希望寄托在罗马教皇身上。

第二十章　汤若望——位居一品官员的德国人　　241

康熙选择雍正的时候经历了残酷的斗争。
那么，你相信帮助顺治选择康熙的是一位德国人吗？

第二十一章　黄宗羲——"中国民主启蒙之父"　　253

明朝的灭亡，不仅是自身的灭亡，也是封建制度的失败。

第二十二章　俄国人来了　265

不同于英国人、荷兰人的经商要求，不同于意大利人、葡萄牙人的传教要求，俄国人来了就是要侵占土地、掠夺财物、屠杀百姓。

第五部分　巴洛克时代的艺术

第二十三章　贝尼尼和圣彼得大教堂　279

17世纪最伟大的天才与一座世界上最大教堂的故事。

第二十四章　伦勃朗——"饿死也不妥协"　289

他通过才华赢得了美人和财富。又因为才华，失去了一切，直到穷死。

第二十五章　明末清初的欧洲绘画　301

世界三大油画作品中有《蒙娜丽莎》，另外两幅是什么？本章将为您讲讲油画背后的故事和那些画家们。

附录　明末清初世界大事记　307

第一部分　白银时代的法国

Armand Jean du Plessis de Richelieu（1585—1642）

人可不朽，救赎可待来日。国家不得永生，救赎唯在当下。

君主没有后路。

国王的学问即是隐藏的学问。

强权即真理。

用我的红袍覆盖一切。

必须像狮子一样睡觉，永远不合上双眼。

严惩那些以藐视国家法令为荣的人，就是对公众做好事。

第一章

红衣主教黎塞留——法国的曹操

有一篇文章叫《西方人眼中的三国人物》，该文称诸葛亮为黎塞留式的人物。我觉得曹操和黎塞留更像。那么，诸葛亮、曹操和黎塞留，地距万里、时隔千年，他们之间有什么异同？

1585年9月9日，黎塞留出生在巴黎的一个贵族家庭。

1606年，法国历史上最好色的国王亨利四世提名20.5岁的黎塞留为吕松主教。

当时的制度规定，担任主教的最低年龄是23岁。亨利国王打算派一名特使，前往罗马劝说教皇恩准。至于盘缠和上下打点费用，自然由黎塞留出。

黎塞留没有钱，他决定自己当这个特使。

来到罗马之后，黎塞留聆听了一场重要的布道（演讲）会。会后，他把布道文从容地背诵下来，一个字都不差（像三国的张松）。

接待他的人差点惊掉了下巴，立即上报教皇保罗五世。

保罗五世做过一件和中国有关的事情，他批准传教士把《圣经》译成中文。

保罗五世召见了这位远方的青年才俊，请他现场表演。

当着教皇的面,黎塞留背诵了那篇布道文,不过和上一次不同。

黎塞留引用了那篇布道文中的《圣经》原话,却表达了完全相反的观点。用同一段话推导出截然相反的结论。

保罗教皇听后连连摇头。

才能如此之高,品德如此之差,此人日后必成大奸大恶之徒。

不过,教皇还是批准了黎塞留的请求。一来,黎塞留的确有才。二来,如果今天不批,两年后他年龄一到,还是主教。不如现在做个顺水人情。

黎塞留回国后到吕松就任,五年时间使该地区的教务焕然一新。

黎塞留的确非常奸,但的确非常能。

1610年,法国国王亨利四世在巴黎街头遇刺身亡。9岁的路易十三继位,来自意大利美第奇家族的玛丽太后摄政。玛丽太后信任同样来自意大利的奇诺·孔奇尼,凡事和他商量,由他做主。孔奇尼是个无德无能的废柴。亨利四世好不容易在国库里攒了的那点积蓄,都搬到他家里去了。

被冷落到角落里的法国权贵对此极为不满。他们要求法国王室召开三级会议,商讨国策。

1614年,年近三十的黎塞留作为宗教界代表到巴黎参加三级会议,第一次登上政治舞台。

吉斯家族、孔代亲王、新教领导人若昂以及全国各路权贵纷纷斥责、抨击孔奇尼腐败无能、祸国殃民。玛丽太后和年轻的国王路易十三又羞又恨。

人微言轻的黎塞留站出来,强烈呼吁众人支持法国王室。就像早期弱小的曹操一样,拥护皇室、反对袁绍。

在国王、贵族和人民三者之间,黎塞留坚定不移地支持前者。

窘迫、孤立的玛丽太后很感激这个不起眼的年轻人。

两年后,黎塞留进宫,担任国务秘书,其实就是孔奇尼的秘书。

孔奇尼骄横跋扈,他身边的人也是张牙舞爪。

黎塞留却一直很低调。他埋头工作、不惹事端。

1616年,玛丽太后为了纪念她与亨利四世的爱情,修建了一条林荫大道,起名"皇后林荫大道",即今天的香榭丽舍大街。

同年,法国神父金尼阁准备前往中国,他请求法国王室资助他一些礼品。

玛丽太后送给金尼阁一批精美的挂毯,让他带给中国的万历皇帝。

1617年,路易国王过了15岁生日,他想亲自掌权。

孔奇尼自然不肯撒手。玛丽太后也不想让国王走上前台。

4月，路易十三在其亲信吕伊纳公爵的支持下成功发动政变。

孔奇尼被刺杀，玛丽太后被流放到布洛瓦。

身为太后党成员，黎塞留也是这场政变的牺牲品，被打发到阿维尼翁。

没被排挤过、没坐过冷板凳的官员，不可能成为大政治家。

玛丽太后不甘失败。她在布洛瓦调兵遣将，想摆脱儿子控制。

路易十三对自己的母亲既不能强硬，也不能软弱，于是召黎塞留做中间人，协调母子关系。

黎塞留劝路易国王把太后送到昂热，给太后部分自由，缓解母子关系。

太后呢，只得暂时接受这个妥协条件。她任命黎塞留出任她的首席顾问。

黎塞留决心紧跟太后。一来，他看出来太后不甘心失败，强烈要求返回政治舞台。二来，无论如何，太后是国王的母亲，两人还是要复合的。三来，太后头脑简单，并无主见，特别需要自己。

综上所述，太后有动机、有能力把黎塞留送进御前会议。

1619年9月，路易国王和太后会晤。母子和好如初。

1621年，支持路易国王政变的吕伊纳公爵去世，国王开始提拔黎塞留。

1622年，在国王和太后的支持下，黎塞留获封红衣主教，成为法国教会的首脑人物。

1624年4月，黎塞留进入法国内阁，8月接任首相。他终于进入了权力的中枢。

当时的一位贵族写信给朋友说，你知道，我既不爱撒谎，也不会谄媚。这次我告诉你实话，这位小个子红衣主教身上有某种超人的东西。要想让法国战胜狂风巨浪，全法国只有他能充当舵手。

同年，文盲加阉人魏忠贤逼走了首辅叶向高，成为明帝国的实际掌权者。

魏忠贤一手遮天，是明朝体系腐朽、文人无能的集中体现。

黎塞留接手的法国，是一个内外交困、百业凋敝的烂摊子。

法国国王一贯自诩为地球上最高贵的国王。

法国贵族和人民不这么想。贵族都是军阀，敢和国王在宫中顶嘴，在战场上拼杀。有的豪门出过五个元帅、七个上将，半个法国的士兵都是他们家族的。巴黎人民一不高兴，就把国王赶出首都。

法国是天主教国家，但新教徒在法国南部武装割据，处于半独立状态。

整个法国可以说是四分五裂。各集团都在为自己的利益明争暗斗。

世代公侯的法国权贵瞧不起来自意大利的、商人家族出身的玛丽太后。

玛丽太后对咄咄逼人的权贵们采取绥靖妥协策略。他们一闹事就给土地、给财产，以求得暂时的和平。这不但不能解决问题，反而助长了贵族们骄横的气焰。

路易国王是一个和善的人。他性格软弱，身体也虚弱，对法国的未来没有信心、没有规划，过一天是一天。权贵们组团欺骗他。

明朝中后期的皇帝也是如此。

路易国王和来自西班牙的安妮王后处于冷战状态，长期不说话。

事业和家庭都饱受挫折，路易国王根本没有心情、精力和野心好好治理国家。

法国的国际环境比较恶劣，一直在和西班牙打仗。西班牙从美洲往国内运真金白银，运了一百年。西班牙从菲律宾采购大量中国商品运回欧洲销售，垄断了欧洲贸易。作为全球第一个日不落帝国，西班牙还拥有葡萄牙、比利时和大半个意大利。神圣罗马皇帝拥有德国、奥地利和捷克，和西班牙国王是血亲，同属哈布斯堡家族。西班牙国王和罗马皇帝从三面包围了法国。

对于法国的衰败、积弊，黎塞留全部看在眼里、痛在心里。他早就想要改变这个国家了。现在机会终于来了。

于是，路易国王心甘情愿地做了汉献帝，黎塞留当仁不让地做了曹操。

曹操的确兢兢业业地治理着国家。但是他把汉献帝的魏国强夺过来，当做私人家产传给子孙。

和曹操不同的是，黎塞留是主教，没有家庭，没有子女。他要倾尽毕生心血，把一个强大的法国交给法国国王。

机不可失，失不再来。黎塞留说：

"人可不朽，救赎可待来日。国家不得永生，救赎唯有当下。"

上帝是公平的，每个国家都给过机会。错过一次就得再等几十年，甚至上百年。中国从1520年就开始接触欧洲人（明朝正德皇帝接见葡萄牙代表团），一直到1860年都没有跟上欧洲现代化的步伐，反而被日本超越，实在可惜。

黎塞留夜以继日地工作。

路易十三说黎塞留一天的工作量，相当于别人一个星期的。

一个国家，如果内部各种势力争斗不休，就会止步不前，什么事情都干不成。明朝就是典型的例子。

内部争斗还会引起外国势力的干涉。

黎塞留的目标是，国内必须保持稳定。保持稳定的前提是集权。

黎塞留的方案是：

一、废除地方封建势力。黎塞留向每个省派遣一名钦差大臣，掌管全省司法、行政、财政大权。这相当于中国明清的总督制度。而且，这个官职不能买卖、不能转让、不能世袭，只有中央才有权任免。

二、地方权贵禁止建设军事工程、禁止储备军火、禁止召集军队。

三、非经批准，地方贵族禁止与外国政府、外国组织、外国使节往来，即使是教皇的使节也不例外。

对于违背法规、掀起叛乱的贵族，法国政府过去一贯的做法是褫夺官职、没收财产。黎塞留当政后，新的处罚方式是酷刑、处死，或者终身监禁。

据说在处死那些贵族时，黎塞留故意雇用没有经验的刽子手。本来一斧可以毙命的，黎塞留的刽子手至少要砍上五斧，中间夹杂惨叫声。

围观的贵族们当时就吓尿了裤子。

这正是黎塞留想得到的结果：要么听话，要么流血。

黎塞留要求南方的新教徒解散军队，拆毁城堡，不准私自召开全国会议。

新教徒强烈反对。

黎塞留亲率军队，攻下新教城市，流放了新教领袖。

法国大哲学家笛卡儿站在黎塞留一边，参军作战。

巴黎高等法院的法官想进入御前会议。

受黎塞留支持的路易国王对他们说，你们的职责是判断汤姆大爷和杰瑞大叔的官司纠纷。如果你们胆敢闯进内阁花园，我就打断你们的狐狸尾巴。

为了防范知识分子传播自由思想，黎塞留建立了出版检查制度。

1630年，黎塞留创办了《法兰西报》，把它作为集权政治的舆论工具。

路易十三积极投稿。身为至尊的帝王，看到自己的文字变成铅字，看到被众人阅读，十分高兴。

不过，法国权贵们更喜欢看嘲笑黎塞留的小报。

对于法国百姓，黎塞留同样铁面无情。

不管你多穷，不管你有什么样的理由，只要国家需要钱，你必须无偿支持。

黎塞留去世的那年，财政部竟然把三年后的税收都征完了。

饥寒交迫的农民，食不果腹的工人奋起反抗。凯尔西、普罗旺斯、基恩、波亚都、里姆辛、昂古姆瓦、桑东日、加斯科尼、鲁昂等地纷纷爆发起义。

黎塞留从不与人民谈判,每一次都是残酷镇压。

黎塞留对人民没有丝毫同情心。他说,为了国家的强大,民众必须像骡子一样,忍辱负重。

黎塞留建立情报机关,派出大量特务监视危险分子。路易十三的王后是西班牙公主,身边有很多西班牙侍女。黎塞留把她们都赶走,换成自己人。

别说是王后,太后和国王身边都有黎塞留的人。

只要我认为你是坏人,不管有没有证据,你就是坏人。红衣主教有句名言:

"这个世界上最诚实的人如果能写下六行字,我一定能从中找到足够的理由来绞死他。"

为了国家的强大,每一个人都必须有牺牲自己、牺牲全家的觉悟。

法国变成了一个专制的警察国家。

黎塞留掌权前,参加过一次三级会议。

黎塞留掌权后,三级会议再也没有召开过,一直到法国大革命。

整个国家就是一列高速行驶的列车。原列车长路易十三退居二线,黎塞留亲自驾驶。车上的人,不管你是谁,有什么身份,都不能捣乱,不能批评,否则直接扔下列车。

黎塞留说:

"一旦下定决心,我会直奔目标,反转一切,割裂一切,我的红袍覆盖一切。"

大权独揽后,黎塞留开始实施他雄心勃勃的强国计划。主要措施有:

第一,大力发展工商业。他不惜动用外交手段为法国商人在土耳其、伊朗和俄国发展业务,在海外同荷兰人竞争。黎塞留要求改进食糖提炼技术以便扩大产量。黎塞留调动一切资源发展法国玻璃工业。

黎塞留允许贵族下海经商,允许大商人花钱买贵族身份。

总之,做生意不再丢人,不受歧视,而且会得到国家的支持。

黎塞留大力发展加拿大殖民地。1627年,在黎塞留的指导下,路易十三签署法令:在北美的印第安人,只要愿意皈依天主教,一律给法国国籍。

1634年,法国冒险家尼柯莱到达北美密歇根湖格林湾的悬崖时,他以为到了中国。为此,他特意穿上一件中国丝绸衣服去找中国人,结果可想而知。

而同一时代的崇祯皇帝天天为财政发愁。当时，葡萄牙人来到中国一百年了，西班牙人在菲律宾同中国做生意也超过50年了。但满朝文武都没有意识到，只有发展工商业，才能让大明帝国真正强大起来。

第二，建立国家军队。黎塞留禁止贵族拥有军队，禁止贵族发动战争。他把贵族的军队收编成一支十三万人的国家陆军，成为欧洲各国当中数量最多的武装力量。黎塞留建立了法国历史上第一支国家海军。经过10年努力，法国大西洋舰队配备了38艘军舰，地中海舰队拥有了25艘舰艇。

今天，法国人称黎塞留为法国海军之父，并用黎塞留命名法国最强的战列舰。

第三，保卫和弘扬法国语言和文化。

1635年，黎塞留创立法兰西学院，吸收国内顶级文化学者加入，授予终身院士荣誉。法兰西学院只有40把椅子，老院士辞世空出名额后才增选新院士。40名院士被称为"不朽者"。

法兰西学院的名人包括拉辛、拉封丹、孟德斯鸠、夏多布里昂、雨果、梅里美、小仲马等。

黎塞留不是"不朽者"，路易十三不是"不朽者"，他们只是一个国家的贡献者。只有为全人类做出贡献的人，才有资格称"不朽者"。

黎塞留支持戏剧，并亲自撰写剧本。法国出现了高乃依、拉辛等一大批剧作家，开始成为欧洲戏剧中心。与此同时，英国清教徒拆毁剧院，禁止人们观看戏剧。1644年，英国人拆毁了莎士比亚投资的环球剧院。

在保持政治稳定的前提下，黎塞留大力发展经济、军事、文化。法国在各方面都取得了空前的成就。

那个奄奄一息的法国变成了一个蒸蒸日上的强国。

曹操总疑心别人晚上要刺杀他，睡觉的时候不允许别人接近。

黎塞留四处树敌，手上沾满鲜血，其处境与曹操十分相似。

他在红衣主教府里养了上百只猫。晚上熄灯之后，整个府邸到处都是闪亮的猫眼，犹如洞窟的鬼火。这些猫的作用就是防刺客的。

被儿子赶出政治中心，玛丽太后心中始终不肯原谅路易十三。她更喜欢国王的弟弟奥尔良公爵加斯东。国王和安妮王后打冷战，一直没有生下孩子。玛丽太后认为加斯东早晚会继承王位。

玛丽太后原指望把黎塞留塞进御前会议，成为自己的传声筒。她万万没有想到，原来那个十分听话的红衣主教，已经将自己完全排除在宫廷之外。玛丽太后也不满儿子的作为，但她只能将一腔怒火全部发泄到黎塞留头上。

黎塞留在外交上倡导法国与西班牙为敌，惹恼了来自西班牙的安妮王后。安妮王后同时讨厌国王。

路易十三也讨厌黎塞留。黎塞留大权独揽，把他这个国王变成了签字盖章的傀儡。黎塞留阴险狡诈、心狠手辣，和软弱善良的国王完全是两类人。心灰意冷的路易国王只能从情妇身上找点乐趣。为了防止那些女人背后的势力左右国王，黎塞留把路易十三深深迷恋的奥福特、拉法耶特调走。

尽管又怒又恨，路易十三还是离不了黎塞留。因为，路易十三更讨厌太后、王后和自己的弟弟加斯东，这些人比黎塞留的威胁更大。

有一次，路易十三病危，似乎没有生机了。

加斯东发誓要做个比哥哥更好的国王，玛丽太后对此百分之百相信，安妮王后希望继续当王后（嫁给加斯东）。掌玺大臣马里亚克说他一定会彻底否定黎塞留的国策。火枪手统领特雷维尔拍着胸脯保证，自己会第一枪把黎塞留击毙，不浪费子弹。

玛丽太后说，加斯东要加冕为王是大喜事，这段日子不宜流血。要留着黎塞留慢慢折磨。

众人举着葡萄酒杯，有说有笑，到了凌晨都不肯散去。

第二天，太后和王后围在国王床前，八番九次劝说国王罢黜黎塞留。太后提交了红衣主教的黑材料。比如私下嘲笑国王无能，比如哪些行为明显违背圣旨。

路易国王就是不答应。

反正我要死了，到时候你们怎么折腾都行。只要我有一口气，我绝不更换首相。

不久之后，国王恢复了健康。

太后恼羞成怒。既然已经撕破脸，干脆一直干到底，分个你死我活。

公老虎和母老虎都不好惹。国王决定进行调解。时间是1630年11月10日，地点在太后的寝宫——卢森堡宫。今天，这里是法国参议院办公大楼。

黎塞留来到太后宫殿正门，守卫禁止他入内。

在全法国，还没有人敢拦阻铁血首相。

黎塞留从未受过如此羞辱。他大声抗议，坚持要进。

守卫举起了火枪。

如果不进去说个明白，万一国王被蛮横的太后说服，还是个死。

无论如何，都要进去。

黎塞留了解太后寝宫的建筑结构。他想通过毗连的一道长廊走进去。

太后早就派人守住长廊了。

红衣主教急得直跺脚。

王后寝宫底楼有个小教堂。小教堂里有一道暗梯。顺着暗梯上去可以直接进入太后的卧室。

这个秘密绝大多数人不知道。但黎塞留知道。

如果黎塞留今天顺着暗梯直接进入王后的卧室，那么这个秘密就在太后和国王面前曝光了。

狗急跳墙，非常时期必须采用非常手段。

当黎塞留突然出现的时候，国王和太后都震惊了，尤其是太后。

连这个秘密都被奸诈的首相掌握了，自己还有什么隐私。说不定自己身上哪里有胎记，黎塞留都知道。

太后进入歇斯底里状态，开始发飙了。她大骂黎塞留忘恩负义，坏事做绝。然后告诉国王，今天有他无我、有我无他。

黎塞留突然匍匐在太后脚下，痛哭流涕，吻着她的裙子下摆，承认太后所有的指控，恳求她原谅自己的过错。

太后更加愤怒了。红衣主教是一流的演员，他的眼泪是"自主可控的"，他现在的做法叫以退为进。如果不原谅首相，那就是自己无理取闹，自己心胸狭窄。

太后绝不能退步。否则，之前的努力全白费了。太后撒泼打滚，就像是被打了鸡血。

君权至上。就算是太后，也要在国王面前注意言行。太后冒犯君威，是一种犯罪。

作为一个软弱的人，面对自己抓狂的母亲，路易十三只能劝母亲息怒、平静。

只要国王不下旨，太后根本不打算停下来。

国王的病情还没有恢复，被太后闹得头昏脑胀。在这种情况下，他只得让黎塞留先走。

黎塞留离开卧室，从正门出去，下楼。他可不敢回家，就在一楼的楼梯口等着。

过了一会儿，路易十三实在受不了了。他告别母亲，下楼回家。

黎塞留一看国王出来，立即躬身施礼，希望国王说句话。

国王好像没有看见黎塞留，大步走了。

看来，罢黜已成定局。黎塞留迅速回家，准备当天晚上逃亡到勒阿弗尔，他是那里的总督。到了最后一刻，黎塞留决定还是留下来静观其变。

太后听说国王没有搭理黎塞留，大喜过望。她立即命侍女们给自己化妆。另外，把马里亚克叫来。王后也来了。众人严肃认真地研究了未来政府的组成人选，并就如何羞辱黎塞留展开了欢快地讨论。

晚上，国王在小巧别致的狩猎宫单独接见红衣主教。

黎塞留向国君躬身施礼，提出辞职。

路易十三回答道，我不批准，你留任首相。

黎塞留提醒国王要考虑太后的感受。

路易十三说，我是国王，我为决定负责。

在太后党沉睡于梦乡之际，黎塞留开始部署行动了。

结果如下：

太后流放到贡比涅，马里亚克投入监狱，王弟加斯东判处大不敬。

由于太后的愚蠢行为，所以11月10日这一天被法国人称为"愚人日"。

太后不甘心失败。她逃到布鲁塞尔。1642年，太后在贫困中死于科隆。

加斯东后来举兵反抗黎塞留。黎塞留平息叛乱后，剥夺了加斯东皇室身份。从此，他从王位第一继承人变成一介平民。

黎塞留驾空了国王，逼得国王的母亲客死他乡，罢黜了国王的弟弟。

在国内，黎塞留以国王利益为上，打击反对派。

在国外，黎塞留以法国利益为上，打击敌对国。

我觉得东亚各国是食草动物，基本上和平相处。西欧各国是食肉动物，战争几乎没有停止过。从16世纪开始，除了领土战争，又增加了宗教战争。

法国、西班牙、葡萄牙、奥地利、意大利是天主教国家。

英国、荷兰、丹麦、瑞典是新教国家。

1618年，神圣罗马皇帝斐迪南在西班牙国王和教皇的支持下，发动了一场消灭德国新教诸侯的战争，史称"三十年战争"。皇帝的军队连战连胜，哈布斯堡家族在欧洲的地位如中午的太阳，高高在上。

从地理位置来看，法国处于哈布斯堡家族三面包抄当中。因此，黎塞留

黎塞留、玛丽太后和路易十三

绝不能坐等对方变成吞噬自己的巨兽。

必须采取行动！

但是，法国实力弱小，打不过对方。

黎塞留决定展开一场外交战。

有人说弱国无外交。错。

强国才不需要外交。我有钱有枪有炮，谁不服我灭谁。

弱国在强国面前，只能讲理、抗议、谈判、结盟、找靠山，用尽各种外交手段。

法国是天主教国家，黎塞留是天主教会高层领导，按理说应该支持哈布斯堡家族打击新教国家。然而，黎塞留认为，国家安全和利益的价值远远高于宗教信仰，哈布斯堡家族才是法国应该遏制、打击的敌人。

1625年，黎塞留出巨资怂恿欧洲的三个新教国家，丹麦、荷兰和英国同斐迪南皇帝大战。

1629年丹麦战败，被迫签下屈辱协议，退出战争。

斐迪南皇帝的势力越来越大，兵临波罗的海，对北方强国瑞典造成严重威胁。

黎塞留于是怂恿瑞典参战。

当时瑞典正与波兰纠缠在一起，抽不开身。

黎塞留派特使前往调停。1629年9月瑞典和波兰达成休战协约。法国还帮助瑞典在波兰、俄国购买粮食、火药。

总之，法国为瑞典提供一条龙后勤服务。瑞典人只管打就行了。

1630年7月，瑞典国王古斯塔夫二世与德国新教诸侯萨克森公爵、勃兰登堡侯爵合兵一处，击败蒂利伯爵统率的皇帝军和天主教联军。

这个古斯塔夫可了不得。在欧洲历史上可以与恺撒、拿破仑等战神相提并论。他一出马，斐迪南皇帝算是遇上劲敌了。

1631年，黎塞留与古斯塔夫签订《巴瓦尔德条约》。法国每年资助瑞典100万里弗尔。瑞典保证派遣六千骑兵、三万步兵持续进攻哈布斯堡家族。

前面要进攻，后面要拆台。

黎塞留给斐迪南的附庸，巴伐利亚选帝侯一大笔钱，让他表面支持皇帝，暗中保持中立。

1631年，古斯塔夫国王再次击败蒂利伯爵。

1632年，古斯塔夫国王击毙蒂利伯爵。

"战神"古斯塔夫国王虽然取得多次胜利，却意外死于沙场。古斯塔夫是欧洲最优秀的军事统帅。从某种程度上讲，他是受黎塞留遥控的棋子。

瑞典军队失去了灵魂领袖，战斗力大减。皇帝军转入攻势。1634年，皇帝军大破瑞典军于内德林根。

战局急转直下。哈布斯堡王室马上就要统一德国，称霸欧洲了。斐迪南皇帝发誓要报复一直躲在幕后的法国。

法兰西危急了！

1635年5月，法国向西班牙宣战。

打不过"黑社会"大哥，打"黑社会"二哥也管用。

1636年，法军节节败退，德国大军步步逼近巴黎。

为了支撑盟友，为了同西班牙人作战，巴黎人民节衣缩食，吃尽了苦头，却依然逃不过失败和耻辱。

愤怒的巴黎人高喊着要处死黎塞留。

黎塞留骑马上街，平静地站在市民面前。

没有一个人敢说话，甚至不敢大声呼吸。

黎塞留亲自指挥作战。皇帝军大败，退出法国领土。

1638年，法国正式向斐迪南皇帝宣战。

同年，后起的法国海军在比斯开湾大败西班牙海军。

黎塞留接着煽动葡萄牙和加泰罗尼亚在西班牙内部搞独立。

从1635年到1640年，法国与西班牙这对百年冤家的日子都不好过。国库负债累累、平民起义频频。

从军事上讲，西班牙军队的战斗力欧洲排第一。

从人才上讲，西班牙首相奥利瓦雷斯的才能和勤奋程度也不亚于黎塞留。

西班牙是传统封建国家，派系林立。大贵族在自己利益和国家利益之间一直寻求平衡。国王没有办法调动大贵族的军队和财力。

经过黎塞留的改革，法国王室可以集中力量办大事。虽然综合国力弱，但抗风险能力强。最后熬到西班牙倒台。

1648年，"三十年战争"结束的时候，德国被分裂成若干国家。荷兰和葡萄牙脱离了西班牙的统治，获得了独立。而西班牙这个第一日不落帝国开始退出世界的中心舞台。英国爆发内战，实力衰退，无暇顾及欧洲事务。

法国成为欧洲第一强国，还收获了阿尔萨斯和洛林。

这一年，黎塞留已经去世六年了。

生前，黎塞留也没有想到会有这一天。他这是赌博，赌法国的国运。

不去反抗哈布斯堡家族，等死。主动挑战哈布斯堡家族，找死。

幸运的是，法国赢了。

当时欧洲的国与国关系比较复杂。有时受王室联姻影响，有时受宗教思想制约。比如法国和西班牙两国之间进行了你死我活的搏斗。实际上，国王路易十三是西班牙国王腓力四世的姐夫。

黎塞留不管什么宗教，什么亲戚，在外交上都得让位于国家利益。所以，有人称他为现代外交学之父。

黎塞留浑身是病。痔疮、膀胱炎加神经脆弱。他的药物就是拼命工作。然而，他得到的是辱骂和随时面临的生命威胁。

黎塞留说："政治家去工作，就像老百姓去服刑。后者是因为罪，前者是因为功。"

很多人以为黎塞留只会铁面无私地忘情工作，是个不近人情、不苟言笑的呆子。

其实正相反。黎塞留也是个有血有肉、会哭会笑、贪财好色、虚荣嫉妒的平常人。

有的人"心中只有祖国，唯独没有他自己。"

黎塞留不是这样的人。他给自己留下了足够的钱，富可敌国。他的宅邸就在卢浮宫的旁边，不比皇宫差。今天还可以参观。

他出行的时候，前呼后拥，场面不输于国王。黎塞留的轿子和张居正的轿子差不多，里面有床、有桌子，还有秘书，相当于一室一厅。

黎塞留爱慕虚荣，花大钱雇佣文人为自己歌功颂德。

黎塞留对自己的亲人格外照顾，把他们都变成法国巨富。

1642年12月4日，这位统治法国18年的红衣主教与世长辞，终年57岁。他终生未婚，没有情妇，也没有子女。

黎塞留给国王留下了几件遗产：

一是自己的接班人，红衣主教马萨林。

二是将150万里弗尔的私房钱交给国王。这是一笔巨款。

三是自己的著作《政治遗嘱》，里面有十几年治理法国的宝贵经验。黎塞留告诉国王，我们法国人天生不适合做长久的战斗。一开始的时候，我们比谁都硬，到了中间阶段我们开始失去耐性和冷静，最后我们对战争完全没有兴趣，比女人还软弱。

黎塞留生前架空国王、赶走太后、监控王后、流放亲王、处死公爵、关押贵族、收买文人、压榨百姓。

弥留之际，神父问这个小个子主教，你要不要宽恕你的敌人？

黎塞留回答："除了公敌之外，我没有敌人。"

在生活中，我不恨任何人，也没有得罪过任何人。

那些损害国家利益的人，就是我的敌人。

黎塞留去世了，此时的法兰西已经发生了翻天覆地的变化。

百年来，法国在哈布斯堡家族的铁钳下生存，多次签下屈辱的城下之盟。

现在，德国被肢解为碎块，西班牙沦为欧洲二流国家、边缘国家。

而法国则有强大的国家意志，拥有强大的军队，强大的财政征税能力，远远走在其他欧洲国家的前面。

两百年的时间里，没有哪个国家可以挑战法国。

法国有了第一支强大的国家陆军，第一支远洋海军，第一家殖民贸易公司，第一份官方报纸，第一个官方邮局，第一所皇家学院（法兰西学院）。

军阀割据的法国变成了集权统一的法国。

封建社会的法国大步迈入资本主义近代文明。

黎塞留不但是法兰西改革的总设计师和总执行人，也塑造了整个欧洲的格局。

黎塞留开创了用专制手段强迫国家快速发展的模式。

在国际上，他有不少崇拜者和学生。比如俄罗斯的彼得大帝、德国的俾斯麦。

彼得大帝拥抱黎塞留的半身像大声说道：

"我宁愿舍弃我的一半国土，为了让他教会我怎样统治剩下的另一半。"

彼得大帝生前用刀剑架着俄罗斯贵族的脖子进行改革，把俄罗斯人民当牛毛、当炮灰去建设、去征战。他死后，留下了一个大帝国，以及俄罗斯官员对他的咒骂。

黎塞留的治国方式是特殊时期的特殊方式。只能借鉴，不能照搬。

具有理性和前瞻性的政治家可以用专制的手段让国家以高铁的速度持续前进。迷恋权力和缺乏判断力的政治家再加上专制手段，肯定会翻车。

当黎塞留病死的消息传出的时候，全巴黎的百姓都上街了。他们载歌载舞、燃放烟火，庆祝这位红衣撒旦、怪物、独裁者的死亡。整个城市就好像是过狂欢节一般。不光是巴黎，整个国家都沸腾了。

几乎全法国人民都痛恨黎塞留。

黎塞留当政 18 年，法国税收翻了四五倍。到处都是特务，到处都是压迫，到处都是贫穷，到处都是战争带来的伤亡。法国人民在死亡的悬崖边上生活。官员腐败、封建专制、社会不公、严刑酷法，都是黎塞留留下的遗产。

伏尔泰、卢梭对黎塞留嗤之以鼻。孟德斯鸠说黎塞留是一个邪恶的人。

法国大革命时，愤怒的市民挖出黎塞留的尸体，虐待后扔到街道上。

法国大革命后，黎塞留这个名字等同于黑暗、封建、压迫。

直到几十年前，法国的大学生还把黎塞留的肖像印在三角裤和皮鞋鞋底上。

即使黎塞留如此专制，法国人也不得不承认，他们比土耳其苏丹和俄罗斯沙皇的臣民的奴役状态要自由得多。

黎塞留大量出售官职，没有节度地向人民征税，成为法国的毒瘤，最终要了法兰西王国的性命。

黎塞留是法国的千秋罪人。

黎塞留的个人品行极差。他傲慢自大、阴险狡诈。他是一个典型的马基雅维利主义者。

黎塞留特别像商鞅。商鞅把弱小的秦国变成最强大的国家，商鞅也用专制扼杀文明。

黎塞留生前说过，法国人的缺点就是迅速遗忘别人的恩惠。

罗马皇帝马克西米利安曾经说过：

"皇帝是国王的国王。西班牙国王是人的国王。法国国王是畜生的国王。因为只要法国国王下命令，人们就像畜生一样服从。"

的确，法国国王对法国人民的压迫程度超过其他欧洲国家。因此，法国人民渴望自由，渴望人权的意愿也超过其他欧洲国家。

路易十三拒绝出席黎塞留的葬礼弥撒。

他恨黎塞留。作为一个孤僻、软弱、和善的人，他肯定讨厌狡诈、凶狠、无情的黎塞留。他恨黎塞留夺走了自己的权力和荣誉。

路易十三接回了母亲的遗体，为她举行了隆重的葬礼。

路易十三释放了红衣主教关押的政治犯，允许流亡国外的贵族回国。

路易十三缓和了黎塞留的高压政策，开放言论自由。

几个月后，路易十三撒手而去，终年42岁。临终前，他请求上帝原谅自己为了国家而愧对自己的家人。他和母亲、妻子、弟弟矛盾重重。他关爱自己的三个妹妹，可是又与三个妹夫大打出手（三个妹夫分别是西班牙国王、英格兰国王、萨伏伊公爵）。

路易十三死后，安妮王后告诫路易十四，你要学自己的祖父亨利四世，不要学你的父王路易十三。

年幼的小国王问为什么。

王后答道，你祖父死的时候，全法国人都在哭泣。你父王死的时候，全法国人都在欢笑。

当然，人们对路易十三的指责，主要是因为黎塞留。

贵族们埋怨路易十三放弃自己的权势，百姓们指责路易十三放弃自己的职责，历史学家指责路易十三是小丑。

路易十三说："我的确不需要黎塞留，但法国需要黎塞留。"

路易十三的包容和肚量，超过了历史上所有帝王。

路易十三死后，路易十四继位。

以后历代国王都闭口不谈黎塞留。因为他让法国国王脸上无光。

黎塞留羞辱了路易十三，却成就了路易十四。

黎塞留把路易十三变小了，却把法国王权变大了。

强大的国家，专权的国王，这是最强大、最伟大的政治家黎塞留送给法国的。

在《政治遗嘱》中，黎塞留写道：

"我的第一个目的是使国王崇高，我的第二个目的是使王国荣耀。"

你觉得黎塞留和曹操相比，有哪些异同？

René Descartes（1596—1650）

要想追求真理，我们必须在一生中尽可能地把所有事物都来怀疑一次。

我宁愿相信，一切都是假的。

没有知识的人常常以为别人无知，知识丰富的人时时发现自己无知。

尽力知道人生当中，什么是该做的，什么是不该做的。

一个国家的最大财富，在于拥有真正的哲学。

最有价值的知识是关于方法的知识。

读一本好书，就是与诸多高尚的人士谈话。

怀疑是一门艺术，它使我们脱离感觉的影响获得解放。

第二章
笛卡儿——"我思故我在"

1649年,一个消息让欧洲战神——瑞典国王古斯塔夫二世勃然大怒。

18岁的克里斯蒂娜公主,竟然爱上了53岁的数学老师,一个法国穷老头!

国王立即命人把这个不知天高地厚的老东西驱逐出境,然后再把公主软禁起来。我让你们永世不能相见。

53岁的老头回到法国后,思念成疾。他连续给公主写了12封信。

瑞典国王截获了这12封信,全部销毁。

始终没有收到回信,数学老师陷入病危。在弥留之际,他寄出了人生的最后一封信。

瑞典国王打开信后,傻了。上面写着一行符号:

$r=a(1-\sin\theta)$

瑞典国王召集全国的神秘学家,但没有人能破译这行密码。

国王无奈地把这封信交给公主。

公主见信后,泪流满面、心如刀绞。

这行密码用几何方式画在纸上,就是一颗心,一颗老师不变的心(见下页图)。

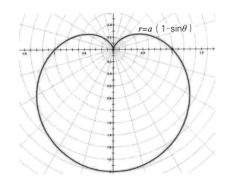

这名数学老师就是大名鼎鼎的法国哲学家、数学家笛卡儿。

这个故事纯属瞎编乱造。

第一，瑞典国王古斯塔夫二世17年前就死于战场。

第二，克里斯蒂娜不是公主是女王。她不是18岁是23岁。

第三，笛卡儿没有回法国，他就是死在瑞典。

下面我们来认识一下"数学老师"笛卡儿。

1596年3月31日，勒内·笛卡儿出生于法国的图赖讷拉海。为了纪念这位伟大的人物，图赖讷拉海现改名为笛卡儿。

笛卡儿的父亲是一位地方法官，虽然不是大贵族，但很有钱。笛卡儿1岁时，母亲患肺结核去世。

笛卡儿的父亲再婚并移居他乡。从此，父子二人很少见面。父亲一直给笛卡儿寄钱，让他学业无忧。

笛卡儿跟着外婆生活。他体弱多病，每天早上都睡不醒。睡醒了也不下地，躺在床上胡思乱想。

8岁那年，父亲把笛卡儿送到法国一所知名的贵族学校——位于拉弗莱什的耶稣会学院学习。学校的课程有古典文学、历史、神学、哲学、法学、医学、数学等。笛卡儿比较喜欢数学。

校方考虑到笛卡儿的身体情况，特批他整个上午都可以不上课。

从拉伯雷、蒙田的教育理念到笛卡儿的教育实践，我感觉法国的教育特别照顾学生的个性，而不是铁板一块。

现在的学校管得很严。

"什么？你上午不想上课。可以，同意。你干脆下午也别来了。"

一上午躺在床上，没有手机和电视，别说笛卡儿，我也能成哲学家。

1616年12月，中学毕业后，笛卡儿遵从父亲的意愿，进入普瓦捷大学学习法律与医学，准备将来成为一名律师。

大学毕业后，笛卡儿却对法律失去了兴趣。在父亲的赞助下，他在欧洲各国游历，相当于在社会大学继续学习。

1618年，笛卡儿参军入伍，成为一名荷兰士兵。不久，荷兰和西班牙签署停战协定，笛卡儿失业了。他又加入德国军队。德国和荷兰是交战国。

笛卡儿是雇佣兵，谁给钱就帮谁打仗。

1618年11月10日，笛卡儿在广场公告栏上看到有人公布了一道数学难题，向世上高手寻求答案。

笛卡儿有意解题，无奈不懂弗莱芒语，于是向旁人求助。有一位名叫撒·贝克曼的好心人帮助他翻译了题目。两人成为好朋友，共同研究自由落体、圆锥曲线和流体静力。

1623年，时年26岁的笛卡儿卖掉父亲留给他的资产，换成现金后购买国债，每年的利息都是一大笔钱，衣食无忧。1627年，笛卡儿跟随黎塞留围攻法国新教徒的城市拉罗谢尔。

法国是传统的天主教大国，不能自由讨论宗教问题。黎塞留建立文化审查制度，钳制思想自由。1628年笛卡儿移居荷兰，在那里生活了20多年。

笛卡儿的座右铭是："隐居得越深，生活得越好。"他不愿意把自己的住处告诉别人，包括最亲近的朋友。一旦地址暴露，他马上搬家。他在荷兰搬了24回家。不过想找到他的话也是有线索的，他一般住在大学或图书馆附近。

笛卡儿之所以说走就走，主要原因是他没有结婚，没有孩子。否则，搬起家来就麻烦了。笛卡儿有一个情妇，一个私生女。总体上看，他不是很喜欢女人。

在笛卡儿的时代，几何学的地位比较高，人人都学。代数还是一门新兴科学。笛卡儿的同胞——韦达被称为欧洲代数学之父。

1607年，笛卡儿11岁的时候，明朝官员科学家徐光启翻译了《几何原本》的前六卷。

笛卡儿认为几何学过于依赖于图形，束缚了人的想象力。代数学从属于法则和公式，不能成为一门改进智力的科学。他思考如何把两者结合起来。

然后，第二个故事产生了。

有一天上午，笛卡儿躺在床上，苦苦思索着如何把"点"和"数"联系起来。突然，他看见屋顶角上有一只蜘蛛，拉着丝垂了下来。不一会儿工夫，蜘蛛又顺着丝爬上去，在上边左右拉丝。

看起来，笛卡儿不怎么打扫房间。

看了一会儿表演，笛卡儿突然兴奋地从床上跳下来。我发现了！

笛卡儿想，可以把蜘蛛看作一个点。它在屋子里可以上、下、左、右运动，能不能把蜘蛛的每一个位置用一组数字确定下来呢？

笛卡儿拿出一张纸，画上两条垂直交叉的直线。纸上任何一个点到两条直线的垂直距离是两个数字。这两个数字就是这个点的位置。把蜘蛛放在纸上，就可以用数字表示蜘蛛的位置。蜘蛛一爬，就是一个方程。

笛卡儿把"数"与"形"结合起来，把代数方程和几何曲线结合起来。这就是解析几何。

我来问个问题，圆是什么？

用几何回答，圆是到一个点为定长的所有点的集合。

用代数回答，圆是 $(x-a)^2+(y-b)^2=r^2$。

真是神奇！

用绘画回答最容易，画一个圈就好。

用政治回答，领导画的就是圆的，方的也是圆的。你画的就是方的，圆的也是方的。

解析几何的创立是数学史上一次划时代的跨越。

从此，代数和几何相互促进、相互发展，成为一对好朋友。

另外，已知数符号（a，b，c）、未知数符号（x，y，z）都是笛卡儿发明的。

在解析几何的基础上，牛顿、莱布尼茨创立了微积分。

解析几何和微积分一"结婚"，现代数学就诞生了。

牛顿说他之所以取得众多的成果，是因为站在笛卡儿这样的巨人肩上。

恩格斯说："数学中的转折点是笛卡儿的变数。有了变数，运动进入了数学；有了变数，辩证法进入了数学；有了变数，微分和积分也就立刻成为必要了。"

不过，在高中生眼里，笛卡儿极度遭人讨厌、痛恨。

不少学生称他为"万恶之源"。

笛卡儿还发现了一个公式。该公式的表述为：

在任意凸多面体，设 V 为顶点数，E 为棱数，F 是面数，则 $V-E+F=2$。

这个公式于 1752 年由瑞士数学家欧拉证明，叫欧拉公式。

后来人们发现笛卡儿早在一百年前就证明了。于是称欧拉—笛卡儿公式。

别人在床上生孩子，笛卡儿在床上生定理。

除了数学，笛卡儿还研究光学和气象学。他认为自己发现了彩虹产生的原因。

第二章 笛卡儿——"我思故我在"

1637年，笛卡儿将屈光学、气象学和几何学的研究成果合并成一本书出版。书名叫作《正确思维和发现科学真理的方法论》，简称《方法论》。

笛卡儿认为，屈光学、气象学和几何学虽属三种不同的学科，但研究方法都是相同的。这是一种什么样的方法呢？

笛卡儿专门写了一篇序言来介绍这种方法。

他的屈光学、气象学、几何学研究成果乏善可陈。可是他的序言却火了，成为哲学史上最重要的作品之一。

笛卡儿认为，人类运用理性的方法可以认识世界。所谓理性的方法就是逻辑学、几何学和代数学。凡是不能用理性证明的东西，即不是科学，不是真理。所以，现在还有人说，数学、物理、化学是科学，但政治和经济不是科学。

在《方法论》中，笛卡儿提出了4个原则：

第一个原则：绝不承认任何事物为真，对于我完全不怀疑的事物才视为真理。

从童年开始，我们的脑袋就开始灌装知识和观点，难道都是对的？

比如，筷子放到水中看起来是弯的，难道筷子变了？

比如，我们每天看太阳升落，难道太阳在围着地球转？

我们每天看到的文章，难道都是对的？我看一半以上都是错的。

笛卡儿说："具有最高能力且狡猾的邪恶精灵用尽浑身解数来欺骗我。天空、空气、大地、颜色、形状、声音都可能是假的。"

感觉是不可靠的，领导、老师、父母说的话也不一定可靠。

欧洲人怀疑亚里士多德、托勒密的地心说，怀疑教皇的话，怀疑国王的法律。总之，一切皆可怀疑。

明朝末年，少数知识分子开始怀疑孔子、否定朱熹。这是对的。随着时代的发展，孔子的错误会越来越多。当然，这不是孔子本人的错，而是时代进步了。如果你越读孔子的书，越发现孔子说得对，说明你穿越了。

笛卡儿说"我思故我在"，其实是说"我疑故我在"。他没有说"我看故我在""我听故我在""我吃故我在""我拍故我在""我炫耀故我在"。

"我思"是一个颠覆性的词语。在中世纪，神父说，不要总想着"我"，想着"自己"，要多想着上帝，多想着上帝的话。至于思，更不可以。神说什么，你做什么，你怎么能胡思乱想呢？

我要理直气地存在，我有思考的权利。这是思想解放，这是革命。

我思考什么呢？世界。我思考世界能得到什么？科学。

没有思考的动物是感觉不到自身的存在的，没有思考的人像动物一样存在。

有思想的人，他的话对大家具有启发性。没有思想的人，他的肉体存在，但思想不存在。

一个透明的玻璃盒子里装着十个苹果。即使你从上下左右看，你也不能说十个苹果都是好的。解决办法就是把十个苹果拿出来一个一个看，看完一个没问题就放进去一个，所有苹果都放进去了，说明所有苹果都是好的。

如果有一万个，十万个苹果，怎么办？

笛卡儿给出第二个原则：将复杂问题分成若干个简单的部分来处理。

将大问题分解成小问题，将复杂问题分解成简单问题。

比如，我们把人类思想领域分解为哲学、科学、宗教、艺术。科学又可以分解为物理、化学、生物等。物理又可以分解为光学、热学等。问题一直分解下去，一直到最基层。

第三个原则：思想从简单到复杂。

先解决一个一个小问题，合并小问题的答案，就可以得到大问题的答案。

先解决简单问题，然后综合起来解决复杂问题。

第四个原则：经常进行彻底地检查，确保没有遗漏任何东西。

问题只是暂时解决完了，以后还要不断修正和改进。

笛卡儿用他的方法论得出若干科学结论，比如：

运动的物体不受外界影响的话，将保持匀速直线运动（惯性定律）。

物质和运动的总量永远保持不变（能量守恒定律）。

惯性定律就是牛顿力学第一定律。

笛卡儿的意思是说，过去已经发现的所有科学知识，我都不相信。从现在开始，我制造了一个真理鉴定仪，一条一条筛选过去的科学知识，去伪存真。

这台真理鉴定仪是几何、数学和逻辑。先定义，再推导结论。不怕得出的科学成果小，一个一个来，积少成多、积简到繁。

真理鉴定仪是笛卡儿对哲学的第一大贡献。

梁启超说，近代欧洲超过中国是因为两个人，一个是培根，一个是笛卡儿。

培根的方法论是做实验。我不管书本上怎么说，我不管你推导的过程多么合理，我只相信亲眼看到的东西。

有人说，冰激凌非常好吃，有人说冰激凌非常腻。我信谁的？我买一个尝尝就知道了。

笛卡儿推导，培根做实验。一个研究理论，一个亲身实践，科学就这样诞生了。

禅宗讲顿悟。大师用木槌敲打你一下，认识不认识就看你的悟性了。

朱熹强调理学格物，就是研究客观事物，但没有得出科学结论。

为什么？没有工具和方法。

王阳明强调良知，离认识万物的距离更远了。我眼睛看不到花，花就不存在。我看不到科学知识，科学知识就不存在。这是一种主观唯心思想。

很多明朝士人的文章写得很华丽。当讲到一个观点的时候，就举例子证明，听起来非常有道理。

但是，绝大多数观点是不能用一两个例子证明的，这不是科学的方法。

你哪怕看到一百只羊是白的，也不能说所有的羊都是白的。

笛卡儿在哲学上的第二个贡献是二元论，即世界由物质和精神组成。两者互相独立，没有一方高过另一方。

物质从简单到复杂，从原子到材料，从零件到机器，人体是从器官到系统到整体。物质有大小、形状、位置等属性。

精神是灵魂，是情感，是欲望，是思考。只有人才有灵魂。

人既是物质的，也是精神的。

人既会思考，也会占空间。

千万别做空间大、灵魂小的人。

物质可灭，灵魂可灭吗？

比如，笛卡儿死了好几百年了，这个人的身体消失了。

当然，笛卡儿的头颅现存于巴黎的人类博物馆，可以看，可以碰。

但笛卡儿的头颅不等于笛卡儿。

大部分人化成灰，完全没有了，连姓名也没有了，就像没活过一样。

笛卡儿的肉体没有了，但他的名字天天出现在世界各地。

法国有一个叫笛卡儿的镇，笛卡儿的肖像还印在钱上。

我现在用嘴念笛卡儿名字，用键盘打笛卡儿这三个字。

我不用键盘打笛卡儿这三个字，我打"我思故我在"这五个字，任何读者看到了都会联想到笛卡儿。

笛卡儿的物质是消失了，但描写笛卡儿的图像、文字是不是笛卡儿的灵魂？一张笛卡儿的图片是物质，这个物质却和笛卡儿联系在一起。

笛卡儿的二元论也有问题。

比如，笛卡儿认为动物只属于物质世界，没有灵魂。现在科学证明动物也有情感，甚至会得心理疾病。比如猫就是一种爱嫉妒的动物，还会得抑郁症。

比如，笛卡儿认为宇宙是被物质充满的，没有任何物质的空间是不存在的。

英国伊丽莎白公主问笛卡儿，灵魂是如何驱使身体运动的？

笛卡儿被伊丽莎白公主的问题困住了。他对公主说，别再思考这种形而上学的东西，会扰乱您的生活。

1649 年，瑞典女王克里斯蒂娜对笛卡儿的《论灵魂的激情》一书十分感兴趣，邀请他到瑞典当自己的哲学导师（不是数学老师）。女王怕笛卡儿不来，特意派一位舰队司令开着军舰去接他。

什么跑车、豪车，和军舰相比太没有档次了。

笛卡儿欣然前往。他到达斯德哥尔摩后发现了一个天大的困难。

女王要求笛卡儿每天凌晨 5 点授课。

而笛卡儿在早上 11 点前是不下床的。

圣命难违。笛卡儿只得早早起来，顶着凛冽的北风进宫授课。

不久之后，笛卡儿发现了第二个天大的困难。

克里斯蒂娜女王叶公好龙，并不喜欢他的哲学思想。

不久之后，笛卡儿受寒得了感冒，没想到转化成无药可医的肺炎。

1650 年 2 月 11 日，笛卡儿病逝于斯德哥尔摩，享年 54 岁。

绝对不是相思病。

说实话，笛卡儿这个老师，并不是很想见克里斯蒂娜女王。

克里斯蒂娜女王，喜欢美女，不喜欢男人。

笛卡儿的尸体被运回巴黎安葬。他的坟墓遭盗墓贼挖掘，其头骨几经易手，现存于法国巴黎夏乐宫人类博物馆。

西方哲学的第一阶段是古代哲学，代表人物有毕达哥拉斯、苏格拉底、亚里士多德、柏拉图等。

第二阶段是中世纪经院哲学，代表人物有奥古斯丁、安瑟姆、阿奎那、司各特等。这些哲学家都是神学家，他们用《圣经》解释万事万物。

笛卡儿是西方哲学第三阶段的开创者，在他之后有霍布斯、斯宾诺莎、洛克、巴克莱、莱布尼茨、休谟、康德。这些人都深受笛卡儿影响。他们如饥似渴地阅读笛卡儿的著作。即使有些人反对笛卡儿，但也是在用笛卡儿的概念和方法反对笛卡儿。

笛卡儿、斯宾诺莎和莱布尼茨并称三大理性主义哲学家。

牛顿说："我之所以比别人看得更远，是因为站在巨人的肩上。"巨人就是笛卡儿。

黑格尔说："哲学之舟在海上长期漂流，终于看到了陆地。"那片陆地就是笛卡儿。

罗素说："笛卡儿是近代哲学的始祖。"

以前的哲学，先预先假定世界的本源。比如古希腊说原子，阿奎那说上帝，老子说道，朱熹说理。这些都有道理，也都有明显的缺陷。

比如《圣经》里就有自相矛盾的地方，"四书五经"也发展不出科学。

笛卡儿说，这些我都不承认，我要从自己出发，从现在出发，按理性的方法论来解释世界。

笛卡儿构建了自己的知识体系。他认为哲学是一棵树，形而上学是根，物理学是干，医学、力学和伦理学是枝。

听起来有些乱？

在笛卡儿那个时代，哲学＝真理，形而上学＝哲学，物理学＝科学。

翻译过来，人类的知识体系是这样的：

哲学是根，科学是干，物理、化学、医学是枝。

的确，哲学是方法论。方法论错了，是产生不了科学的。

康德之后，哲学进入第四阶段（现代哲学时期），代表人物有黑格尔、马克思、尼采等。

1819年，人们在笛卡儿的墓碑上刻下了这样一句话：

"笛卡儿，欧洲文艺复兴以来，第一个为人类争取并保证理性权利的人。"

说起理，中国人是最重视理的。比如有理走遍天下，无理寸步难行。比如蛮不讲理、不可理喻、没天理、以理服人、道理、理论、管理、心理、物理、生理等。

但是，我们在网络上和生活中遇到的不讲理的人太多了。

因为笛卡儿，哲学成为法国精神的重要组成部分。高中生都要学习哲学，参加哲学考试。

2019 年，法国哲学考试的题目有：

1. 人是否可以摆脱时间？
2. 为什么人需要认识自己？
3. 解释一部艺术作品有什么意义？
4. 道德是不是最佳政治手段？
5. 文化多元化是不是人类团结的障碍？
6. 承认义务是不是放弃自由？
7. 是否只有交换的东西才有价值？
8. 法律能造就我们的幸福吗？

你可以试着回答其中的一道题目。

第二章　笛卡儿——"我思故我在"　31

笛卡儿与克里斯蒂娜女王（左）

Blaise Pascal(1623—1662)

人类的全部尊严,就在于思想!

漂亮的话投资最小,收获最大。

男人的不幸是不可以在一个小屋里静静地待着。

给时光以生命,而不是给生命以时光。

所有人自然地彼此憎恨,世界上找不到 4 个朋友。

人的心是如何的空虚,他的排泄物反而充实得多。

人既不是天使,也不是禽兽,但不幸就在于想表现为天使的人却表现为禽兽。

人对生死攸关的事情麻木得出奇,却对微小的事情敏感得令人吃惊。

第三章

布莱士·帕斯卡——"人是一根会思想的芦草"

公元1642年,崇祯十五年,世界上第一台计算机在法国诞生。

这台计算机可以进行八位数的加减运算。当时生产了五十多台,目前留在世上的还有八台。法国国立工艺博物馆有四台。IBM公司拥有一台。

发明者,布莱士·帕斯卡,19岁。

下面我们来认识一下这位神童、天才。

帕斯卡于1623年6月19日出生于法国奥弗涅地区的克莱蒙费朗,这里也是米其林轮胎公司的总部。

帕斯卡的父亲埃蒂安是一名小贵族,担任地方法官,业余爱好是数学。3岁的时候,帕斯卡的母亲就去世了,留下小帕斯卡和他的一姐一妹。

1631年,帕父以65665里弗尔的高价卖掉自己法官的位子,然后全部投资在国债上。每年的利息就足够一家四口衣食无忧。

买官的不是别人,是帕父的亲弟弟。真是亲兄弟,明算账。

随后,埃蒂安带着三个孩子移居巴黎。他没找工作,专职在家辅导三个孩子。

11 岁的时候，小帕斯卡发现用餐刀敲盘子，盘子会响。如果用手按住盘子，声音就停止了。于是，他写了一篇关于声音与振动的论文。

我国初中《物理》教材一开始就讲声音和振动，学生大约 14 岁。

埃蒂安既为儿子骄傲，又担心他胡思乱想会影响希腊和拉丁文的学习，于是禁止他在 15 岁之前学习数学。

今天的中国家长肯定会疯掉，大骂埃蒂安是蠢货。

埃蒂安带着小帕斯卡以及两个姐妹拜访朋友、办事、参加活动、认识花鸟鱼虫、分析问题，在生活实践中学习。

有一天，埃蒂安发现小帕斯卡用一块煤在墙上证明了三角形的内角和等于两个直角（即三角形内角和等于 180°）。

小帕斯卡没有读过几何书，不懂专业用语。他说线是棍，圆是圈。

这孩子，天才啊。

此后埃蒂安不仅允许儿子学习数学，而且还主动教儿子几何课程。

请问你现在还会证明三角形内角和定理吗？

小帕 13 岁的时候，法国著名戏剧家高乃依的《熙德》在巴黎上演。埃蒂安带着全家人常看戏剧，认识了高乃依。

埃蒂安还带着小帕参加马林·梅森神父举办的科学沙龙。

世界多国科学家组成了一个评审委员会，选出了 100 位在世界科学史上有重要地位的科学家。除了我们熟知的阿基米德、哥白尼、伽利略、笛卡儿、牛顿、达尔文、爱因斯坦外，梅森神父也名列其中。

梅森最早深入研究形如 2 的 p 次方减 1 的正整数，数学界把这种数称为"梅森数"，并以 Mp 记之（M 为梅森姓名的首字母）。如果梅森数为素数，则称为梅森素数。迄今为止，人们只发现了 48 个梅森素数，非常稀少，就像海洋里的珍珠。

梅森还提出十二平均律、建立弦振动频率公式、测出声速是 419.5 米/秒、发现声音的强度与距离声源的距离的平方成反比。

科学史上称梅森为"声学之父"。

17 世纪之初，没有科研机构，没有学术刊物，没有国际会议。如果每个科学家都

梅森神父

独立研究、不与他人交流，那么既难产生科技成果，也得不到相互启发与推广。

梅森在自己的寓所定期举办科学沙龙。费马、伽桑狄、德扎尔格、罗伯瓦、迈多治等人经常参加。来不了现场的科学家（比如定居荷兰的笛卡儿）可以寄去自己的研究成果，由梅森朗读给与会者。梅森也把沙龙的会议记录寄给外地的科学家。

梅森相当于建了一个欧洲科学家微信群，只不过方式比较原始。但是，人家群友厉害。

梅森去世后留下78封信件，相当于78篇科技论文。论文作者有伽利略、费马、托里拆利、笛卡儿、惠更斯，以及帕斯卡。

梅森去世后不到二十年，英国皇家学会创办了科学期刊，促进了科学成果的发表与分享。

梅森的沙龙可以说是欧洲科学院、世界科学院。

16岁的时候，小帕对法国几何学家德扎尔格的著作产生了兴趣。他在阅读中受到启发，发现了著名的六边形定理，即内接于圆锥曲线的六边形的三双对边的交点共线。后人将其命名为帕斯卡定理。

古希腊数学家阿波罗尼奥斯著有《圆锥曲线论》，涵盖了几乎所有的圆锥曲线结论，将近一千九百年来没有人提出新的发现。帕斯卡是第一人。

梅森神父将小帕的研究成果寄给客居荷兰的笛卡儿。

笛卡儿死活不相信这是一个16岁孩子的作品。他以为是德扎尔格或帕父的研究成果。

1638年，为了应对吃紧的三十年战争，红衣主教黎塞留宣布只偿还部分国债。

埃蒂安的65665里弗尔变成了7300里弗尔。他大骂黎塞留。

黎塞留只能逮捕他。

埃蒂安只得逃跑。

这一年，黎塞留在观看戏剧《暴君之爱》时，认识了主演之一——雅克利娜。雅克利娜是帕斯卡的妹妹。她趁这个机会要求黎塞留赦免她的父亲。黎塞留同意了。

埃蒂安回到巴黎后，带着小帕拜见了黎塞留。

遭受损失的不只埃蒂安一个人，全部国民都勒紧腰带生活。

1639年，诺曼底地区发生暴乱，民众焚毁税局，杀死税吏。

黎塞留任命埃蒂安为诺曼底地区税务官，算是一种补偿吧。

1640 年，埃蒂安带着三个子女搬到鲁昂。税务工作和数字打交道，要进行大量计算，埃蒂安经常熬到深夜，白天显得非常疲惫。

帕斯卡决定帮助父亲减轻负担。他的办法是：发明一台可以加减乘除的机器。

经过一番努力，1642 年，世界上第一台计算机诞生了。

其原理类似于三个关联的密码锁。把一个密码锁拨成一个数字，把第二个密码锁拨成另一个数字，第三个密码锁随之转动，显示前两个数字之和。

如果调节一个开关，第三个密码锁可以显示前两个数字之差。

帕斯卡后来又造了五十台，准备发笔横财。

这是真正投入商业化的计算机，还获得了法国王室颁发的专利。

不过，花钱雇佣一个人计算一个月，其成本远远低于买一台帕氏计算机。

计算机大部分没有卖出去，帕斯卡也没有成为 17 世纪的比尔·盖茨。

另外一个难以逾越的障碍是：

法国当时的货币使用 12 进制和 20 进制，长度单位使用 6 进制和 12 进制。

帕斯卡送了一台计算机给瑞典女王克里斯蒂娜。女王大喜，表示愿意派军舰接帕斯卡到瑞典生活。帕斯卡明智地拒绝了，他孱弱的身体扛不住恶劣的天气。

克里斯蒂娜女王还邀请过本书中的另一位人物——夸美纽斯。不管怎么说，女王好学的精神值得敬佩。

为了纪念帕斯卡在计算机领域的贡献，世界上第一个结构化编程语言就叫 pascal 语言。

帕斯卡还发现了二项式系数在三角形中的一种几何排列，后人称之为帕斯卡原则。

中国数学家杨辉比帕斯卡早 393 年发现这一成果。杨辉说他的成果出自已经失传的贾宪的著作（更早两百年）。中国教科书里将其命名为"贾宪三角"或"杨辉三角"。这是中国古代数学的杰出成果之一。

帕斯卡从小体弱多病，长大后亦不见好转。他不到三十岁就得借助拐杖行走。医生要求他多放松、多娱乐。

帕斯卡跳舞、打球、狩猎，以及赌博。

1654 年，一个叫梅勒的赌徒向"数学家"帕斯卡求助。问题是这样的：

梅勒和赌友各出 32 枚金币作为赌注，以掷骰子决定输赢。

如果出现"6"，梅勒赢 1 分；如果出现"4"，对方赢 1 分。

双方谁先得到 10 分，谁就赢得全部赌注（64 枚金币）。

双方正赌到兴头上，圣旨到了。国王命令梅勒立即到王宫接待外宾。

此时梅勒得 8 分，对方得 7 分。

现在问题来了，这 64 枚金币应该如何分配才合理？

帕斯卡思考后有了一些发现，就写信给数学家费马。两人信件一来一往，数学中一个重要的分支——概率论诞生了。

帕斯卡顺便还发明了轮盘赌。

1660 年，费马写信约帕斯卡见面。帕斯卡回信说，自己走不了路，骑不了马，不能赴约。那一年，他才 37 岁。

莱布尼茨于 1672—1676 年侨居巴黎。他仔细研究了帕斯卡的手稿，在计算机和概率论方面深受启发。

1647 年，帕斯卡回到巴黎居住。

同年 9 月，51 岁的笛卡儿探望了 24 岁的帕斯卡。

这是两位天才人物唯一一次会晤。

笛卡儿对帕斯卡发明制造的计算机十分赞赏。

在讨论真空的时候，两人发生争执。

笛卡儿认为宇宙中没有物质的空间是不存在的。帕斯卡持相反的观点。

笛卡儿嘲笑帕斯卡说，也许你的脑袋里就有很多真空。

帕斯卡决定用实验来反驳笛卡儿。

四年前，意大利科学家托里拆利做过一个实验，把一根一米长且装满水银的玻璃管倒立放进水银槽，水银从玻璃管中流出一部分。此时，玻璃管下半部分是 76 厘米的水银柱，上半部分 24 厘米是无色透明的，很可能就是真空。

为什么水银柱中的水银没有全部流出来？

这是因为大气的重量把水银压进了玻璃管。

帕斯卡从梅森神父那里获得了托里拆利实验的全过程。他认为，山顶上空气稀薄，大气压力比地面小。如果在山顶上重复这个实验，水银柱的高度应该低于 76 厘米。

由于身体虚弱，帕斯卡委托他的姐夫操作这次实验。

1648 年 9 月 19 日，姐夫在多姆山顶按照帕斯卡设计的程序完成了实验。

实验结果是：水银柱高度在山顶和山底相差 8 厘米，这是一个很大的数字。

这个实验反过来也可以。用水银柱的高度衡量山的高度，神奇吧？

结果出来之后,不仅在科学界引起了轰动,巴黎市民也纷纷前去围观,就像看戏剧表演一样。

此次实验的知名度,不亚于伽利略的那次比萨斜塔实验。

实际上,伽利略的故事是假的,帕斯卡的故事是真的。

不过,也有人嘲笑这种实验没有任何价值。

埃蒂安激动地替儿子辩护:"你说我儿子的实验笨拙和马虎,我说你才不会实验,连实验室的门都进不去。"帕斯卡制造计算机的时候,埃蒂安准备各种工具和材料,全力支持儿子。

当有人否定实验结论时,帕斯卡反驳说:"仅仅一个事实不能证明某句话是对的,但一个相反的事实却能证明某句话是错的。"

这句话与三百年后科学哲学家卡尔·波普的观点是一致的,即科学就是证伪。

帕斯卡还认为,动物只会重复,人类却可以总结前人的经验。蔑视古人不对,崇拜古人也是错的,应该把古人的知识当垫脚石,超越古人。

有人把反对古人当罪行,把补充古人当叛逆,仿佛所有的真理都被古人发现完了,这是错误的。我们不应该崇尚古人,而应该崇尚真理。

有些人动辄老祖宗说了,老理说得好,这是不对的。

老不是正确,不是优点,不是约束今人的绳索。

老理用在某个特定场合是可以的,但用来指导普遍事物必然得出错误的结论。

帕斯卡后来又做了一个实验。实验的过程是这样的:

第一步,在地面上放置一个密闭的装满水的桶。

第二步,在桶盖上插入一根细长的管。

第三步,登上很高的梯子,向细管里灌水。

水桶实验

第四步，只要倒一杯水，桶就被压裂了。

帕斯卡后来得出结论，封闭容器中，流体的某一部分压强如发生变化，将毫无损失地传递到其他部分和容器壁。

于是，帕斯卡定律诞生了。

根据帕斯卡定律，帕斯卡发明了注射器和水压机。

帕斯卡和皮埃尔分析同一地点的大气压变化情况，进行天气预测。

为了铭记帕斯卡的贡献，科学家用"帕斯卡"命名压强单位，简称"帕"。一个"帕斯卡"等于一个"牛顿（力）"作用在一平方米的面积上。

以后不要笑话别人胖，多没礼貌，要说他的帕斯卡比较大。

讲一个笑话。

物理学家玩捉迷藏游戏。爱因斯坦抓住了牛顿。

牛顿说，我站在一平方米的地板砖上。所以，你抓住的是帕斯卡。

爱因斯坦伸手把牛顿推出地板砖，然后笑着对他说，你现在不是帕斯卡了。

牛顿说，我现在的确不是帕斯卡了。不过，你让我移动了一米，所以我现在是焦耳了。

1651 年，埃蒂安去世。帕斯卡非常伤心。他写道：

> "如果没有耶稣基督，死亡是可怕的，是令人憎恶的，是自然界丑陋的一面。然而，在有了耶稣基督之后，一切全然改变了，死亡是那样地仁慈、神圣。死亡是信仰者的欢愉。"

1654 年 11 月 23 日，帕斯卡驾车经过涅里桥时，马匹受惊，跃过桥栏冲进塞纳河中，几乎把马车拖下水。幸好缰绳断了，马掉进了河里，马车半悬在栏杆上。

帕斯卡当场昏死过去。

苏醒过来的时候，帕斯卡说自己在昏迷中见到了上帝。他感到极度恐惧、悔恨，也为自己能见到上帝而喜悦。帕斯卡把自己的经历和感悟写在一张羊皮纸上，缝进外衣的衬里。关于这件事，他没有告诉任何人。

直到他死后，人们才发现了这张纸，才知道这个故事。

此次意外事件促使帕斯卡将关注点从物质世界转向精神世界，从科学转向哲学和神学。他认为感性和理性知识是有限的、不可靠的，只有信仰才是万能的和完美的。

1655年，31岁的帕斯卡走进了巴黎郊外的波尔罗尼亚修道院。在此期间，他大量阅读古罗马著名斯多葛学派哲学家爱比克泰德和法国思想家蒙田的作品。

爱比克泰德的名言如下：

1. 假如你想做事，就得养成做事的习惯；假如你不想做事，就别去沾边。
2. 只有受过教育的人才是自由的。
3. 连自己命运都不能主宰的人是没有自由可言的。
4. 在顺境中交友只是举手之劳，在困厄时寻友难如登天。
5. 否定意志的自由，就无道德可言。
6. 信心来自谨慎。
7. 理智不能用大小或高低来衡量，而应该用原则来衡量。

蒙田是怀疑论的创始人。他的名言就更多了。最具代表性的就是这句：

"结婚仿佛金漆的鸟笼。笼子外面的鸟想住进去，笼子内的鸟想飞出来。"

关于蒙田的具体事迹，请参阅拙著《万历十五年欧洲那些事儿》。

帕斯卡总结自己的心路历程，写下一部散文集，叫《思想录》。

伏尔泰说，《思想录》是法国第一部散文杰作。

雨果说，如果整个法国文学只能让我选择一部书留下，我会毫不犹豫地选择《思想录》，它的作者是一个崇高而纯粹的法国天才。

在这本书里，帕斯卡主要表达了两个主张：

第一个主张：人的精神分为理智（逻辑与理性）与情感（直觉与非理性）。前者是科学精神，后者是人文精神。研究科学容易，研究宗教和人心难。

帕斯卡认为笛卡儿高估了科学的作用，单纯依靠理性是不能掌握全部真理的，很多时候需要心灵的引导。

的确，智商高、情商低的人很难创造重大科技成果。情商高、有决心、有毅力的人才能成为大科学家。

第二个主张：帕斯卡劝告读者信仰上帝。他认为人的毛病、弱点和罪恶太多了。他说：

"人混合着天使与野兽的成分，表现在心灵与肉体的对立。人是一个怪物、一个巨魔、一片混乱、一个矛盾、一个非凡的东西。他是一切事物的裁判，是地球上的柔弱体,是真理的保管者,是错误与怀疑的缝制者,是宇宙的荣耀与弃物。人在道德上很神秘。人表现或隐藏着每一种罪恶。人只是一个伪装者、一个说谎者、一个伪君子,对自己对别人都一样。人是无底的、虚荣的!"

只有信仰上帝,人才能洗脱罪恶。

对于那些半信半疑的人,帕斯卡说:

"如果你相信上帝,而上帝又不存在,你不会失去什么;万一上帝存在,你就赚大了。你可以进入天堂,获得永生。

反过来,你不相信上帝,上帝不存在,你也不会失去什么;万一上帝存在,你就得下地狱,你就完蛋了。"

后人称此为帕斯卡赌注。

《思想录》让你去思考人生、人性、宇宙、生命和神的关系,非常烧脑。当然,喝一瓶啤酒,吃一盆咸鱼非常容易。

不过,一个从不去思考的人,和盆里的咸鱼又有什么区别?

1658 年,意大利耶稣会士卫匡国从中国回到欧洲,出版了《中国史》。帕斯卡读了这本书,他在《思想录》中提了一句,但没有评价中国。

当时很多法官、律师、医生、富人为了面子,纷纷购置马车出行。

不过,养马车的费用居高不下,远远超过养汽车。

除了养马、建马厩、买饲料,还要养马车夫,并管他的吃住和工资。

乘坐马车出行很风光,时间一长生活却陷入困顿。

帕斯卡本人就是受害者。当他收入骤降的时候,只能卖掉马车。可是步行又非常不方便,尤其他的腿还有残疾。

1661 年,帕斯卡提议成立了一个公共马车公司,每天运营几个固定线路,收取固定的低票价。

1662 年,康熙元年。这一年郑成功收复台湾,不久之后去世。

这一年,帕斯卡组建的法国公共马车公司试营业,引起了轰动。这家公司是今天所有公交公司的前身。

第二次世界大战前,巴黎公交车票上印有帕斯卡像。

像帕斯卡这样的人才,从事任何行业都能创造奇迹。

1662 年 8 月 19 日,帕斯卡因为过度劳累,故疾发作,不幸逝世,终年 39 岁。

真是天妒英才！

医学报告显示，他的大脑"异常的大，脑髓坚实"。

帕斯卡没有进过学校，没有结婚，没有谋求公职，他短暂的一生为人类作出了太多太多的贡献。帕斯卡说：

"人只不过是一根苇草，是自然界里最脆弱的东西，但他是一根能思想的苇草。用不着整个宇宙拿起武器来毁灭他，一口气、一滴水就可以杀了他。

不过，纵使宇宙毁灭了他，人仍然要比致他于死命的东西显得高贵。

因为他知道自己要死亡，他知道宇宙对他所具有的优势。

而宇宙对此却一无所知。"

这段话收录进苏教版的《高中语文必修五》里。

在数学教材、物理教材、计算机教材之后，我们又在语文教材里看到了帕斯卡的名字。

帕斯卡是文学家、思想家、哲学家、神学家、数学家、物理学家、发明家、公司创始人。

世界上有两个几百年才出的天才，一个是达·芬奇，一个是特斯拉。

帕斯卡可以算半个。

他的成功和达·芬奇有相似性，没有受过正规教育，思维不受老师和书本的束缚，所有的出发点都是解决问题。

谢瓦里埃说，帕斯卡之于法兰西，犹如柏拉图之于希腊，但丁之于意大利，塞万提斯之于西班牙，莎士比亚之于英格兰。

帕斯卡是法国的国宝。

帕斯卡人品也颇值得称道。为了忏悔自己的罪过，帕斯卡让一户穷人住到自己家中。当其中一个孩子染上天花时，他并未要求这个家庭离开，而是自己搬到姐姐家去住。

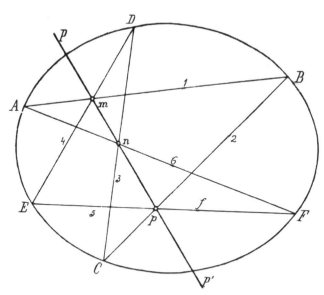

帕斯卡定理：圆锥曲线的内接六边形其三条对边的交点共线（mnp 共线）

法国纪念帕斯卡创立公共马车公司

Pierre de Fermat(1601—1665)

我已经发现了一些绝美的定理。
也许后代会感谢我告诉他们一件古人不知道的事情。

第四章
费马—— 一道解了 358 年的数学题

1637 年，崇祯十年。

一名法国律师在阅读古希腊数学家丢番图的《算术》一书时，在第 11 卷第 8 命题旁写下一句话：

"将一个立方数分成两个立方数之和，或一个四次幂分成两个四次幂之和，或者一般地将一个高于二次的幂分成两个同次幂之和，这是不可能的。关于此，我确信已发现了一种美妙的证法，可惜这里空白的地方太小，我写不下。"

从此以后，世界上无数最聪明的人为这句话绞尽脑汁，长达三百多年。

这名律师叫费马。

1601 年 8 月 17 日，皮耶·德·费马出生于法国南部图卢兹附近的博蒙·德·洛马涅。他的父亲是一位皮革商，经营有道，受人尊重，后来成为当地官员。费马的母亲出身贵族，精通法律。

费马是富二代，锦衣玉食、生活优渥。他不必外出上学，家里常驻两名教师。

14 岁时，费马进入当地公学就读，中学毕业后在奥尔良大学和图卢兹大学学习法律。

在欧洲中世纪，一个人出人头地的主要方式是在战场上立下军功，或者从小到修道院生活，几十年后当主教或修道院院长。17世纪，欧洲法官和律师的需求量大增。他们收入高还受人尊重。

费马大学还没有毕业，他的父亲就给他买了"律师"和"议员"两个职位。

1631年，30岁的费马毕业返乡，顺利成为图卢兹议会的议员。他的职务是请愿者接待室的顾问。如果当地人有重要事情想写信给国王，费马的工作就是判断这封信能不能呈递上去。

明朝没有这套体系，百姓向本省总督反映问题都难如登天。

同年，费马娶了表妹露伊丝·德·罗格，一位贵族小姐，两人育有两男三女。

真是羡慕妒忌恨啊。

担任七年地方议员之后，费马升任调查参议员。又过了四年，1642年，费马进入最高刑事法庭。1646年，费马升任地方议会首席发言人。

这个一路高升的家伙，实际上并没有杰出的政绩。他唯一值得称道的地方就是工作中不勒索、不受贿。

因为他不缺钱。

如果法官认识的人太多，判案的时候就会偏袒自己的亲友。因此，当时的政府要求法官尽量不要参加社交活动。

所以，费马把大量的业余时间用来研究数学。

数学研究比较容易，不需要图书馆，不需要实验室，一支笔，几张纸，随时随地进行。费马研究数学的时候，有时在餐厅，有时在教堂。

费马的第一个数学成就是发现了一对亲和数。亲和数是指两个正整数，它们彼此的全部约数之和（本身除外）与另一方相等。

世界上第一对亲和数是古希腊数学家毕达哥拉斯发现的。他说，你的朋友是你灵魂的倩影，就像220与284一样亲密。

220的约数为1、2、4、5、10、11、20、22、44、55、110、220。把220排除，则：

1+2+4+5+10+11+20+22+44+55+110=284

284的约数为1、2、4、71、142、284。把284排除在外，则：

1+2+4+71+142=220

所以，220和284是一对亲和数。

当时的人们以为世界上只有一对亲和数，所以给这两个数字编了很多故事，并用来做魔术、法术和占星术。

1636 年，费马发现了世界上第二对亲和数 17296 和 18416。此时距毕达哥拉斯发现第一对亲和数已经超过二千年了。

两年后，笛卡儿找到了第三对亲和数 9437056 和 9363584。

此后的一百年，亲和数又从人们的视野中神秘地消失了。直到数学天才欧拉出现，一下子就找到了 60 对。

又过了一百年，1886 年，一个 16 岁的意大利孩子发现这些大师们竟然遗漏了一对很小的亲和数，1184 和 1210。

除了发现亲和数，毕达哥拉斯还提出了完全数，即一个正整数的全部约数之和（本身除外）等于它本身。

他说，完全数象征着完满的婚姻以及健康和美丽，比如 6 和 28。

6=1+2+3

28=1+2+4+7+14

有些基督徒认为 6 和 28 是上帝之数，因为上帝创造世界花了 6 天，月亮绕地球一周是 28 天。

毕达哥拉斯认为"万物皆数""数是万物的本原"。

数学不是用来做题的，数学是认识世界的工具，数学是所有科学的钥匙。

毕达哥拉斯认为任何数都可以用整数表示，小数可以用整数之比表示。比如 0.35247，就是 35247/100000。

毕达哥拉斯的得意门生希帕索斯发现，边长为 1 的正方形，它的对角线长度（根号 2）不能用整数之比来表达。

他的同学们大怒，把希帕索斯扔到大海里淹死了，并命令所有人不得泄露根号 2 的秘密。

这件事史称第一次数学危机。

费马发现 26 夹在 25 和 27 之间。说实话，上小学的时候我就发现了。

费马还发现，25 是平方数（5×5），27 是立方数（3×3×3）。他想找到第二个夹在平方数和立方数之间的数字，却始终没有成功。

最后，费马证明 26 是唯一一个符合这种条件的数。

20 世纪，数学家又开始玩一个叫"可交往数"的游戏，即由 3 个或更多的数形成的一个闭循环的数组。例如，五元数组（12496，14288，15472，14536，14264）中，第一个数的因数加起来等于第二个数，第二个数的因数加起来等于第三个数，第三个数的因数加起来等于第四个数，第四个数的因数加起来等于第五个数，而第五个数的因数加起来等于第一个数。

普通人玩的数学游戏是打麻将、斗地主，比数学家还上瘾。

费马第二个重大数学成果是提出了解析几何的基本原理。

1630 年，费马撰写了《平面与立体轨迹引论》一文。在文中，费马提出，有两个未知量的方程式，可以描绘出一条直线或曲线。

费马发现解析几何的基本原理比笛卡儿还早 7 年，但他没有及时发表这篇文章。事实上，他根本没打算发表。费马去世后，他的儿子发现并发表了这篇文章，比笛卡儿的《几何学》整整晚了 42 年。

费马从方程出发来寻求轨迹，笛卡儿从轨迹出发来寻找方程，两个人从相反的方向得出了共同的结论。

费马的第三个数学成果是建立了求切线、求极大值和极小值以及定积分方法。

牛顿说，他关于微积分的早期观点直接来自于费马绘制切线的方式。

费马的第四个数学成果诞生于他和帕斯卡交流的信件当中。在信中，费马提出了数学期望的概念，为概率论奠定了基础。

费马的第五个数学成果是数学中最重要的分支——数论。

高斯说过，数学是科学的皇后，数论是数学的皇冠。

在费马死后一百年里，没有人能挑战费马在数论领域中的地位。

17 世纪初，丢番图（约公元 246—330 年）的《算术》一书在欧洲大受欢迎。

丢番图是古希腊时期的数学家，代数学的创始人之一。临死前，他出了一道题目，让朋友刻在他的墓碑上。这道题目的答案就是他的寿命。其内容如下：

"墓中躺着丢番图，下面是他经历的人生道路：
上帝给予的童年占六分之一，
又过了十二分之一，两颊长胡，
再过七分之一，点燃起结婚的蜡烛。
五年之后天赐贵子，
可怜迟来的宁馨儿，享年仅及其父之半，便进入冰冷坟墓。
悲伤只有用数论的研究去弥补，
又过了四年，他终于告别数学，离开了人世。"

你能算出来答案吗？

答案是 84 岁。

1621 年，费马读完《算术》这本书，立即对数论产生了浓厚的兴趣。他得出大量结论，比如：

1. 全部大于 2 的素数可分为 $4n+1$ 和 $4n+3$ 两种形式。

2. 形如 $4n+1$ 的素数能够表达为两个平方数之和。

例如，13 等于 $4×3+1$，也等于 $2×2+3×3$。

17 等于 $4×4+1$，也等于 $1×1+4×4$。

3. 形如 $4n+3$ 的素数不能表达为两个平方数之和。

费马写下了大量结论，但没有提供证明过程，或者只是给出一点点提示，让读者自己猜。他就是要挑逗各国的数学家。气得笛卡儿称费马为"吹牛者"。英国人沃利斯把费马叫作"那个该诅咒的法国佬"。

比如上面的三个结论，直到一百年后的 1749 年，天才数学家欧拉经过 7 年的工作，才给出证明。

普通人看到的 1、2、3、4、5、6、7、8、9、10，数学家看到的却是：整数、正数、实数、有理数、自然数、素数、合数、奇数、偶数、完全数，整体还是一个等差数列。

这就是数学的魅力。

费马在解析几何、微分、概率论、数论领域创造出大量成果，不逊于任何一个伟大的数学家。如果在今天，他可以获得三回菲尔兹奖（数学领域的诺贝尔奖）。

费马做出这么多的贡献，并没有耽误本职工作——调查、判案的正常进行。他是最懂法律的数学家，最懂数学的法官。

人们称费马为"业余数学之王"。

获得这么多的成果不是像上树摘桃子一样容易，其背后是大量的时间投入与精力的付出。费马一生只在方圆一百英里内活动。作为一个富二代，他甚至没有去过巴黎。

费马没打算通过这些成果出名挣钱。他或者把自己的发现写信给朋友探讨，或者把自己的发现写在书页上，然后把书放回书架。

费马把研究数学当作游戏，当作乐趣，当作破案。一旦发现某个数学定理，费马就像王子把一位冷漠的冰雪公主变成恋人一样开心。

费马谦虚地说：

"也许后代会感谢我告诉他们一件古人不知道的事情。"

1665年1月12日，费马去世，终年64岁。他的遗体葬在图卢兹的家族墓地。

费马和法国思想家蒙田的人生比较相似。不只是他们俩人，我发现欧洲很多科学家、思想家出身贵族或富裕家庭，终生衣食无忧。他们没有到政治舞台争权夺势，没有去风月场所花天酒地。他们选择平静地生活，然后在平静中创造出伟大的业绩，把自己变成推进世界进步的伟人，流芳百世的名人。

费马逝世后，他的长子在《算术》这本书中发现父亲留下的一句话：

"将一个立方数分成两个立方数之和，或一个四次幂分成两个四次幂之和，或者一般地将一个高于二次的幂分成两个同次幂之和，这是不可能的。关于此，我确信已发现了一种美妙的证法，可惜这里空白的地方太小，我写不下。"

根据推测，这段话写于1637年，崇祯十年。
这句话用简单的方式表达如下：
当整数$n>2$时，关于x，y，z的方程$x^n+y^n=z^n$没有正整数解。
我们知道，当$n=2$时，就是毕达哥拉斯定理，有很多正整数解。
毕达哥拉斯发现这一定理之后，高兴得杀了一百头牛进行庆祝。所以，毕达哥拉斯定理也叫"百牛定理"。
后人称费马的这段话为费马大定理。
费马大定理有结论，但没有推导过程，称费马猜想更合适。
费马猜想和哥德巴赫猜想、四色猜想成为世界三大数字难题。

费马猜想提出一百年后，无人应答。
直到1770年，欧拉证明了$n=3$时，费马猜想成立。
本文多次提到欧拉，我以后会写到他。
1816年，法国科学院把费马猜想进行了简化。
当n是奇素数（3，5，7，11，13）时，方程$x^n+y^n=z^n$没有正整数解。
只要奇素数无解，合数肯定无解。
法国科学院称之为费马大定理，向全世界征集答案。

第四章　费马——一道解了 358 年的数学题

有费马大定理就有费马小定理。费马于 1636 年提出小定理，内容为：

如果 p 是一个质数，而整数 a 不是 p 的倍数，则有 a^{p-1} 除以 p 的余数恒等于 1。

莱布尼茨于 1683 年证明了它。

"数学王子"高斯爱面子。他声称证明费马大定理不难，我对此不感兴趣。

不过，每当费马大定理取得一点点进展，他都要偷偷询问和了解。

真相是，高斯想证明 $n=7$ 时，费马大定理成立，但没有成功。

1825 年，德国数学家狄利克雷和法国数学家勒让德分别独立证明了 $n=5$ 时，费马大定理成立。

1839 年，法国数学家拉梅证明了 $n=7$ 时，费马大定理成立。

1847，拉梅和他的同胞柯西宣布证明了费马大定理，引起了世界轰动。

此时距费马大定理的提出已经超过 200 年。

德国数学家库默尔告诉他们，你们两个都是错的。

库默尔创立了一种"理想数环"理论，一下子证明了 100 以内除 1、37、59、67 以外的奇数为幂时，费马大定理成立。

费马大定理第一次取得了重大突破。

但这也只是证明了沙漠中的 30 粒沙，大海中的 50 滴水。

50 年后，大数学家勒贝格向法国科学院提交了费马大定理的证明论稿。由于他的声望，公众都相信他是对的。

数学家们则遗憾地指出，他是错的。

此时已经到了 20 世纪初，据费马猜想的提出已经过了 260 年。

1908 年，德国格丁根皇家科学协会向世界推出了沃尔夫·斯凯尔奖。

获奖条件是解决费马大定理。

奖金是 10 万马克。

期限是一百年，截止日期是 2007 年 9 月 13 日。

奖金提供者是富商沃尔夫·斯凯尔。

他于当年病逝，10 万马克是他一半的遗产。

当时德国民众平均月收入为 100 马克左右。

10 万马克换算成今天的人民币，相当于 500 万左右。

一个德国商人为什么对一个法国猜想情有独钟呢？

因为费马大定理救了他的命。

斯凯尔年轻时，因为失恋决定于某天半夜12点自杀。晚饭后，他去了图书馆，正好读到了库默尔的一篇文章，论述柯西和拉梅没有证明费马大定理。

普通人自杀前，肯定先去酒店大吃一顿。

都到这个节骨眼了，谁还有兴趣去图书馆读这种文章。

斯凯尔读着读着就入了迷，情不自禁拿起纸笔计算起来，这一算就是一夜。天亮了，自杀的时间过了。费马大定理还没有解决，我不能死。

斯凯尔一边证明费马大定理，一边做生意。

费马大定理没有证明，生意倒做成了大老板。

那些在酒店大吃一顿的人估计早就自杀了。

1908年，临死前，斯凯尔为了感谢费马大定理的救命之恩，捐出自己遗产的一半用来鼓励世人解答费马大定理。

从此以后，每年都有成千上万的人宣称自己证明了费马大定理。

显然，没有一个是正确的。

1922年，英国数学家莫德尔提出一个著名猜想，叫作莫德尔猜想。具体内容我就不说了，因为我不懂，也说不了，只知道有助于解决费马大定理。

1955年，日本数学家谷山丰提出了一个新的猜想，后来称为"谷山—志村猜想"。具体内容我就不说了，因为我更不懂。总之，只要能证明"谷山—志村猜想"成立，就能证明费马大定理成立。

"二战"以后，计算机诞生了。

借助这种先进的机器，世界各地的数学家证明500以内，1000以内，10000以内的值，费马大定理成立。

到了80年代，这个值提高到125000，然后是4100万。

不过，还是没有用。你可以证明4100万，但你可以证明4100亿吗？

数学必须百分之百准确。有一个故事是这样的：

天文学家、物理学家和数学家乘坐火车在苏格兰的大地上奔驰。他们向窗外眺望，看到田野里有一只黑色的羊。

天文学家说："苏格兰羊都是黑色的。"

物理学家反驳道："不！只能说有些苏格兰羊是黑色的。"

数学家反驳道："不！只能说在苏格兰至少有一只羊，这只羊的一侧是黑色的。"（另一侧看不到。）

1983年，德国数学家法尔廷斯证明了莫德尔猜想，离费马大定理的解决向前迈进了一大步。法尔廷斯也因此获得1986年菲尔兹奖。

1984年，德国数学家弗雷提出有助于解决费马大定理的"弗雷命题"。

美国加州大学里贝特听说"费雷命题"之后，花了一年半时间，但没有解答出来。1986年，里贝特与哈佛大学教授巴里·梅祖尔喝咖啡，顺便讨论弗雷命题。梅祖尔的一句话点醒了里贝特。他随即证明了"弗雷命题"。

英国数学家安德鲁·怀尔斯看到里贝特的证明后，感到解决费马大定理的外城城门已经打开，可以进攻内城了。

怀尔斯1953年出生在英国，父亲是一位工程学教授。

10岁时，小怀尔斯在一本书中读到费马大定理，立即产生了浓厚的兴趣。长大后，他选择数学作为终身职业。

的确，博士生、博士生导师都解答不了费马大定理，小学生却看得懂。

1974年，怀尔斯毕业于牛津大学默顿学院，获数学学士学位。

1977年，怀尔斯荣获剑桥大学克莱尔学院博士学位。

1981年，怀尔斯到美国普林斯顿高等研究院任研究员。

1982年，怀尔斯任普林斯顿大学教授。

1986年，怀尔斯吃饱喝足，决心向高不可攀的费马大定理山进发。

当时没有人看好33岁的怀尔斯。

因为他有一个致命的缺点，年龄太大。

学数学专业的人都知道一条行业规矩，30岁以上的人，可以发现物理定理，可以发现化学定理，可以发现生物定理，但基本上不可能发现数学定理。

法国数学泰斗伽罗瓦21岁死于决斗。

高斯19岁时发现了正十七边形的尺规作图法，解决了一个千年难题。

椭圆函数领域的开拓者阿贝尔，27岁时死于贫困。

对解决费马大定理有重要贡献的谷山丰31岁自杀。

华裔数学家陶哲轩7岁开始学微积分，24岁任美国加州洛杉矶分校正教授。

世界著名的菲尔兹奖不授予40岁以上的数学家，这叫作"四十不获"。

怀尔斯说，解决费马大定理的过程就像黑暗中的密室逃脱。首先进入一个房间，什么都看不见，开始用手摸屋里的家具，然后是摆设，全摸完了，找到电灯开关。打开电灯开关，找到门出去，进入第二个房间，重复上面的过程。

能不能逃脱，什么时候逃脱，不知道。

1987年，我进入高中。当时我已经知道费马大定理。

现在，费马大定理写入初中数学课本。每个初三学生都知道费马大定理。

1993年6月21日，怀尔斯在剑桥大学做了一次演讲。在演讲中他证明了谷山—志村猜想。把谷山—志村猜想和莫德尔猜想、弗雷命题放在一起，最终证明费马大定理成立。

这一消息立即登上了全球各大媒体的主要版面，引起了轰动。

一本美国杂志立即把怀尔斯评为年度最具魅力的全球25人之一。还有一些男装品牌请他代言。（宅在家里的数字家讲究穿着吗？）

然而，全世界的数学家反倒显得十分冷静。

因为之前已经有无数人宣布证明费马大定理，最后发现自己错了。

果然，怀尔斯的证明是错误的。

当年12月，怀尔斯承认自己的证明有小问题，但可以解决。

10个月后，问题依旧没有解决。

从英雄到傻瓜，只有一天的时间。

1994年10月25日11点4分11秒，怀尔斯通过他的学生，美国俄亥俄州立大学教授卡尔·鲁宾向全世界发出了证明费马大定理的邮件。

1995年，怀尔斯把证明过程发表在《数学年刊》第141卷上，证明过程包括两篇文章，共130页。

这次是对的。

130页，看来费马的书页边上真的写不下。

此时距费马猜想的提出整整358年了，超过了一个朝代的长度。

当然，这是全世界数学家前仆后继的成果。

不光是数学家，千千万万的民众也参与其中。

当世界为之疯狂的时候，中国只有《中国科学报》和《上海经济导报》做了报道。

1997年6月27日，怀尔斯从格丁根皇家科学协会领走了沃尔夫·斯凯尔10万马克的奖金，距离截止日期还差十年。

这个奖金在制订之初有一条规定，数学家在证明费马大定理两年后才能领奖。怀尔斯1995年通过杂志发表证明全过程，1997年领奖。

格丁根皇家科学协会也怕把奖金发给怀尔斯后，别人证明他是错的。

1998年，第23届国际数学家大会史无前例地颁给45岁的"老数学家"

怀尔斯菲尔兹特别奖。

2000 年，怀尔斯被英国王室授勋为爵士。

当怀尔斯登上人生顶峰，风光无限的时候，世界上无数数学家沮丧失落、彻夜无眠。他们从此失去了奋斗的动力，失去了活着的目的。

费马大定理无疑是人类历史上最精彩的一道数学谜题。

解决费马大定理有什么用？不解决它人类不是照样在发展？

非也。

费马大定理是一只会下金蛋的母鸡。在证明费马大定理的过程中，数学本身得到了极大的发展。比如莫德尔猜想、比如弗雷命题、比如谷山—志村猜想。

证明费马大定理的历史就是半部数学史。

证明费马大定理也是对人类智力的极限挑战。让全世界最聪明的人前仆后继地去验证人类的能力。

费马大定理的证明可以与分裂原子或发现 DNA 相媲美。

费马大定理解决了，另一个谜又产生了。

三百多年前，费马本人到底有没有证明费马大定理？

按照费马时代的数学发展水平，他是不可能证明费马大定理的。

费马写下那段著名的话后，又活了 28 年，却始终没有给出答案。

有人推测，也许费马真的另有捷径。

我觉得费马能证明。只不过受字数限制，我写不下全部解释。

什么是历史？

帝王将相是历史，王朝更替是历史，宫斗权谋是历史。

数学也是历史，而且是人类最重要的历史之一。

没有数学，哥白尼不会发现日心说，哥伦布不会发现新大陆，爱因斯坦不会发现相对论。

没有数学，就没有物理、化学、生物的发展。

没有数学，我们出门没汽车，宅在家里没手机。

没有数学，我们再也不会为辅导孩子作业而烦恼了。

宋元时期，我国出现了一批著名的数学家和数学著作，如贾宪的《黄帝九章算法细草》，刘益的《议古根源》，秦九韶的《数书九章》，李冶的《测圆海镜》和《益古演段》，杨辉的《详解九章算法》《日用算法》和《杨辉算法》，朱世杰的《算学启蒙》《四元玉鉴》。

这一时期，中国数学成就攀上历史最高峰，部分成果达到世界前沿水平。

到了明朝，中国数学家销声匿迹了，到了清朝也没有什么起色。

明末，徐光启在利玛窦的帮助下翻译了《几何原本》。徐光启认为，几何是多学科的本源，人人都应该学几何。可惜的是，《几何原本》并没有得到广泛的传播。徐光启和李天经亦上奏崇祯皇帝，阐述数学的重要性。崇祯批复，"属利用要务"。不过，大敌当前，崇祯没有心思考虑数学问题。

数学长期停滞不前，明清的天文、地理、物理和化学都失去了发展的基石和动力，能不落后于世界吗？

明末著名思想家黄宗羲还认为，欧洲人数学好，都是从中国偷去的。他写道：

"容圆、测圆、割圆，皆周公、商高之遗术，六艺之一也。珠失深渊，罔象（即水怪，这里指欧洲人）得之，于是西洋改容圆为矩度，测圆为八线、割圆为三角。"

直到今天，很多人对数学的认识还存在一些误区。

第一大误区，中国人数学好。

中国的孩子只是比欧美的孩子学得早，学得多而已。

成年之后，中国人的数学成就在世界上并不耀眼，甚至远远不如欧美。

李克强总理说过，国际数学界的最高奖项菲尔兹奖，中国至今没有一人获得。

把中国人会找零钱作为数学好的证据，那是对"数学"这两个字的侮辱。

世界上哪国人数学最好？

答案是法国。

在明朝末年，法国出现一系列世界级数学家，除了费马，还有帕斯卡、韦达、梅森、德扎尔格、笛卡儿。

在17世纪，法国绝对算得上是世界第一的数学大国，在之后的一百年里都遥遥领先于欧洲。在此之后，法国还出现了一系列令中国大学生闻风丧胆的名字：达朗贝尔、拉格朗日、泊松、傅里叶、拉普拉斯、柯西。

笛卡儿的理性主义为法国数学森林提供了源源不断的营养。

今天，法国仍然是世界数一数二的数学强国。

所有菲尔兹奖获得者当中，毕业于哈佛大学的有18位，毕业于巴黎大学的有 16 位，毕业于巴黎高等师范学院的有 15 位。

法国人骄傲地称自己为真正的数学王国。

在巴黎，有一百多个街道以数学家的名字命名。

1688 年，在费马去世 23 年后，受法国国王路易十四委托，5 名法国数学家传教士抵达北京，成为康熙皇帝的数学老师。由于数学名词在法语、汉语、满语之间翻译的时候经常出错，最后康熙皇帝亲自拍板，未知数的个数叫"元"，未知数的值叫"根"或"解"。

在法国人的支持下，清政府编纂了《数理精蕴》，成为当时中国人的数学教材。

中国学生获得奥数金牌的数量比法国人多得多。不过，奥数比赛只是一种智力游戏，普通人通过密集训练就可以迅速提高分数。而创造数学成果，则需要惊人的毅力、耐心和灵气。

著名华裔数学家丘成桐说："奥数无助于甚至不利于培养学生的创新能力，并影响学生的全面发展。奥数培养不出大数学家。"

第二大误区，学数学有没有用？

中国的中小学生算过的数学题量，比吃过的饭粒都多。

不是因为喜欢，而是为了升学。

数学成为四书五经。学数学是为了参加科举考试。

一旦考上大学，或者大学毕业，大部分人用加减乘除就够了，开根号的机会都很少。

学习的时候拼命练习，工作的时间基本不用。

这是一种巨大的浪费，对国家、社会和个人都是如此。

2013 年，数学滚出高考成为热搜。

一方面，数学是打开其他科学的钥匙，是促进经济发展和社会进步的推进器。另一方面，数学又是如此让人讨厌！

曾经有这么一个故事。

在课堂上，有个学生问欧几里得学习数学有什么用处。

欧几里得马上掏出一枚钱币给他，然后请他出去。

对不起，想升官发财，别用数学浪费你的时间。

数学不能被神化，也不能被妖魔化。

随着中国社会的发展，数学的作用越来越大，对数学人才需求越来越多，数学工作者的地位和收入也会大幅提高。

在中国，曾经有一个年代，数学家每天可以收到几十封求爱信。信的意思不是想认识数学家，而是愿意直接嫁给数学家。

但是，高考应该降低数学难度，着重考察数学思维能力，不要让孩子把大量的时间花在做数学题目上。这种填鸭式的教育法让很多本来有可能成为数字小天才的孩子反而厌恶数学，远离数学。

其实，数学本身是很美的，解答数学题是有很多乐趣的。

我出一道题目。

从天秤上称出从 1 克到 40 克之间的任何整数克的重量，最少需要几枚砝码？

答案不是 6。

安德鲁·怀尔斯完成费马大定理的证明后，来到费马故乡的纪念碑前
碑文上写着费马大定理（Klaus Barner 摄）

1670 年，费马的长子塞缪尔出版《费马评注丢番图算术》一书
黑框内为费马大定理评注

第五章
世界上到底有没有真空

帕斯卡和笛卡儿争论的真空问题是一个看似简单却又十分古老的问题。

世界上有没有真空？世界有没有一个地方，那里什么都没有？

古希腊哲学家德谟克利特认为，世界是由原子和虚空构成。虚空即真空。

亚里士多德则认为宇宙没有虚空。只要有一个地方是空的，其他物质就会跑过去将其填满。他的名言是"大自然厌恶真空"。

举个例子。你拿一根吸管用嘴吸，有气进入吸管。这表示大自然要把新气填进吸管。如果你用手指堵住吸管的另一头再用嘴吸，空气就会压迫吸管变扁。空气进入不了吸管内部，就在外部用力挤压吸管的空间。你如果吸一口可乐，用手堵住靠近嘴边的这个口，把吸管竖起来，可乐不会向下流。

可乐宁肯违背万有引力，也要占据吸管，不让吸管是空的。

你看到了吗？大自然处处阻止你创造一个真空。

不过，关于真空这个词，有两种解释。

一种是哲学上的真空，一种是物理上的真空。

《心经》上说，空不异色，色不异空。空即是色，色即是空。

《坛经》上说，本来无一物，何处惹尘埃。

《道德经》上说，无名，万物之始。

这是哲学上的真空。

物理上的真空是指没有物质的空间。

世界上有没有真空？著名物理学家伽利略也回答不了。

因为宣传日心说，伽利略被罗马教会软禁在家。

有一天，他收到了一封来自中国的信件，向他请教天文问题。

这是怎么一回事呢？

原来，伽利略的好友，德国人邓玉函于1618年前往中国传教。他随身带着伽利略的天文书——《星际使者》。他把伽利略翻译成中文"伽利莱"。1629年，邓玉函进入明朝历局修订历法。他写信给伽利略，请他帮助解答天文问题。

被罗马教廷审判后，伽利略心灰意冷，不想再讨论天文问题，没有答复。

软禁在家的伽利略并不寂寞。欧洲的名人，凡是到佛罗伦萨的，都去探望他。其中有英国政治哲学家霍布斯、英国诗人兼政论家弥尔顿、法国科学家兼哲学家伽桑迪等。

伽利略在软禁中写下了一生中最重要的作品——《关于两门新科学的对话》。为了避免罗马教会的干涉，这本书在荷兰出版。正是因为这本书，伽利略被称为"现代物理学之父"。

1630年7月27日，乔瓦尼·巴蒂斯塔·巴里阿尼写了一封信给伽利略，告诉他一个有趣的现象。他说，他做了一根特别长的管子，可以把水抽到10.3米左右的高度。但是，再高的话就抽不上来了，哪怕11米也不行。

伽利略同意亚里士多德的观点。他认为，大自然厌恶真空，所以你向上抽水，水就涌进管子里。至于水柱为什么只有10米高，那里因为水柱高了重量就大，水柱承受不了它自身的重量。就像绳子一样，承重太大就会断了。

伽利略有一个弟子叫卡斯德利，是著名的数学家和水利工程师，也收了一些学生。有一次，卡斯德利把自己学生的一篇文章送给伽利略看。

伽利略读后大为惊叹，让卡斯德利把这个叫托里拆利的年轻人请来。

1641年年底，伽利略双目失明，卧病在床。

托里拆利来到佛罗伦萨，拜伽利略为师，和大师共处了三个月。

1642年，崇祯十五年。伽利略，一代物理宗师与世长辞，享年77岁。

伽利略留下一个关门弟子，和一个未解之谜。

第五章　世界上到底有没有真空

大约在 1641 年，意大利著名数学家、天文学家贝蒂做了一项实验。

他把一根长管装满水，两头封住，竖立在充满水的盆中，然后把下头的封口解开。

如果水管较长的话，总有一部分水流出，管中水位的高度是 10.3 米。

托里拆利也想做这个实验。不过，10 米多长的管子不好找，做起实验来也不方便。

托里拆利想到一个办法，用密度更大的液体替代水，比如海水，比如蜂蜜。

经过多次实验，他终于找了一种理想的替代品——水银。

现在我们知道，水银的密度约是 13.6 克每立方厘米，是水的 13.6 倍。

1643 年，托里拆利开始了一场著名的实验。

第一步，把一根长度为 1 米的一头封死的玻璃管灌满水银。

第二步，用手指顶住管口，将其倒插进装有水银的玻璃器皿中。

第三步，放开手指后，管中的水银柱开始下降。玻璃管上面看起来是空的，下面是水银。

管中水银柱的上方看起来什么都没有。是真空？还是空气？

这个还真不好判断。

于是，托里拆利开始第四步操作。

他往玻璃器皿中注入大量清水。密度较轻的清水浮在水银上面。

第五步，把玻璃管缓缓地向上提起，当玻璃管管口提高到水银和水的交界面以上时，管中的水银开始外泄，清水则窜入管中，直至管顶。

整个管子装满了清水。

如果玻璃管水银面上方有空气，那么清水就不可能装满整个管子。

所以，原先管内水银柱上方一无所有，是空的，真空。

为什么水银没有全部流出来？

因为大气有重量，这个重量压在水银槽面。水银槽面把压力传递给玻璃管里的水银柱。

托里拆利还发现，不管玻璃管是长是短，是粗是细，也不管玻璃管倾斜程度如何，水银柱的垂直高度始终保持在 76 厘米左右。

这就是标准大气压。

我们知道，水银的密度是水的密度的 13.6 倍。

76 厘米 ×13.6 = 1033.6 厘米，约等于 10.33 米。

这就回答了乔瓦尼·巴蒂斯塔·巴里阿尼的问题,管子可以把水抽到 10.3 米,但不能到 11 米。

在写给朋友的一封信中,托里拆利说了一句美妙的话,

"我们都生活在空气的'海'底。"

就像哥白尼的日心说一样,托里拆利把人们天天眼睛看到的常识颠覆了。实际上,我们每天都在负重(空气)前行。

实验结果铁证如山。

还是有很多保守的人不承认这个结果。

他们说玻璃管上端不是真空,是一种不占空间的特殊空气。

托里拆利还有很多科学成果。他发现了一种形似长号的形状。这种形状的表面积无限大,但体积还不如一枚鸡蛋。后人称之为"托里拆利小号"。

托里拆利是伽利略最有成就、最出名的学生。

天妒英才。39 岁生日之际,托里拆利突然病倒,与世长辞。

他是怎么死的?我估计,接触水银过多,毒死的。

前文讲过,法国科学家、思想家帕斯卡相信真空存在。他在山底和山顶分别重复了托里拆利的实验,发现山底的水银柱高度是 76 厘米,山顶却远远低于这个数字。

科学家再三证明真空和大气压的存在,哲学家却拒绝承认。

笛卡儿认为宇宙是被物质充满的,没有物质的空间不是空间。他说,我们无法想象一个空无一物的容器,一如无法想象一个没有谷的山。地球和太阳之间也不是真空,而是充满了物质,这种物质就是以太。

英国政治思想家霍布斯反对托里拆利的水银实验结论。他认为,宇宙的总空间是一个定数。当玻璃管流出 24 厘米的水银时,就挤占了宇宙的另一部分空间。然后,就有些物质钻到管子的上面。

这些物质是怎么进去的?不知道。也许可以穿过玻璃。

至于帕斯卡的实验,霍布斯认为,山上空气新鲜,PM2.5 值比较小。

山上的空气和山下的空气不一样,所以实验结果也不样。

有人做了另一个实验。把一条狗放进玻璃缸中,然后用气泵抽气。两三分钟后,狗就死了。实验人认为,玻璃缸里的氧气太少了,狗憋死了。

霍布斯说,抽气的时候,玻璃缸里的空气剧烈运动,阻碍了狗的呼吸。

实际上，玻璃缸中的氧气并没有减少。

这个实验人就是英国著名的科学家——"化学之父"波义耳。

我看过一个实验视频。把一个蟑螂放进一个玻璃缸中，然后抽出里面的气体。一小时后你觉得会发生什么？八小时后你觉得会发生什么？蟑螂不动了。二十四小时后，打开玻璃缸，放入空气，你觉得会发生什么？蟑螂活了，继续乱爬。

我到现在也不敢确信这个实验是真是假？

霍布斯和笛卡儿都是理性主义者，他们认为科学是通过逻辑推理得来的。一万次实验结果也不能代表正确。

明末思想家王夫之和霍布斯一样，是一位唯物主义者。他也认为宇宙中全是气，没有真空。他说的是气，不是空气，类似于"原子"。

哲学和科学都是认识世界的学问，前者是一般，后者是个别。哲学家和科学家思考的问题不一样。

科学家用一个容器制造一个一立方米真空，这个真空内没有物质，当然也没有生命，更没有意识。

这个真空有时间吗？

没有物质就没有运动，没有运动就没有时间。

没有物质、没有时间的空间，是空间吗？

宇宙是所有时间、空间与其包含的内容物所构成的统一体。既然这个空间中没有物质、没有时间，那么，这个空间属于宇宙吗？

科学家在争论真空和大气压，当时的民众对此却一无所知。

一位科学家决定让老百姓亲眼看看什么叫大气压。他就是奥托·冯·格里克，还是德国马德堡的市长。

奥托市长首先重复了托里拆利的实验，没有问题。奥托市长还发现水银柱的高度并不总是 76 厘米，晴天和阴天有差别。如果今天水银柱的高度明显低于 76 厘米，明天一般都会有暴风雨。为什么是这样？奥托市长解答不了。

气压降低会造成空气升腾。空气对流和升腾是风和雨产生的必要条件。现在人类广泛运用气压来预测天气。

奥托市长决定做一个实验，向民众展示什么是真空和大气压。

实验时间：1654 年 5 月 8 日。

实验地点：雷根斯堡广场。

实验仪器：两个直径37厘米的黄铜半球。半球是空的，相当于半圆形的锅。

参观人：全体市民

实验步骤如下：

第一步，把两个半球灌满水，合在一起。

第二步，把铜球内的水通过小孔全部抽出，使球内形成真空。

第三步，用阀门拧紧抽水的小孔。这时候，大气把两个半球紧紧地压在一起。

第四步，4个马夫牵来8匹高头大马，他们平均站在铜球的两边。每个半球通过绳子拴在4匹马的身上。

第五步，奥托市长一声令下，4个马夫扬鞭策马，8匹马开始拔河。

市民们忍不住高喊："加油！加油！"

4个马夫，8匹大马，累得气喘吁吁，铜球没有打开。

第六步，奥托市长下令，马匹加倍。

16匹大马拼命使劲，8个马夫在大声吆喝。

市民不喊了，都伸长脖子，瞪大眼睛，想看到结果。

铜球仍然没有打开。

最后加到30匹马，铜球仍然没有打开。

奥托市长打开气阀，放入空气，用手轻轻一拉，铜球就打开了。

从此，整个欧洲都知道大气压的存在了。

当年进行实验的两个半球至今仍保存在慕尼黑的一家博物馆中。

受奥托市长的启发，意大利耶稣会神父弗朗切斯科·拉纳·德·泰兹（以下简称泰兹）于1670年提出一个新想法：真空球内没有空气，能不能飞起来？

他设计的方案如下：

第一步，造4个直径为7.5米铜球，抽出里面的空气，使其变成真空球。为减少重量，铜球壳必须像纸一样薄。

第二步，造一艘船。船上竖4根桅杆，把铜球固定在桅杆上。船上立一根中央桅杆，上面装有帆，可以借助风力。

经过计算，泰兹认为这艘船可以承载6位成人上天。

泰兹又想到一个问题，果断放弃了亲自实验的打算。

什么问题呢？

泰兹想，如果有人乘坐这样的飞船上天，到一个城市上空向下抛掷火球和炸弹怎么办？作为神父，泰兹希望"轰炸飞船"永远都不要在世界上出现。

飞艇，乃至轰炸机的发明都受到泰兹的影响。史学家称泰兹为"航空之父"。

今天，美国国家航空航天博物馆有泰兹的飞船模型。

马市长的同胞，一个德国大牛人，哲学家兼科学家莱布尼茨还是不相信真空。

他说，水银柱上方玻璃管中的那段不是真空。那里没有粗大的物质，但充满了精细的物质。

莱布尼茨做了一个比喻。一个容器好像是装活鱼的篮子。把篮子放到水底，鱼游走了，但篮子里的水还是满的。

有人做了一个实验。

在真空玻璃缸中放入一个定时的闹钟。时间到了，你看到闹钟的小锤在击打铃铛，却听不到声音。

声音是靠空气震动传播。真空缸中没有空气，所以声音传不出来。这很容易理解。

奥托市长的半球和真空泵

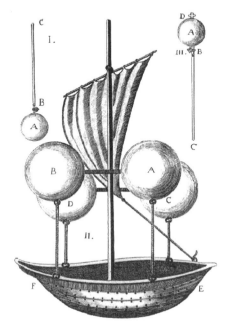

泰兹飞船模型

不过，你却清楚地看到了小锤在运动。那么，是什么把光传到你的眼睛里呢？

如果玻璃缸是真空的话，也许应该是漆黑一团，你什么也看不见。

晚上，整个玻璃管都是黑的。白天，托里拆利玻璃管上方的真空难道不应该继续是黑的吗？

所以，玻璃管上方肯定有某种东西，这种东西可以传播光。

科学家称之为"光以太"。

从此，科学家又认为世界上没有真空了。

笛卡儿、霍布斯、莱布尼茨获胜。托里拆利和帕斯卡失败。

这种观点持续了将近两百年。

不过，科学家始终没有捕捉到光以太。这种物质只闻其名，不见其形。

直到1887年，又有一个著名的实验诞生了。

美国科学家迈克尔逊认为，如果光以太存在，那么，从太阳到地球的阳光肯定会穿过一个巨大的光以太场。考虑到地球的形状和磁场，光以太肯定是不规则分布的。因此，不同光束的传播速度肯定是不一样的。

迈克尔逊和他的助手莫雷的实验过程是这样的：把一束阳光分成两份，让它们沿不同的路径传播，最终汇到一个探测器上。如果两束阳光到达探测器有先有后，就说明它们速度不一样，因为受到了光以太的影响。

经过反复多次实验，所有的阳光都是一个速度。

也就是说，"光以太"不存在。真空就是真空。

托里拆利和帕斯卡获胜。笛卡儿、霍布斯、莱布尼茨失败。

1905年，爱因斯坦发表了狭义相对论。他说，空间和时间的相对性可以解释迈克尔逊—莫雷实验。"以太"并不存在。

到了20世纪，人们对物质的理解更加深入透彻了，有了分子、原子、质子和电子的概念。

海森堡认为，能量可以从无中产生，从有中消失。具体到一个没有空气的玻璃缸，其里面有大量的能量在产生、在湮灭。

英国天才物理学家狄拉克将狭义相对论和量子力学结合后提出，世界上有电子存在，还有反电子存在。虚空中可以突然出现电子和反电子。电子和反电子一碰撞，又全部消失了。也就是说，世界上有物质，还有反物质。

在一个米缸大小的真空缸中，有万亿的正物质和反物质就像沸腾的开水一样在运动。后来人们提出一个新词，叫狄拉克海。真空不仅有"东西"，而且有海量的"东西"。

50年代，费曼认为，真空中存在着大量的虚光子和正负电子对。

70年代，物理学家提出"真空凝聚和真空相变"概念。正如水有固、液、气等好几种相，真空也有几种相。在较低能量下，真空处于凝聚相。在较高能量下，真空发生相变，产生新物态。

如果没有实验支持，这些话听起来简直就是胡言乱语、痴人说梦。

笛卡儿、霍布斯、莱布尼茨获胜。托里拆利和帕斯卡失败。

这还没有结束。

科学家指出，宇宙的衍化过程就像是正物质和反物质的运动一样。在真空中，第一步只有能量（比如光子），没有物质。第二步，能量产生正物质和反物质。第三步，正物质和反物质持续碰撞，一些正物质留下了。第四步，正物质变成了恒星，变成了地球，变成了恐龙，变成了人类，变成了你手中的这本书。

也就是说，宇宙万事万物，其实来源于真空。

无中生有。

空就是色，色就是空。

如果笛卡儿、霍布斯、莱布尼茨、托里拆利和帕斯卡还活着，估计他们得疯掉。

哲学家和科学家都无能为力。

只能求助神学家了。

神父说，《圣经》一开始写道，神说要有光，就有了光。世界起源于一束光。

研究真空有什么用？

其实，我们今天的生活已经完全离不开真空了。

灯泡、收音机、电视机、照相机、眼镜、汽车、手机都需要真空技术。在生活中，真空技术用于食品包装，用于衣物保存，用于室内保温（双层玻璃），用于房屋整洁（吸尘器），用于在墙上挂东西，以及拔火罐。

真空极大地方便了我们的生活。

历史不是政治史，而且政治史占历史的比例也不是最高的。每个人应该花更多的时间学习科学史。它对你的帮助更大。另外，科学史的精彩程度并不比宫斗剧差。

1662年，8岁的康熙登基为帝。

这一年，英国皇家学会已经成立两年。

这一年，罗伯特·波义耳发明波义耳定律。

这一年，牛顿19岁，莱布尼茨16岁，数学家雅各布·伯努利8岁，天文学家哈雷6岁。

第二部分　黄金时代的荷兰

第六章
荷兰——黄金时代

　　一百年来，荷兰一直是一个极度贫困，并且深受压迫的民族。他们居住的地方寒冷、潮湿，非常不舒适，自然条件极其恶劣。同时，他们还常常因为被视为宗教异端而深受迫害。

　　荷兰人当然要试图改变自己的命运。因而，他们进行艰苦的劳动，几乎人人投身到劳动中；所有人，无论贫富长幼，都要仔细研究各种关于数量、重量以及长度的技艺，所有人的生活都是勤俭的，同时还要供养那些没有劳动能力的人和孤儿；他们处罚懒人，强迫他们劳动，努力使他们变成有用之人。

——威廉·配第

　　没有一个国家比荷兰拥有更完全的自由，更大的安全保障，更少的犯罪率及更完美的淳朴古风。

——笛卡儿

　　任何农奴一踏上荷兰，立即获得解放。每一个人都可随意出国，也可以把他的钱全带走。昼夜行路都是安全的，即使一个人单独旅行也可以。雇主不能违反仆人的愿意和强留他，没有人因宗教信仰问题惹麻烦。每一个人都可以自由发表言论，甚至批评官吏。

——1660年，一位法国作家写道

上 篇

崇祯时期的荷兰,是一个什么样的国家?

这个面积只有重庆的一半,人口只有明帝国四十分之一的小国(150万左右),在当时却是世界第一贸易大国、强国。

关于荷兰,简单地说,我们只需记住八个"第一"。

首先,荷兰是世界上第一个资产阶级共和国,成立于公元1588年,万历十六年。

当时的荷兰,准确地说,叫尼德兰联省共和国,一共有七个省。七个省可以视为单独的国家,有自己的议会和政府。

七省选出四十名代表,组成国家最高权力机构,联省议会。联省议会决定对外战争和国内财政政策。

大省代表多,小省代表少,但投票的时候,一个省一票。小省与大省的决策权是相等的。

议会负责人称大议长,一般由法学家担任。

国家负责人称执政,相当于总统兼三军总司令,执行具体政策。

荷兰省是七省之中最大的,所以人们用荷兰代称尼德兰。

荷兰省议会有十九名代表——十八名城市代表,一名贵族代表。贵族集团在荷兰省没有决策权。

十八个城市有自己的市议会,基本上由该市的大商人控制。

如果你把"省"字换成"邦"字,说的就是美国。

美国建国的过程,基本上就是荷兰建国史的重演。

荷兰大议长奥尔登巴内说过一句名言:

"荷兰的模式不是事先策划,而是事实需要;不是出于才能,而是被逼无奈。"

荷兰人原本想做西班牙国王腓力二世的顺民。

腓力二世强迫荷兰人改信天主教,强迫荷兰缴纳重税。

自由和财富都没有了,愤怒到极点的荷兰人拿起武器反抗西班牙。他们想把荷兰献给法国,献给英国。英法两国慑于西班牙的淫威,不敢接受。

威廉亲王率领荷兰人民反抗西班牙统治者,被西班牙人派去的杀手刺死。

大约在1568—1572年,荷兰人创作了一首歌曲叫《威廉颂》。这是荷兰第二项"第一",世界上最早的国歌。

威廉亲王去世后,荷兰人民成立了共和国,选举威廉亲王的儿子莫里斯亲王为共和国摄政。

1598年,荷兰海军上将瓦尔维克在非洲东部一个岛屿登陆,用莫里斯的名字将这个岛命名为毛里求斯(Mauritius)。现在毛里求斯是一个主权国家。

莫里斯亲王继续同西班牙军队作战。他亲自参加的战争不下五十场。他是最早使用双筒望远镜侦察敌情的将领。

世界上第一架望远镜诞生于1608年,由荷兰眼镜师汉斯·李波尔发明。

莫里斯于1625年去世,没有子女。荷兰执政传给了他的弟弟亨利亲王。

亨利亲王继续同西班牙人作战。战场不局限于欧洲。

荷兰人袭击葡萄牙(当时葡萄牙从属于西班牙)在亚洲的据点:澳门、马六甲、斯里兰卡。荷兰人把日本和中国台湾的西班牙人赶走。荷兰人夺取了葡萄牙在巴西的殖民地。

这可以说是一场全球战争。

亨利亲王于1647年去世,执政传给了儿子威廉亲王。

威廉亲王与法国结盟,继续同西班牙人作战,终于迫使对方承认荷兰独立。

从1568年到1648年,荷兰独立战争打了八十年,从明隆庆二年打到清顺治五年。

荷兰独立了,站起来了,世界第一个"日不落帝国"——西班牙却趴下了。

小国荷兰打败了世界第一强国。

大明帝国却被人口稀少、生产力极不发达的北方民族所灭。

威廉亲王1650年去世。他死后一周,独子小威廉出生。

荷兰联省议会在大议长约翰·德维特的带领下,决定抛开小婴儿,独自执政。

好不容易赶走了西班牙,昔日的盟友英国又翻脸了。

英国在克伦威尔的带领下,也变成了共和国。从内战的废墟中站起来之后,英国人发现世界贸易已经被荷兰人垄断了。英国于是向自己的邻居荷兰宣战(两国隔着英吉利海峡)。

英荷开战,英国损失的只是船只,荷兰损失的却是全球贸易。

荷兰向英国割地赔款,承认失败。

战争结束后,荷兰人用短短几个月的时间就把27万英镑的战争赔款挣回来了。至于损失的1200艘荷兰商船,还不到全国总量的十分之一。

1688年，英国国王詹姆斯二世意图在国内推广天主教。愤怒的贵族把他驱逐出境，把他的女婿，荷兰摄政威廉三世（当年被荷兰大议长废黜的小威廉）迎到英国为王。

威廉三世把荷兰的政治制度、经济理念、资金项目带到英国。

英国加速发展资本主义，成为世界第一大国。

英国历史学家乔治·特里维廉说，荷兰对英国的影响比任何其他国家都要多。

英国、美国都是荷兰的学生。

荷兰不仅创造了世界上第一首国歌，还创造了世界上第一个三色国旗。纽约曾经是荷兰殖民地。今天纽约的市旗就是荷兰人最早的三色旗。法国、德国、意大利和俄罗斯的国旗也是三色旗。

第四，荷兰是17世纪造船和航海第一大国。

1676年，英国政治经济学之父，威廉·配第写了一本书，叫《政治算术》。这本书对比了荷兰、英国和法国的数据，找出了荷兰崛起的原因。由于配第掌握的资料更原始，因此他的观察和结论比其他人更可靠。配第写道：

"欧洲约有两百万吨的船只。其中，英国约有五十万吨，荷兰九十万吨，法国十万吨，汉堡、丹麦、瑞典和但泽共有二十五万吨，西班牙、葡萄牙和意大利共有二十五万吨。"

一般认为，荷兰一个国家的商船总吨位接近世界的一半。

荷兰是世界造船工厂，在一百年里保持世界第一。

由造船而兴起的木材厂超过六百家，极大地拉动了GDP。

我们知道，木头是直的，船只是弯的，因此要花大力气、大成本把木头弄弯。荷兰人不用。他们在树木生长期间就用绳子把它拉弯，树直接长成弯木头。

俄国沙皇彼得大帝化身平民，到荷兰学习造船技术，学会了荷兰语。很多荷兰单词成为俄语的一部分。英语的 deck（甲板）、yacht（游艇）、freight（船运的货物）都来自荷兰语。日语中很多航海单词也来自荷兰语。

船只多了可以发展远洋渔业。荷兰人捕捞了欧洲一半的鲱鱼，每年超过一千万公斤。荷兰还有五十艘捕鲸船。鲸鱼骨头可以做梳子、发卡和纽扣，鲸油可以做灯油和肥皂。

配第认为荷兰造船业可以带动很多相关产业。他分析道：

"航海和捕鱼业带动船桨、船楦和木桶所需的木料贸易，同时还控制了缆绳制造以及制造船篷及渔网所需的大麻的贸易。捕鱼业的附带产业有盐、铁、沥青、树脂、硫黄、燃油以及兽脂。"

如果明朝政府鼓励中国渔民到东海南海捕捞黄花鱼、带鱼，每年捞上几百吨，分给李自成、张献忠们，他们也许就不会造反了。

有了船只，荷兰人就可以到世界各地航海探险，发掘商业机会。

第一个到大明库页岛的欧洲人是荷兰人。公元1643年，崇祯十六年，荷兰航海家弗里斯率领一支探险队来到这里。他们遇上浓雾，无法航行，只得耐心等待。他们把自己停留的地方命名为耐心角和耐心湾。这两个名字使用至今。

1626年，一名荷兰人在朝鲜担任官员。他娶了朝鲜媳妇，生下两个孩子。

日本人在长崎修建了一个人工岛，只允许荷兰人居住、做生意。

荷兰人把印度尼西亚变成了自己的殖民地。他们建立了巴达维亚城（即雅加达）。今天印尼的律师还需要学习荷兰语，因为很多可援引为判例的法律文书是用荷兰语写的。

荷兰人进攻马六甲，赶走葡萄牙人，成功。

荷兰人进攻斯里兰卡，赶走葡萄牙人，成功。

荷兰人进攻澳门，赶走葡萄牙人，失败。

荷兰人进攻马尼拉，赶走西班牙人，失败。

荷兰人占据中国台湾，经营了几十年，被郑成功赶走。

1652年，荷兰人在好望角建立殖民地，作为商船前往东南亚的中间补给站。南非这个国家就是荷兰人建立起来的。南非目前有600万人使用南非荷兰语。

前面也讲过，荷兰人占领了非洲的毛里求斯岛。

在美洲，荷兰人进入巴西，进攻葡萄牙人，部分成功。

葡萄牙人称非洲最南端为好望角，荷兰人称南美洲最南端为合恩角。

荷兰人在北美哈得逊河河口建造新阿姆斯特丹。英国夺走了它，改名纽约。荷兰人在纽约留下了上百个地名，比如华尔街、布鲁克林、长岛等。现在纽约华人最集中的法拉盛，就来源于荷兰的弗利辛恩。

第一个发现澳大利亚的欧洲人是荷兰人。1606年，荷兰船长詹森第一个登陆澳大利亚。荷兰人称澳大利亚为新荷兰。澳大利亚有三十处地名是荷兰人命名的。

荷兰人发现了澳大利亚旁边有一个大岛,用荷兰的一个省(泽兰省)命名为新泽兰,即新西兰。

崇祯十五年,荷兰人阿贝尔·扬松·塔斯曼发现了塔斯马尼亚岛、汤加和斐济。

万历年间,荷兰人威廉·巴伦支三次绕过挪威最北端,到达俄罗斯,最后死在那里。人们把他航海的区域命名为巴伦支海。

另外,加拿大的温哥华、巴哈马的首都拿骚也源于荷兰。

归纳起来,荷兰人影响的国家有英国、美国、日本、印尼、澳大利亚、新西兰、斯里兰卡、马来西亚、南非、毛里求斯、苏里南等。

荷兰人命名的城市、街道、海洋、海湾、海峡、海岛、海滩、高山大川,可以写成厚厚的一本书。

第五,荷兰是世界第一贸易大国。

英国航海家雷利说过:

"谁控制了海洋,谁就控制了世界贸易;
谁控制了世界贸易,谁就控制了世界的财富,因而控制了世界。"

这句话用在荷兰人身上最合适。

当时的欧洲和大明帝国是封建国家。大多数国民是农民,少数人是地主,君主是大地主。

荷兰是资本主义国家。59%的国民是市民,30%是地主和农业工人,10%是各级官员和商人。荷兰出现了富裕的中产阶级,如教授、律师、医师、艺术家、商人、实业家等。

荷兰没有帝王,没有宫斗,没有三拜九叩。

政权掌握在商人手中。

从中央政府到地方政府,只做一件事情——赚钱。整个荷兰就是一家大公司,每个城镇就是一家小公司。

这个国家的目的不是维持,不是天下太平,而是发展。

有了强大的造船工业和全球商业网络,荷兰人成为世界最大贸易国。

荷兰人发明了一种船叫长笛船。这种船有两个特点：一是甲板窄、肚子大；二是装载火炮少。欧洲很多海峡收通行费的时候按甲板宽度计量，所以长笛船交税少。另外，船上武器少，武装人员也少，可以少用人，多装货。

荷兰的长笛船穿梭于世界各地，组成世界上最大的航运公司。

荷兰人做生意有个特点。他们一旦与某个国家合作，就要签独家代理权。荷兰一方面拓展自己的财路，一方面切断别人的财路。

波罗的海五国（俄罗斯、瑞典、波兰、丹麦、德国）的贸易基本上被荷兰人控制。荷兰人把德国的小麦、瑞典的铁器、芬兰的木材、俄罗斯的皮毛销往欧洲各国，如西班牙和葡萄牙，再把葡萄牙和西班牙的香料、丝绸、盐、羊毛和黄金销往欧洲各地。荷兰人在瑞典投资矿业，建立了哥德堡港口并直接运营，瑞典的某些地区就好像是荷兰的殖民地。

在香料群岛，荷兰人垄断了丁香和豆蔻。一些当地土著偷偷把香料卖给英国人、葡萄牙人。荷兰人发现后，屠杀土著人，绞死英国人。为了控制价格，荷兰人砍倒大量丁香树。要知道，丁香树12年才能结果。

荷兰人垄断了泰国的外贸权。

葡萄牙人在日本又要经商，又要传教。荷兰人说，我们只做贸易。于是日本驱逐了其他欧洲人，只和荷兰人做生意。

荷兰人把啤酒、咖啡、显微镜、牛顿力学、西医、羽毛球传入日本。荷兰人把中国的丝绸和东南亚的糖料卖给日本人，买回金银铜材运出。明末农民起义加上满人入关，荷兰人买不到中国的青花瓷。他们在荷兰仿制瓷器，出口到日本。

荷兰人到了中国之后，要求明政府中断同西班牙人、葡萄牙人的交易，只和荷兰人做生意。明政府当然不能同意。荷兰为此不惜发动战争。

1656年，荷兰使团到达北京。清政府要求他们觐见皇帝时必须三拜九叩。俄罗斯代表坚持不跪，被赶出北京。荷兰人毫不犹豫地答应了。叩头不痛不痒，还能换来银子，为什么不干？

现在，你家里有一件明朝的瓷器，都算是值钱的文物了。

明末清初，荷兰人运到欧洲的中国瓷器，你猜猜有多少件？

三百万件。

欧洲人把瓷器当奢侈品，摆在柜子里向朋友炫耀，也有的摆在门楣上。

荷兰买全世界的货物，卖全世界的货物，当全世界商品的搬运工。

商业繁荣带动工业投资。

1700年,荷兰取代法国,成为世界第一工业国。

荷兰人赚钱已经到了痴迷的地步。比如他们一边和法国人打仗,一边把先进的武器卖给法国人。因为能赚钱啊。

由于全世界的人都从荷兰人手中买东西,所以他们把不认识的东西都用荷兰命名。比如,荷兰猪和荷兰豆。荷兰豆原产泰国和缅甸。中国人从荷兰人手中买,称荷兰豆。荷兰人拿到欧洲去卖,称中国豆。

第六,1602年,荷兰创建了世界上最"大"的公司——荷兰东印度公司。

鼎盛时期,荷兰东印度公司在全球拥有15000个分支机构,贸易额占到全世界总贸易额的一半。在这个过程中,荷兰东印度公司把100万欧洲人送到亚洲。

把荷兰东印度公司的最高市值换算成今天的数额,约7.9万亿美元,超过世界前15名大公司的市值总和(苹果+微软+阿里+腾讯+脸书+摩根大通+谷歌,等等)。

荷兰东印度公司每年回报率约20%,持续200年。

荷兰东印度公司雅加达总部,现在是历史博物馆

第七，荷兰于 1609 年在阿姆斯特丹创建了世界上第一家股票交易所。荷兰东印度公司在这里上市，是世界上第一家上市公司。

荷兰金融业很发达。阿姆斯特丹银行成立于 1609 年，比英格兰银行早一百年。崇祯年间，荷兰银行的贷款利率约为 5%，比今天中国的银行利率还低。

1648 年，荷兰一家银行就有 2 亿荷兰盾的现金。

金融公司把机构和国民的钱集中起来，投资到高回报的行业，形成金融加产业的良性互动，每个国民都是受益者。

荷兰银行向英国发债，每年可收到 2500 万荷兰盾的回报。

大明还没有发行国债的概念。国家缺钱了，只知道向百姓加税。加税导致百姓造反。然后加征更多的税，导致更多的百姓造反。这种恶性循环，最终导致明朝的灭亡。

如果大明政府发债向老百姓借钱，还给利息，百姓也许不会造反。

如果明朝政府向荷兰政府借钱，镇压农民起义。

我想荷兰人一定是非常愿意的。

大明或许可以成立大明银行。大明银行向民间以年息 5% 左右吸收存款，然后以 8% 的利息贷款给大明政府。

当然历史不是想象。

我想说的是，充分利用金融手段，可以增加国家实力，抵抗风险。

葡萄牙人费尽心机帮助大明训练并装备了一支强大火炮部队。结果，这支部队投靠了大清。

为什么？

明政府没钱给部队发军饷，士兵哗变。

第八，荷兰产生了人类第一次经济泡沫。

郁金香是荷兰的国花。2014 年 3 月 24 日，在荷兰访问的彭丽媛将一株新品郁金香命名为"国泰"。

郁金香的原产地是土耳其，于 1593 年前后传入荷兰。

郁金香刚引进欧洲的时候，数量少、价格贵。当时的王公贵族把郁金香当奢侈品，出席宴会的时候在身上插上一支，特别有面子。

由于市场需求旺盛，敏感的荷兰人嗅到了商机。一开始，少数商人囤积郁金香球茎，很快演变为全民运动。

1634 年，有人花 1000 元买了一个郁金香球茎，一个月后以 2 万元卖出。

1635 年，一种名叫 Childer 的郁金香品种，其一株的价格等于 13 头公牛。

在这种案例的"刺激"下，贵族、市民、农民、工匠、船夫、随从、伙计，甚至扫烟囱的工人和旧衣服店里的老妇，都节衣缩食投资郁金香。

卖掉你唯一的房子，买两株郁金香，然后租一间平房住下。

一个月后，卖掉你的郁金香，可以换三套别墅。

此时的郁金香不再是一种观赏植物，而是疯狂上涨的股票。

1637 年 2 月 4 日，郁金香突然崩盘。七天之内，价格暴跌 90%。普通品种的郁金香甚至不如一颗洋葱（至少可以吃）。

一年后，原来一百元的郁金香只剩下三块五了。

买郁金香的人，倾家荡产、流浪街头。

没有买郁金香的人，因为借高利贷给别人买郁金香，倾家荡产、流浪街头。

荷兰全国经济陷于瘫痪。

为什么会产生郁金香泡沫？

首先，郁金香不是工业品，不能短期内大量生产。在供给有限，需求大增的时候，价格当然上升。再加上很多人大量囤积而不销售，导致市场上有价无市。

其次，荷兰国民富裕，有钱去投资。1674 年，阿姆斯特丹有 259 人财富超过 10 万荷兰盾，相当于今天 2000 万人民币。普通市民月收入折合成今天的币值，超过 2000 元人民币。1640 年，有个访问阿姆斯特丹的英国人说，荷兰人家家都有中国瓷器。

再次，荷兰人理财意识强。

最后，荷兰金融业发达。没钱可以贷款，穷人也能投资。

改革开放后，我国出现过君子兰泡沫危机，其疯狂程度不亚于当年的荷兰。

1985 年，一个哈尔滨人花 14 万人民币买下一盆君子兰。

在当时，14 万可以买 8 斤黄金，在北京可以买 5 套房子。

荷兰是资本主义国家，工业、商业、金融业发达，农业是不是落后呢？

荷兰的国土资源非常恶劣，全国都在海平面以下，严重缺少土地。

但是，荷兰的农业却远远走在世界的前头。

其他国家如果有 10 个人的话，8 个农民种粮食，2 个人从事其他职业。8 个农民种粮食，10 个人还是吃不饱。大明之所以灭亡，原因就是吃不饱。

荷兰如果有 10 个人的话，3 个农民种粮食，7 个人从事其他职业，10 个人还吃不完。

荷兰人甚至认为，用土地种粮食是一种浪费。因为谷物的价格太低，没有利润。荷兰人的土地主要用来做三件事情：

一、种植经济作物，如亚麻、烟草、啤酒花；

二、种植染料作物，如茜草、淡黄木犀草和菘蓝；

三、养奶牛，产出牛奶、牛肉、奶酪。

荷兰人高价卖出经济作物，低价买进波兰的粮食。他们进口的粮食吃不完，再转卖一半给法国人、西班牙人，又赚一大笔。

荷兰农产品实现了市场化和商品化。

今天，荷兰大量出售花卉和奶制品，世界知名。

其他国家的大多数农民家徒四壁，也就一两张桌子，几把椅子，辛苦一年还不一定能吃饱。

荷兰农民家里有桃木大橱柜，有八边形餐桌，有窗栏，甚至还有地毯。几乎家家户户都有油画。一个不算富有的农业工人家里有 10 张床单、4 条浴巾、6 张台布，以及 200 荷兰盾现金，还有政府债券、承兑期票。

法国有农民起义，明朝有农民起义，荷兰没有农民起义。

荷兰有市民抗议面包价格上涨，有中产阶级抗议税收过高。

万历到崇祯年间，七十多年里，中国对外贸易一直处于出超状态。大量的白银源源不断流入中国。明政府就不知道，哪怕是拿出小小的一部分白银，到日本、越南、泰国买粮食，就可以喂饱农民，让他们不造反。

荷兰金融发达、资本自由，融资成本极低。荷兰农民少，劳动力自由，还有大量国外移民补充劳动力。资本加上劳动力，就能不断地创造财富。

荷兰围绕工农商金的服务也很发达。

荷兰城市化程度高，定期举办全国卫生城市评选。

荷兰建立了覆盖全欧洲的邮政系统。仅阿姆斯特丹邮局一年的利润就高达 16.8 万荷兰盾。邮局局长成为肥差，以至于人们要靠行贿才能获得。当外地的邮件来到阿姆斯特丹码头时，很多乞丐围住邮船，请求拿几封信去送，好赚点面包钱。

威廉·配第写道：

"法国人口是荷兰的十三倍，肥土面积为后者的八十倍。我可以证明，法国的财力和国力只不过比荷兰强了三倍。

荷兰最贫穷人民的住所也比法国好上一倍到两倍。

一个人口少、领土小的小国，凭借它的地理位置、贸易和政策的优势，能够同比其人口更多、幅员更辽阔的大国在国力和财力上相抗衡。"

荷兰取得如此巨大的成就，是不是荷兰自然资源丰富，是不是荷兰一直处于和平发展当中，都不是。

实际上，荷兰是一个内外交困的国家。

从外部讲，荷兰始终处于战争当中，而且它的敌人——西班牙还非常强大。

说句不夸张的话，西班牙完全是被荷兰拖垮的。

16 世纪，西班牙把美洲的黄金白银源源不断运回国内，运了整整一百年。这些财富归王室和贵族享有，人民不但没有受益，反而成为通货膨胀的受害者。

西班牙的治国理念没变，西班牙的阶级结构没变，西班牙错失了时代的机遇。

17 世纪的荷兰等于美国，荷兰盾等于美元，阿姆斯特丹等于纽约。

当然，纽约的华尔街最早也是荷兰人建的。

四百年前的荷兰史，听起来就像是当代史。

虽然以上内容已经把荷兰夸成了娇艳欲滴的"荷花"，但也只是展示了荷兰的一小部分成就而已。

下一篇我们将继续"吹嘘"荷兰的奇迹。

下 篇

一个国家的伟大程度和它产生的伟人数量成正比。

以这个标准衡量，荷兰无疑是 17 世纪上半叶最伟大的国家。

繁荣的经济是荷兰科学技术、文学艺术蓬勃发展的坚实基础。

只有 150 万人口的荷兰，当时已经有 6 所大学。

荷兰大学老师待遇丰厚。除了薪水之外还发搬家费、旅游金。每年购买 6 桶啤酒和 200 升葡萄酒以内可享免税待遇。大学生上课会起哄，也欺负新同学。

莱顿大学创建于 1575 年，至今仍是世界顶级大学，共有 16 名老师或校友获得诺贝尔奖。

莱顿大学成立之初就面向全欧洲招聘知名学者当老师，也面向全欧洲招生。法国学生很多，笛卡儿就是其中之一。

第六章 荷兰——黄金时代

本书单独介绍的大画家伦勃朗、国际法之父格劳秀斯都是莱顿大学的学生。

荷兰在全球开展贸易,急需外语人才。莱顿大学教授阿拉伯语、土耳其语、波斯语。

在莱顿大学,光学、气象学、数学成为独立专业。毕业后留校任教的斯涅尔发现了光的折射定律。1617年,他估算地球圆周为38520公里,实际约为40000公里。

莱顿大学校友克里斯蒂安·惠更斯是首个对猎户座星云进行有效观察的人(该星云的一部分以他来命名)。伽利略通过望远镜发现了"土星耳朵",后来又发现"耳朵"消失了。从此,"土星耳朵"成为天文学上的一个谜。惠更斯发现土星周边有一个薄而平的圆环,这就是"土星耳朵"。因太阳照射的角度不同而时隐时现。

惠更斯设计了世界上第一座摆钟,比此前的钟表都准确。

1663年,惠更斯成为英国皇家学会第一个外籍会员。

1666年,惠更斯成为法国皇家科学院首届院士。

荷兰科学家列文虎克没上过大学,他的名气比惠理斯还大。

1677年,他通过显微镜第一次看清了男人的精子。这绝对算是重大发现。几千年来人们始终没弄清楚那团糨糊里有啥。1684年列文虎克准确地描述了红细胞。1702年他指出露天的积水中可以找到微小生物。有一次,列文虎克写信给海因修斯议长,说自己两个星期没有换袜子了。他从自己脚趾缝里抠了一点儿泥放在显微镜下观察,竟然看到有些东西在运动。

列文虎克被称为"微生物学之父",也是英国皇家学会会员。莱布尼茨、英国安妮女王、俄国彼得大帝都曾见过他。

网络上把那些能从图片中找出亮点的人称为列文虎克。

荷兰医生和解剖学家雷格纳德格拉夫第一次发现了女人"射精"现象。

荷兰人李波尔发明了望远镜,这是伽利略研究天文的基础。

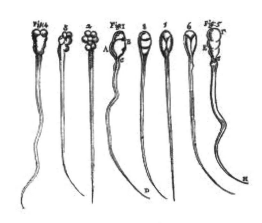

列文虎克观察的精子,像十八般兵器

荷兰人斯宾诺莎是举世瞩目的大哲学家，影响了马克思和爱因斯坦。

赫尔曼·布尔哈弗创立了医学临床教育方法。连中国清朝的官员都写信给他。

荷兰的幼儿园和小学很多，三岁就可以入学。学校条件不好，但基本的家具和设备都有。学费分为现金（数量很少）和实物两部分，实物包括每日一块泥煤，以及冬季每周一根蜡烛。学习内容有圣经故事、认字、书写和计算。很多城市举办书法比赛。

17世纪，在画家和绘画作品的数量上，荷兰遥遥领先于世界。

伦勃朗、维米尔闻名全世界。

荷兰黄金时代生产了500万张绘画作品，平均每个家庭2张油画。精明的荷兰人把绘画当商品，出口到欧洲各国。

在意大利，绘画为教皇和王公贵族服务。油画产量少，不在市场上流通。

在荷兰，绘画为市场服务，为商人和市民服务，最终为利润服务。

消费者多，画家不够，画具不够，荷兰人投资美术学院、投资笔墨产业。

在意大利，画家和客户签订合同，客户付订金后，画家开始创作。

在荷兰，画家根据市场需求作画，然后挂在画廊里等待买主。

在意大利，绘画是手工作坊，是大师工作室，什么活都接。你让大师画什么，他就画什么。

在荷兰，绘画产品分得很细。专门画鱼的画家们懂得怎样去描绘银白色的、湿漉漉的鳞片。专门画海景的画家不仅精通画波浪和云彩的技法，还能十分精确地描绘船只和船上的索具。

肖像画需求最为旺盛。当时没有照相机，富人都希望给子孙留下一幅精美的肖像画。荷兰人的肖像画已经非常接近照片的效果。

议会、商会、大学、公司等组织需要一张团体画，挂在办公楼的门厅或者会议室，相当于集体合影。

意大利油画的主角以圣母玛丽亚、耶稣、教皇、贵族为主。

荷兰油画的主角有医生、大学生、商人、学者、店员、女佣，有形形色色的荷兰人民。他们的穿着、他们的动作、他们的表情、他们家里的摆放，就是活生生的荷兰历史。

你可以理解为荷兰人拍摄了上百万张的历史照片。

油画中的荷兰人自信、强壮、健康，连佣人都显得肥胖，甚至油腻。与此同时，欧洲主要国家和大明国的百姓正在遭受战火、饥饿和苦难的折磨。

荷兰绘画产业发达，绘画产量巨高，一个恶果就是价钱普遍低。

在意大利，你为王公贵族作画，受人尊重，一辈子衣食无忧。

在荷兰，一个木匠一周的工资就可以买一幅画。

荷兰绘画三杰，世界一流画家——伦勃朗、维米尔、哈尔斯个个穷困潦倒。维米尔的《戴珍珠耳环的少女》现在是世界十大名画之一，当时只卖了两个半荷兰盾。

即便如此，仍有穷人买不起画。那怎么办？

买印刷画。把一幅画印刷数十份、上百份，自然价格就更低了。

印刷画有两种制版方式。

一是刻在木板上，一是刻在铜版上（不变形、更精确）。这两种都用刀刻，非常吃力。

荷兰人使用了更先进的技术——蚀刻法（etching）。

艺术家用蜡覆盖在铜版表面，然后用针在蜡的表面扎出很多洞，形成一幅画。画完之后，把铜版浸入液体酸中，让酸腐蚀铜版上有洞的地方。过一会儿，把铜版上所有的蜡除掉，铜版就做好了。

蚀刻法传到中国之后，深受康熙皇帝和乾隆皇帝的喜爱。

荷兰人民不仅吃得饱，穿得暖，而且家家户户都买得起油画。你可以理解为，荷兰人民家家有"电视"看。

1640年，荷兰医生开始向病人推荐中国茶叶，说它可以强身健体，还可以治疗感冒。有些人用一张纸币换一片茶叶。一杯茶比一瓶"XO"还贵。

随着进口量的增加，茶叶从每斤100荷兰盾降到10荷兰盾。但是对普通人来说，还是天价。

有人一晚上喝20杯茶，配着水果喝。失眠加尿频。

中国人喝茶的时候，一般配干果，不配橘子。因为橘子皮香气太浓，会影响茶水溢出的香味。

荷兰人哪里懂得什么茶道。

这时候，中国瓷器开始摆上荷兰人的餐桌。

明朝人喝的是清汤，是配菜不是主菜。人们可以端起碗用勺喝，不算失礼。

欧洲的汤是炖汤，是主菜，端起碗喝汤是非常不礼貌的。如果用中国的小汤勺很容易洒在桌上。荷兰人向明朝商人订购了特别设计的大匙。

很多明朝人也喜欢收藏欧洲人订制的、具有西洋风格的瓷器。

抽烟成为时尚。政府课以重税，但抽烟的人还不少。

有的女人禁止男人在家吸烟。

为什么荷兰率先走出黑暗的中世纪？

为什么荷兰第一个挣脱了封建社会的束缚，进入资本主义社会？

政治、经济、科技背后的东西是什么？

观念。

配第认为荷兰富裕的主要原因如下：

荷兰人宗教信仰自由；

对资产采用转让登记的制度，还制定了专门的商法；

规定了较低的关税税率，强调了银行、贷款行业的经营。

配第发现一个有趣的规律：

不论在任何国家，繁荣的商业往往是由异教分子经营的。

在印度，大多数人都信奉伊斯兰教，但是商业却操控在印度教徒手中。

在土耳其，商业被犹太人和基督徒们操控。

在威尼斯、那不勒斯、热那亚以及里斯本，商业也几乎还是掌握在那些犹太人和非天主教的外国商人手中。

欧洲的传统是罗马天主教，但是商业控制权掌握在新教徒手中。在英格兰、苏格兰、爱尔兰、荷兰、丹麦、瑞典、挪威，非天主教信徒控制着全世界四分之三的商业命脉。在法国的商业中，新教徒也是最有势力的。

在中国，商人也不为主流社会接纳。

传统宗教是商业的最大束缚和障碍。

当时的荷兰是宗教信仰最宽容的国家。

西班牙、葡萄牙把犹太人驱逐出境，同时也驱逐了思想家、商人、医生、技工。

大哲学家斯宾诺莎的祖上就是从葡萄牙逃出来的犹太人。

西班牙迫害比利时的新教徒。资本家和技术工人把比利时发达的纺织工业几乎完完整整地搬到了荷兰。荷兰的恩斯赫德产羊毛，哈勒姆产亚麻布，阿姆斯特丹产丝绸。大画家弗兰斯·哈尔斯就来自比利时。

法国人迫害胡格诺教徒。

德国人迫害路德宗教徒。

波兰人迫害苏塞纳斯派教徒。

英国人迫害清教徒。

很多外国人来到荷兰定居。

英国大哲学家洛克在荷兰避难五年。

法国大哲学家笛卡儿担心天主教迫害他,长期定居荷兰。莱顿大学曾考虑禁止笛卡儿学说,奥兰治亲王亲自出面制止了这种愚蠢的行为。

因为宗教信仰自由,荷兰吸收了大量的外来人才。

荷兰人宽容宗教信仰,也宽容不同的政治主张。

1650年,荷兰国家元首威廉二世刚刚去世,人们就把他的婚外情改编成戏剧,搬上舞台。没有人为此受到惩罚。

当时,欧洲各国对于图书出版采取严格的审查制度。很多思想家、作家把自己的书送到阿姆斯特丹出版,然后偷偷运回自己的国家销售。

伽利略晚年最重要的著作《关于两门新科学的对话》就是在荷兰莱顿出版的。

霍布斯晚年的书也是在荷兰印刷的。

法国思想家伏尔泰说,荷兰人是世界的经纪人,既销售实物商品,也销售精神商品(书籍)。

当时英国有两大出版中心——伦敦和牛津。

法国也有两大出版中心——巴黎和里昂。

荷兰却有阿姆斯特丹、鹿特丹、莱顿、乌得勒支、海牙五大出版中心,出版拉丁文、希腊文、荷兰文、德文、英文、法文、希伯来文书籍。仅阿姆斯特丹一地,就有400家出版、印刷和出售书籍的店铺。

荷兰一国的印刷量占全欧洲的三分之一。

因为宽容,荷兰图书出版和印刷形成产业,带动了经济的发展。

荷兰人有了钱,不像封建贵族那样搞攀比,搞奢侈消费。他们把钱投资到子女教育上。荷兰国民识字率世界第一。

一方面有大量阅读人口,一方面有大量书籍销售,两者形成良性循环。

1650年的年度畅销书是罗马皇帝奥勒留的《沉思录》。的确是一本好书。

1646年的《邦特固远东游记》再版了50次。该书讲述了邦特固在印度洋航行六年里所经历的惊心动魄的冒险经历。书中也记述了荷兰人为了打开中国市场,用武力威胁福建地方官员的史实。《邦特固远东游记》在中国也有译本,叫《东印度航海记》。

配第专门强调了荷兰的法律环境。他说:

"荷兰通过登记制度,确定土地和房屋的所有权。这对人们的劳动成果是一种保护。人们通过劳动获得财产,如果所有权没有保障,其劳动成果可以随意地被别人剥夺,被别人欺骗,人们会强忍悲痛,眼睁睁地看着它们被别人夺走而无计可施吗?这样的话,没有人愿意再去辛勤劳动了。"

换句话说,荷兰的法律保护商人、富人。

大明和欧洲封建国家有一个共同点——严重歧视商人。

葡萄牙和西班牙的航海家去海外冒险,赚了大钱后纷纷购买贵族身份。

法国的商人赚了钱就买贵族身份,让自己的孩子学习法律,进入官场。

中国的商人支持子女参加科举考试做官。

一旦成为贵族或者当了官,就可以明目张胆地欺负、压榨商人。

在荷兰,贵族、官员和商人地位平等。至于生活质量,商人还远远高过贵族。商人见了贵族不觉得低人一等。相反,贵族希望自己的女儿嫁给商人,过好日子。

经商光明正大、经商光荣,商人不惧怕官员,这些观念深入人心。商人不必买个身份,不必巴结官员,不必为子女的前途担心。他们将全部精力放在经营生意上。

在欧洲封建国家,贵族有了钱就举办豪华宴会、打猎,挥霍,没有储蓄的观念。

荷兰商人没有这些陋习,他们生活节俭,有钱就存银行或购买金融产品。

荷兰人存的多,贷的少。银行现金充裕,只能大幅降低利率吸引顾客,这反而有利于经济发展。

总结起来,荷兰是第一个走出封建社会死循环,在各个方面都遥遥领先于世界的国家。写四百年前的荷兰,给人的感觉写的不是古代,反而和近代生活有很多相似之处。

荷兰是个外向型国家,国民经济严重依靠海洋贸易。当英国军舰把英吉利海峡一封锁,荷兰整个国家就崩溃了。

崛起的英国和荷兰打了四场战争。虽然荷兰也取得了一定的胜利,但是战争期间，荷兰的贸易停滞，损失比英国要大得多。

荷兰人口少，还要全球经营，不得不雇佣大量外国劳动力。英国崛起之后，向全球扩张，荷兰人只得退出部分地区。

荷兰连招募士兵、组建军队都困难。

威廉·配第写道：

"有一种职业荷兰人是不屑于从事的，因为这项工作最危险、最艰苦，得到的报酬却又最少，这就是士兵。

荷兰从英国和法国雇用士兵，他们自己则从事着安全而清闲，同时获利丰厚的工作。外国雇佣兵增加了荷兰的总人口。这些雇佣兵中有很多人在荷兰安家，成了荷兰人。他们的子女也成了荷兰人。这些雇佣兵还可以额外做些兼职工作。

通过招募外国兵士的办法，荷兰不费一分一厘就达到了增加人口的目的，同时还保护了国民的安全和富裕生活，真是一举两得。"

现在，美国和法国等发达国家都是通过给国籍的方式招募外国人从军。

法国人口是荷兰的十倍，国土面积是荷兰的十二倍，拥有一支三十万人的陆军。荷兰人曾经勇敢地挡住了路易十四的大军，但终究不是拿破仑铁骑的对手。

黎塞留建立的集权法国可以集中全国资源，比荷兰要强大得多。但是，法国人民没有荷兰人民的自由和富裕。法国强大，法国人民的生活没有改善，依然是吃不饱、穿不暖，在国家没有地位和发言权。

今天的荷兰依然是经济强国和最自由的国家，继续创造着自己的世界第一：

第一个同性恋婚姻合法化的国家。

第一个安乐死合法化的国家。

人均自行车第一的国家。

郁金香第一生产国和出口国。

男性平均身高最高的国家。

去荷兰旅游，可以喝喜力啤酒，可以看大风车、郁金香和荷兰足球，可以看红灯区，可以看伦勃朗、维米尔、凡·高的作品，还可以游览莱顿大学、阿姆斯特丹的东印度公司总部、航海博物馆、海牙和平宫、代尔夫特小镇、羊角村。

对海洋、商业和艺术感兴趣的人，推荐去荷兰。

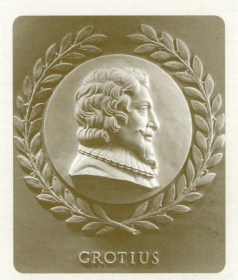

Hugo Grotius（1583—1645）
上图为美国国会大厦中格劳秀斯的头像，因为他
被美国国会评为影响人类进步的法律人物之一

  海洋是人类共有的，因为它无边无际，任何人都无法占为己有。无论从航海方面还是从渔业方面看，它都适合于人类共同使用。
  有战争的法律，正如有和平的法律一样。
  诚信，是将所有政府联结在一起的主要力量，也是统一建构更大的国际社会的基石。如果摧毁了这一点，就摧毁了人类。
  上帝也不能否定二乘以二等于四。
  承认自己不能也是一种智慧。

第七章

胡果·格劳秀斯——国际法之父

1583年4月10日,格劳秀斯出生于荷兰的代尔夫特。代尔夫特是个小城,风景秀丽,名人辈出,是科学家列文虎克、大画家维米尔的故乡。

格劳秀斯的父亲是有名的律师,曾任莱顿市议员和莱顿大学董事。

格劳秀斯不到7岁就开始学习拉丁语及希腊语。8岁能用拉丁语作诗。

今天,中国的孩子不到7岁就开始学外语。

11岁,格劳秀斯进入莱顿大学学习希腊罗马史、数学、天文学、哲学、宗教以及法律。在大学期间,他翻译了荷兰大数学家西蒙·斯蒂文的《静力学》和《流体静力学》,以及古希腊诗人阿拉托斯撰写的天文学著作《物象》。

1597年,14岁的格劳秀斯通过了哲学论文答辩,从莱顿大学毕业。

这一年是万历二十五年。

对比一下,明朝士人都在读什么,学什么。

15岁时,格劳秀斯跟随荷兰政治家巴尔佛尔德出访法国,拜见了法国国王亨利四世。亨利四世很喜欢这个年轻人,授予格劳秀斯一枚铸有自己头像的金质勋章。格劳秀斯随后进入奥尔良大学攻读法律，获得法学博士学位。

1599年，格劳秀斯带着博士文凭和金牌从法国载誉回国。他先在海牙担任律师，后进入政界，担任荷兰元首莫里斯亲王的法律顾问，荷兰省政府财务审计官、鹿特丹市市长、联省议会议员等职务。

1605年初，格劳秀斯撰写了《捕获法论》。

1609年，他出版了《海洋自由论》。

这两本书的出版在当时有一个特殊的背景。

1494年，罗马教皇批准《托尔德西里亚斯条约》，将地球上的海洋分给葡萄牙和西班牙两个国家。葡萄牙分得了印度洋和太平洋，西班牙分得了大西洋。

罗马教皇是上帝在人间的代表，相当于世界的仲裁者。

欧洲其他君主不承认《托尔德西里亚斯条约》具有法律效力。

法国国王弗朗索瓦说，我也是亚当的子孙。如果海洋是上帝的遗产，他肯定也会分给我一部分。

英国伊丽莎白女王说，海洋与空气属于人类所共有，我的臣民有权在大西洋航行，和西班牙一样。

弗朗索瓦和伊丽莎白女王都反对教皇的判决，原因却大不一样。

弗朗索瓦不看重海上贸易，和西班牙、葡萄牙没有什么海上冲突。他只是认为教皇的判决是不公平的。

伊丽莎白女王看到西班牙和葡萄牙通过海上贸易变成富国强国。她本人亲自投资海上贸易，从中获得了大量的真金白银。女王把发展航海业视为不可或缺的国家战略。为了争夺海上贸易，英国和西班牙发生多起海上武装冲突，以及海上战争。如1588年英西大海战。

土耳其苏丹自封为地中海和黑海之主。

中国古代天子缺乏海洋观念，不认为自己是海洋的主人。古代士人用海内代表中国。海内存知己，天涯若比邻。海外的事情就不管了。

荷兰共和国成立后，急需到印度洋做海上贸易，急需到大西洋捕捞鲑鱼。

如果印度洋和大西洋从法律上属于西葡两国，那么荷兰的船只算不算侵犯西班牙和葡萄牙的主权？

过去，各国打仗，争夺的是土地。

大航海时代，欧洲各国政府发现海洋能够带来巨额财富，海战能够保障国家安全，因此纷纷争夺海洋所有权。

为公平分配海洋资源，为避免各国海上冲突，格劳秀斯提出了一套规范航海行为的法律理论。首先，他明确了海洋的属性：

"海洋不是公用财产，是公有财产，不可占领。

海洋属于全人类，是自由的，无主权的，向所有人开放。

海洋的鱼类不属于任何国家，不同国家的人都可以捕捞而不必受到追究。"

格劳秀斯提出的第二个观点是，贸易自由。

西班牙垄断了西印度（美洲）的贸易，禁止英、法等国船只通航。

葡萄牙垄断了中国和东南亚的贸易，禁止其他国家前去经商。

1637年，一艘英国船只到广州做生意时，遭到澳门葡萄牙人的百般阻挠。

英国船长威德尔严厉斥责他们说，广州属于中国皇帝，不是你们葡萄牙人的。难道英国人在这里交易还需要得到葡萄牙国王的批准吗？真是荒唐透顶。

格劳秀斯认为，欧洲各国都有权到中国做生意，其他国家无权干涉。

航海自由、捕捞自由、贸易自由，格劳秀斯提出了海洋法的基本框架。他的想法是超前的，有助于人类文明的进步。

英国学者塞尔登于1635年出版了《海洋封闭论》，提出了针锋相对的观点。

塞尔登认为，英国附近的海洋，属于英国领土。其他国家的船只不能前来捕鱼。英国附近的海洋，外国民用船只可以通过，外国军用船只禁行。

其实，两个人的观点并不矛盾。

格劳秀斯提出的海洋是公海，公海是没有主权的。为什么有人到公海上赌博？就是因为公海不属于某国，不受法律限制。

塞尔登提出的海洋是领海，领海是有主权的。

1982年，《联合国海洋公约》充分借鉴了三百多年前两位学者的观点。

1651年，英国为了发展本国航海业和贸易业，颁布了《航海条例》。其核心思想是：

一、只准英国或英国殖民地的船只运装英国殖民地的货物。

二、殖民地产品（烟草、糖、棉花、靛青、毛皮）只准贩运到英国本土或其他英国殖民地。

三、其他国家的商船，不能直接运销英国殖民地产品。可以先运到英国，再由英国船只运到殖民地。

《航海条例》禁止荷兰参与英国的海外贸易，引发了第一次英荷战争。

《航海条例》使英国获得了短期的利益，但长期来看是违反自由贸易精神的。

英国的北美殖民地想从欧洲直接采购商品。英国政府只准他们从英国进口高价货。他们一怒之下，奋起反抗，成立了美国。

1618 年 7 月，荷兰发生政变。

荷兰执政（总统）莫里斯亲王将议会领袖奥尔登巴内费尔特逮捕并处死。这里面既有宗教原因，也有政治原因。具体过程我就不讲了，只讲一个结果。格劳秀斯"倒霉地"站在了议会领袖一边，因此被判终身监禁。当时他只有 36 岁。

格劳秀斯被关押在罗佛斯泰因（Lovestein）城堡。他的妻子玛利亚要求进入监狱，和丈夫共同生活。

法官批准。夫妻二人住进了"爱"的城堡。

玛利亚可以自由出入。她经常从外面买书带进监狱。

1621 年 3 月 22 日，玛利亚把丈夫藏进一个大书柜，她自己则穿着丈夫的衣服，躺在床上，背对着牢房的大门。

玛利亚的女仆叫狱卒帮忙，一起把沉重的书柜抬出监狱。

格劳秀斯越狱成功后，装扮成一名泥瓦匠，于 1621 年 11 月 4 日逃到巴黎。

法国国王路易十三和首相黎塞留热情地接待了格劳秀斯。

黎塞留一生当中只承认三个人为大学者，其中两个人是法国人，第三个人就是格劳秀斯。

荷兰政府把玛利亚关押了一段时间后，就把她放了。她来到巴黎和丈夫团聚。

格劳秀斯逃到巴黎后，多次向荷兰政府写信为自己申辩。他提出，

格劳秀斯钻进书柜

只要给他自由，他愿意随时回到荷兰，为共和国效力。

荷兰政府始终没有批准。

玛利亚多次返回荷兰，一方面出版丈夫的书籍，一方面同政府打官司。玛利亚要回了被荷兰政府扣押的财产，要回了鹿特丹政府拖欠的薪水。

玛利亚用这些钱投资理财，回报丰厚。

只有荷兰共和国，才能培养这样独立能干的女人。

1625年，格劳秀斯完成了一生之中最重要的作品——《战争与和平法》。在书中，他第一次提出并阐述了国际法的概念。后世称他为"国际法之父"。

这本书的出版在当时也有一个特殊背景。

16世纪前，欧洲各国都信天主教，表面上服从教皇。国家之间发生领土争端和武装冲突，可以向教皇申请裁决。比如西班牙和葡萄牙的海洋和海外领土冲突，就是教皇亚历山大六世调解的。

1518年，欧洲主要国家（包括神圣罗马帝国、教皇国、英国、法国、西班牙、勃艮第、荷兰）在伦敦签署了《伦敦条约》。条约规定，欧洲各国之间应该和平相处、互不侵犯。如果A国侵犯B国，则所有国家都有权要求A国立即停止。否则，所有国家将帮助B国反击A国。

这是五百年前原始版的《联合国宪章》。

但是，这注定是一张无法实施的废纸。

《战争与和平法》出版之前，欧洲三十年战争打得正酣，数十个国家参战。人们辛辛苦苦积攒下来的财富化为飞烟，家家户户都有死去的亲人。

最终的结果，只是这个国家多取得几块土地，那个国家要赔一大笔钱给他国。战胜国即使得到了赔款，也抵消不了投入，整体上还是赔钱买卖。而且，还面临着被战败国报复的风险。

无论什么样的战争，失去生命和亲人的、损失财产的、倒霉的永远是老百姓。

格劳秀斯的祖国荷兰，同西班牙打了八十年。刚刚和西班牙签署和平协议，又和英国开战。英荷战争打了四次。接着，法国大军入侵荷兰。

贵族不怕打仗，他们是天生的军人。

农民不怕打仗，反正啥也没有。

商人最怕打仗，打败了几十年的积蓄清零，而且一打仗首先要出大钱。所以荷兰人最不喜欢战争。

格劳秀斯撰写《战争与和平法》就是研究战争以及如何消灭战争的。

过去的战争著作（比如《孙子兵法》），是指导人们如何取得军事胜利的，甚至鼓励人们使用恐吓或者欺诈的手段。

格劳秀斯和他们的研究完全不一样。

比如有人研究火灾。他研究的内容为火灾的种类，火灾发生的原因，如何预防火灾，火灾中的措施，灾后处理。这是在造福全人类。

格劳秀斯研究的是战争的种类，战争发生的原因，如何避免战争，如何减少战争损失。格劳秀斯研究的目的是避战、止战。他的研究成果将造福全人类。

格劳秀斯说：

"我看到战争在整个基督教世界泛滥，野蛮民族对此都应该感到可耻。我看到人们为了微不足道的理由或根本没有理由就诉诸武力，而一旦拿起武器，神法或人类法就被抛到九霄云外。"

英国政治哲学家霍布斯认为，在自然状态下，人与人是相互竞争关系，非要争个你死我活。国家与国家之间也是天然竞争关系。和平是暂时的，矛盾是永久的。

格劳秀斯在思考，国家与国家之间，如何做到长期和平相处。

我们经常听到一句话，国际关系错综复杂，国际局势风云变幻。

国际问题能用几句话说清楚吗？

能。

格劳秀斯将其归纳为三点：

第一，国与国的关系可以用人与人的关系来类比。

第二，在自然状态下，人与人平等。

第三，大多数人倾向于和平理性相处。

在森林中，狮子遇上了一头羚羊。羚羊说，你是动物，我也是动物。我们在权利方面是平等的。你不能吃我。

狮子说，什么权利不权利，什么动物不动物。在我眼里，你就是块肉。

狮子只能和狮子调节相互之间的关系，狮子和羚羊是你死我活的关系，不可调和。

葡萄牙人去非洲贩卖黑奴，西班牙人占领了印第安人的土地。

他们辩解说，我侵略的不是国家。

16、17世纪，俄罗斯吞并喀山汗国，吞并西伯利亚汗国，吞并了整个西伯利亚，在五十年里国土面积增加了一千万平方公里。

俄罗斯吞并这些国家和地区，不受任何法律和道德约束。

所以，首先要明确什么是国家。

1576年，法国政治思想家博丹出版了《国家六书》。在书中，他提出了一个概念——国家主权。即一个国家拥有唯一的、至上的权力。

当时法国教会有权同教皇直接联系，法国贵族有权同外国君主直接联系，法国国王在对内对外决策时只有部分权力。

博丹认为，国家大事小事，最终要有一个权力做决定，这个权力就是王权。

格劳秀斯将国家主权的概念从国内扩展到国际。他认为，一个国家之所以在世界上存在，是因为它有国家主权。国家主权不可被剥夺，不可被侵占。当一国完全不受其他国家控制时，它就是主权国家。

举个例子。荷兰的领土由荷兰人控制，荷兰的内政由荷兰人掌握。可是，西班牙及其盟友，就是不承认荷兰是一个独立的国家。那么，荷兰的主权在世界上是不完整的。

一个政府宣称自己是独立国家是不行的，必须得到世界上绝大多数国家的承认。

1648年，欧洲各国签署《维斯特伐利亚和约》。条约明文规定，瑞士是一个主权国家。如果哪个国家侵略瑞士，就会遭到世界各国的谴责和反击。

从此，瑞士是一个国家了。

世界上各个国家应该坐在一起，确定哪个算是一个国家，哪个不是一个国家，达成共识，世界上到底有多少个国家。

如果没有国家主权理论，A国侵略B国的时候就会说，B国不是一个主权独立的国家，所以我吞并它，不是国际争端，是国内事务。

明朝有很多藩属国，它们很多大事都需要明政府批准，不能自己做主。像当时的朝鲜就不是一个完整意义上的主权国家。

国际会议筹备时，需要确定与会国的资格（独立主权）。

国际会议开始前，需要共识。

如果一群人没有一个共识，这群人开会肯定会吵翻天。

如果所有国家没有一个共识，国际会议肯定开不了。

国际会议最重要的共识就是平等。

大国与小国，宗主国与附庸国，天主教国与伊斯兰教国，到底是什么力量在调节国际关系？

一是政治法。在这种情况下大国说了算。比如，大明国认为，自己是世界的中心和领导者，周边的国家是大明国的附庸。大明国制订规则，数十个国家接受大明制订的规则。

二是宗教法。比如罗马教皇认为自己是万王之王，是世界各国的领袖。他宣称天主教国家有主权，新教国家没有主权，伊斯兰教国家没有主权。

格劳秀斯认为，在抛弃政治、宗教、地位因素后，人与人是平等的。同样，国家与国家也是平等的。

这一点是最难的。因为当时的社会，无论中国和欧洲，几乎所有人都相信：

人与人是不平等的。

男人与女人是不平等的。

中国有三纲五常，欧洲有贵族平民。

学者认为，人与人平等是荒唐的、可笑的。

统治者认为，凡是提倡人与人平等的人，应该杀头。

在大明，谁说朝鲜、越南和大明平等，这是谋反。谁说葡萄牙人和中国人拥有同样的权利，这是犯罪。

在欧洲，神圣罗马帝国、法国互不服气，英国与西班牙因宗教原因相互歧视。欧洲有帝国、王国，还有公国、侯国、共和国、联邦国，怎么平等？

人与人不平等的社会里，A杀了B要砍头，B杀了A只要交罚款。

B如果不愿意把自己的部分权利给A，就不能和A好好相处。

国与国不平等的环境下，小国只能受欺负。

国家与国家之间不是平等关系，就不可能建立公平的国际秩序。

国际会议开始了，明确了各国不分大小都是平等关系。投票表决的时候，10亿人口的大国和100万人口的小国，都是一票。

那么，平等的国与国之间到底是斗争为主偶尔和平，还是和平为主偶尔斗争。

霍布斯认为，在荣耀感、虚荣心和野心的驱使下，每个人都认为自己比别人优秀、聪明或有能力。每个人都想获得比别人更多的东西，于是就像动物一样开始争抢。为了保护自己，每个人都想先下手，置对方于死地。

格劳秀斯不赞同霍布斯的想法。他认为，动物是不能和平相处的，因为动物没有理智。人可以对利弊作出判断，不为威胁利诱或情感冲动所左右。

人总体倾向于和平相处。

村庄里，老老实实干活的人占多数，恶棍占少数。

这是人的本性。

世界上，愿意和他国好好相处的国家占多数，穷兵黩武的国家占少数。

大明国在这一点上就做得不错。从不主动侵略别人，也反对别人侵略自己。

从人的本性推导出来的国际法，这是自然法。

从《圣经》来解释世界各国的关系，这是神法。

从大明朝贡体系来解释世界各国的关系，这是政治法。

格劳秀斯认为自然法高于政治法、高于神法。他说，自然法思想就像 $2\times2=4$，即使上帝也不能否认。

用句中国的话解释自然法，即"己所不欲，勿施于人"。

格劳秀斯的自然法理论引起了教会的强烈抗议。

中国人民是爱好和平的民族。

欧洲天主教会一贯宣传和平，提倡"上帝的休战"。

然而，理论和说教从来不能阻止战争。

两个人打架，警察可以阻止。

两国开战，国际上哪有警察。

两个人打架，法官可以判断谁对谁错，可以惩罚有过错的一方。

两国开战，谁能做出判断，谁能惩罚交战国。

没理可讲、无法可依。

至少，格劳秀斯是第一个开始讲理的人，第一个开始立法的人。他的工作是开创性的、是伟大的。

在承认国家主权、大小国家一律平等、各国都愿意和其他国家和平共处的原则下，就可以相对容易地调和国与国关系、避免国与国冲突、善后国与国战争。

国与国之间的矛盾是多种多样的，比如贸易战、驱逐大使、没收对方财产，其中战争是最高级的，伤害也是最高级的。

因此，格劳秀斯重点研究了战争。他提出：

第一，只有主权国家才能发动战争，这是公战。国内地方军阀不能对外宣战。刘备可以代表蜀国对曹操宣战，但张飞不经刘备批准不能私自向曹军开战。这属于私战。这条建议限制了很多军阀的宣战权。

第二，战争有合法和非法。格劳秀斯不反对所有战争。如果别人侵略你，你用战争手段还击，这是你的权利，这是正义的。

第三，战争要遵守规则。比如，要正式宣战。如果每个国家都不把偷袭当作犯罪，那么每个国家随时都处在危险当中。

"二战"时，日本人准备于华盛顿时间12月7日13点30分将宣战书递交给美国政府，然后于半小时后袭击美国珍珠港。由于阴差阳错，宣战书递交晚了，日本算偷袭。美国政府勃然大怒。

格劳秀斯提出，在战争过程中，要保障外交代表的安全。这一点在欧洲达成了共识。但是大清政府还没有了解。在尼布楚谈判时，大清使团部署了大量的军队，引起俄方抗议。法国传教士张诚充当中俄双方的翻译。他对俄方代表解释说："大清的大臣们没有与别的国家进行缔约谈判的经历。他们不相信俄国人，只愿保障自己免遭任何意外。他们对于国际公法陌生，不懂得特命使节的性质使他的生命成为不可侵犯的，保障他即使面对最强大的仇敌也不致受到侵侮。"

格劳秀斯还提出，在战争过程中，不能杀害妇女、儿童等非参战人员，不能杀害放下武器的战斗人员。

打个比喻。过去，两个人打架没有规则，打死了算。格劳秀斯说，打架可以。但打架前双方要击双拳表示开始。打架过程中不能击打裆部，不能用嘴咬（包括裆部）。当一方已经不能还手了，就停止攻击。

战争，也有文明战争和野蛮战争。

归纳一下，格劳秀斯表达了三层意图：

第一，反对私战、反对非正义战争，用全世界的共识威慑少数国家，让它们打消发动战争的念头。

第二，两国非要打，就要按规则打，将战争损失减到最小。

第三，打完了，不论谁赢谁输，用国际规则进行评判。不正义的国家赢了，国际社会一致谴责它。正义的国家输了，国际社会帮助它。

1899年，世界各国在海牙开会，制订了关于战争的法规，以及解决国际纷争的规则。

第一次世界大战结束后,世界主要国家成立了国际联盟。

第二次世界大战结束后,联合国成立。

这些都是格劳秀斯国际法思想的实践和体现。

格劳秀斯反对法国参加"三十年战争",遭到黎塞留的冷遇。

1634年,瑞典女王克里斯蒂娜任命他为瑞典驻巴黎大使。

1645年,女王召格劳秀斯回到瑞典,没有给他安排新的工作。

此时,"三十年战争"接近尾声。格劳秀斯突然离开瑞典。他可能想参加威斯特伐利亚和会,向各参战国推销自己的国际法理论。

他乘坐的船只在波罗的海遇到风暴,在波美拉尼亚海岸触礁,于是不得不弃舟上岸。

1645年8月28日,格劳秀斯到达德国的罗斯托克时,染病身亡,享年62岁。

格劳秀斯流亡在外24年,始终没有回到他热爱的祖国。

他死后三年,荷兰法院撤销了对他的错误判决,为他平反。

1781年,人们在代尔夫特市的新教堂里为他修建了一座陵墓。格劳秀斯是唯一一位长眠于此的平民,其余的都是荷兰王室成员。

所有王室成员都没有雕像,甚至荷兰国父都没有雕像。

人们却为格劳秀斯树立起一尊雕像。

1648年,法国、西班牙、荷兰、瑞典、奥地利、神圣罗马帝国及萨克森诸侯等各国共109个代表团签署条约,史称《威斯特伐利亚(德国地名)和约》。

虽然格劳秀斯没有参会,但会议结果充分体现了他的国家主权和平等思想。

与会各国达成共识:国家不论大小和宗教信仰,都应视为具有独立、平等的主权地位。

在出于尊重主权的前提下,西班牙放弃对荷兰、葡萄牙的统治,承认后者为主权国家。同时,各国承认瑞士为一个主权国家。

各国不得无故违反《威斯特伐利亚和约》,否则将遭到全体缔约国的反对。

《威斯特伐利亚合约》写道,1555年的《奥格斯堡宗教和约》和1635年的《布拉格和约》继续有效。这一条也反映了各国政府对传统条约的尊重和遵守。

国际法开始成为调解欧洲各国关系的主要手段。

当时，欧洲各国之间的状态称威斯特伐体系。

在此之后数十年的时间里，欧洲又发生了多次战争。但每次战后谈判的时候，都要拿出来《威斯特伐利亚和约》进行对比和调整。

格劳秀斯不是皇帝，不是教皇，甚至不是一个国家的领导人。

但他为皇帝和国王立法，为世界所有国家立法。

实际上，各国政府都不能制定国际规则，因为制定规则的人肯定从本国利益出发，也不可能得到其他国家的同意。

格劳秀斯不代表任何国家，因此能够提出更公正可行的国际法。

《战争与和平法》出版时，欧洲从冷兵器时代进入火器时代，战争的杀伤力高于过去十倍。过去的战争动机主要是争夺领土，现在则增加了宗教、殖民地、商业等因素，战场也从陆地打到海洋。

格劳秀斯提出了国家主权、国际合作、人道主义等思想主张，顺应了历史潮流。他站在时代的潮头，高瞻远瞩，引导人类走进现代文明。

在近代史和现代史上，格劳秀斯的思想一直在发挥着作用。

1920年，协约国向尼德兰要求引渡德皇威廉时，引用了格劳秀斯的论点。

由于格劳秀斯的贡献，由于荷兰的贡献，联合国将国际法院放在荷兰的海牙，这里还有国际法图书馆。

第七章 胡果·格劳秀斯——国际法之父 103

格劳秀斯四百年前逃出城堡的书柜

Comenius(1592—1670)

太阳底下再没有比教师这个职业更高尚的了。

把一切知识教给一切人。

学校不是为富人开的。男孩和女孩,贵族和平民,富人和穷人,市民和农夫,都应该送到学校去学习。

在人身上,唯一能够持久的东西是从少年时期吸收得来的。一个人假如不从睡在摇篮里的时候开始养成清洁的习惯,那是最危险不过的。

我们都是同一个世界的公民,我们都流着相同的血。因为他们出生在另一个国家,因为他们说不同的语言,因为他们和我们的观点不一样就仇恨他们,这是非常愚蠢的。对于这样的人,我求求你,我求求你们止步吧。我们都是平等的人,让我们集中在一个目标上,那就是为了全人类的福祉。

第八章

夸美纽斯——我们老师的老师

学校一般秋季招生。

所有学校基本上同时开学、同时放假。

学生按年龄和学习能力分成年级。

每个班分配单独的教室。

学年结束组织考试。

小学学制是 6 年,中学学制也是 6 年。

学生要有教科书。

幼儿园、小学生课本要有很多图画。

以上内容,是今天每个人,甚至每个孩子都知道的常识。

问题是:这是谁规定的?从什么时候开始的?

我们今天看起来非常简单、非常方便、非常有效的教育管理方式,都是人类几百年经验和思考的总结。

本章为您介绍我们老师的老师——夸美纽斯。

夸美纽斯于 1592 年生于捷克的尼夫尼兹。12 岁时,他失去了父母,两位姐姐不久之后也撒手人寰。夸美纽斯不幸沦为孤儿,由姨妈养大。

1608 年,受兄弟会(一个新教组织)资助,夸美纽斯成为普列罗夫市拉丁文法学校的一名学生。完成三年学业后，他到德国赫尔伯恩大学学习哲学和神学。

毕业后，夸美纽斯回到普列罗夫，成为一所拉丁文法学校的教师。

1618年，他成为富尔涅克一所学校的校长。

同年，欧洲三十年战争爆发。

1621年，信奉天主教的西班牙军队侵占了信奉新教的富尔涅克。夸美纽斯的家产、藏书和所有的论文手稿都化为灰烬。夸美纽斯的妻子当时正在怀孕，躲到了娘家。不幸的是，1622年初，他的妻子和两个孩子都死于战争带来的瘟疫。

夸美纽斯刚刚30岁，就遭遇了国破家亡。

1628年2月，夸美纽斯和部分兄弟会成员逃亡波兰莱兹诺。临行前，他登上高原，鸟瞰被蹂躏的祖国，放声恸哭。

明朝灭亡后，明末教育家、五大学者之一朱舜水东渡日本，并葬在那里。

国家如何强大？如何免于外族入侵？个人如何幸福？如何活得有意义？

有人说治国要遵循《圣经》，有人说理国要听圣人的话，有人说卫国要建立军队、生产大量火炮，有人说强国要学习他国经验，有人说富国要发展工商业，有人说兴国要拓展海外殖民地。

都没有错。

不过，都没有说到根儿上。

夸美纽斯在他的《大教学论》一书中写道：

整个国家的基础是什么？

是青年发展。

青年如何发展？

夸美纽斯的答案是：接受教育。

他说：

"特别在今天，在现在的道德状况下，年轻人已经沉沦到不能再低的低谷。正如西塞罗所说，每个人都应该勒住他们的缰绳，约束他们。正如菲利普·梅兰希顿所说，把年轻人教育好，其功绩比洗劫特洛伊的意义更为重大。

我们能为国家提供最美好、最崇高的服务，就是教导和培养年轻人。

受过教育的人可以相互激励、互相敦促、消除混乱、摆脱贫困、抵御卑污影响，从而迎来社会的安定、民族的独立以及世界和平。"

今天，教育立国已经成为全社会的共识。

日本把《马关条约》的两亿两白银赔款全部用在国民教育上，使其从默默无闻的亚洲小国变成世界大国。

史实并非如此。但这个故事震撼了一代中国人。

一个国家如果文盲占大多数，这个国家肯定既贫穷落后，又动荡不安。

一个国家如果有大量受过教育的人才，这个国家很可能既富强又文明。

曾经有一个和我相亲的女生对我说，你一个大学生有什么了不起？我认识一个老板，小学毕业，雇用了几十个大学生，比你厉害多了。

我问她，老板为什么不雇用几十个小学生？

夸美纽斯呼吁各国政府把教育视为第一治国理念，把教育国民视为政府第一责任。

国家不投资培养人才，早晚会变成穷国弱国。

我们知道，很多封建王国实行愚民政策，不希望百姓有知识、有文化、有判断力。这不仅违背历史潮流，甚至危害国家安全。

《商君书》提出："民不贵学则愚，愚则无外交，无外交则勉农不偷。"

客观地说，中国在历史上一直是一个重视教育的国家。但是，重视的是传统教育，不是近代教育，不是科学教育。

夸美纽斯不是一个狭隘的民族主义者。他说教育不是一个国家的事情，是全人类的事情。全世界的教师把智慧的光辉播撒到全人类，使每一个人都彻底掌握科学，从而给全人类谋福利。这项伟大的事业一个人不够，一代人也不够，必须许多人用几代的时间去奋斗。

为什么教育如此重要？

夸美纽斯说，文盲不是人，是一种"可教的动物"，在接受教育之后，才能成为一个真正的人。

中国形容文盲叫"睁眼瞎"，即睁着眼睛看不清世界、社会和自己。别人逛公园是看全景，他也许只能看到十分之一。

生活在美洲的大部分印第安人，没有文字。

按照中国儒家的标准，他们还不能称为"人类社会"。

不过，当时的欧洲和明朝也好不到哪儿去。明朝末年，中国成年人的识字率不到百分之十（会写自己名字和数字不算）。到了清朝末年也没有明显地提高。

夸美纽斯认为，教育不只是让你识字，而是让你认识世界、认识自己。

比如，受过教育的人更容易成功。当你掌握知识和技能后，你才能做很多事。更重要的是，你对自己的评价更高了，你更自信了，甚至更勇敢了。

举个不恰当的例子。你是名校博士，当你发现你的同事都是本科毕业时，你对自己的判断就更加自信了，对于拿不准的事情你更敢发表自己的意见了。反之，当你是本科毕业而别人都是博士时，你会感到自卑，甚至明知道自己是对的也不敢坚持，你怀疑自己，你觉得心里很压抑。

再比如，受过教育的人具有更良好的品德。夸美纽斯认为理想的学校要教导学生不伤害人、不虚伪、不欺骗，以诚待人、帮助别人。夸美纽斯说，没有德行，文凭算什么？教育就是德育。

君主可以让人民吃饱穿暖，像"兽"一样好好地活着。

将军能够击退敌人，让人民像"兽"一样平安地活着。

而老师，却可以把智慧和灵魂赋予"兽"，把"兽"化成德才兼备的人。

夸美纽斯说了一句最著名的话：

"太阳底下再没有比教师这个职业更高尚的了。"

给一个人良好的教育，就是挽救了一个人的灵魂。

夸美纽斯大声呼吁全体老师勇于担负起自己的使命：

"啊！青年人的教导者！你们应使你们的神圣职业和那些把孩子付托给你们的父母的信任感转变成你们内心的一团火焰，使你们和受到你们影响的人都不止息，直到你们的祖国全被这个热情的火炬所照亮。"

国与国之间比的是生产食品服装，生产飞机大炮，最终比的是生产人才。

人才就是一个国家最大的资产。人才决定一个国家的未来。

那么，一头"兽"如何变成一个"人"的呢？

夸美纽斯认为，人接受教育要遵循自然规律。

花在春天开放，所以人在幼年学习。

树的成长有相对固定的周期，人的学习也要有周期。

每个年龄段学习不同的内容，既不能落后，也不能超前。

夸美纽斯提出了"四个六"理论，即一个人从生下来开始，接受四个六年期的教育，到24岁后真正成为人才。具体内容如下表：

年龄	时　期	表　　现	学　　校	教育内容
0-6	幼儿期	长身体	母婴学校	宗教、德、智、体
6-12	少年期	记忆力、想象力、语言和动手能力	国语学校	读、写、算、几何、测量、自然常识、地理、历史、唱歌、手工课
12-18	青春期	思维成熟	拉丁学校或文科学校	百科全书知识
18-24	成年期	意志力	大学	医学、神学、法学，以演讲为主，辅以讨论和参考书

今天，全世界基本上都采用了夸美纽斯的方案。

我国《义务教育法》规定，凡年满六周岁的儿童，其父母或者其他法定监护人应当送其入学接受并完成义务教育。

我们在小学学习读、写、算、自然常识。我们在中学学习物理、化学、生物等百科知识。

六岁上学，小学六年，中学六年，只不过大学变成了四年。

也许夸美纽斯认为，本科学的那点儿知识根本不够用（谈恋爱、打游戏至少占用了两年），大学生再读两年硕士还差不多。

四年本科加两年硕士，正好六年。

夸美纽斯说，小学是普及教育，义务教育，每个人必须学。

中学教育只适用于那些有志于从事脑力劳动的男女。

高等教育是少数"智者"的权利。

中国应大力提升职业学校的地位，让大家觉得从职业学院毕业收入高，有面子。至少三分之一的高中生直接选择职业学校。高考生数量减少、难度降低。但是，大学要加大考核力度，至少淘汰百分之十的落后学生。让大学生生活在学习压力之下。

国家需要人才大量、持续产出，夫妻店、小作坊这种落后的生产方式显然满足不了国家的需求。要想提高产量、保障质量，就必须有大工厂、有设备、有管理制度和流程，还要有质量检验。

夸美纽斯说，学校是造就人的工厂，而且是世界上最重要、最复杂的工厂，因为它的产品最复杂、最高档。

生产什么产品都不如生产人高尚。

古代社会，很多有钱人聘请私人老师到家里授课。明朝很多官宦人家也是请教书先生到私塾上课。《红楼梦》《大宅门》里都有介绍。

夸美纽斯反对这种做法。他说，太阳的光亮和温暖给予万物，而不是给单一个体。老师应该教很多学生，而不是教一两个人。

你有没有发现，夸美纽斯的教育思想来源于自然规律，而不是任何已有的宗教、政治思想体系。

最早提出到学校上学的是罗马时期的教育家昆体良（约公元35—100年）。他认为家庭教育容易使孩子养成冷淡、自夸和羞怯的习性。学校里学生多，可以交朋友，也相互学习、相互竞争。从学校里培养出来的学生很容易成为雄辩家。

当时欧洲各国政府把税收主要用来打仗，没钱兴办学校。

国王也不认为他有义务办学校，为国民提供教育服务。

出于宗教慈善目的，欧洲国王一般会捐赠大学，也出钱供平民孩子上学。比如，英国最著名的伊顿公学，就是英国国王亨利六世为解决穷人孩子上学于1440年（明朝正统年间）捐赠的。

夸美纽斯呼吁各国中央政府设立督学（教育部长），地方政府兴办大量学校。办教育不是为少数人的慈善，而是服务全民的福利。

当时的欧洲学校没有规划，没有管理。

学生只要交钱随时入学，不同年龄的人混着学。学生学到一半说走就走。学校就像辆公交车，一会儿有人上，一会儿有人下。

老师没有什么授课技巧，也不会正面鼓励学生，提高学生成绩主要靠"吓"和"打"。

夸美纽斯批评当时的学校是"儿童惊吓屋"和"才智抹杀所"。

学生学完课程就可以毕业，没有考试。老师也不知道学生学得怎么样，学生也不知道自己学得如何。

学校把参差不齐的学生送上社会。学生以后是好是坏和学校无关。

老师没有目标，没有职业自豪感，没有成就感，天天混日子。

《红楼梦》里，贾政对贾宝玉冷笑道：

"你要再提'上学'两个字，连我也羞死了。依我的话，你竟玩你的去是正经。看仔细站脏了我这个地，靠脏了我这个门！"

夸美纽斯认为，学校应实施标准化管理，要有很多规章制度，要约束老师和学生养成好习惯。

比如，学生统一入学，统一放假（原材料同时入厂，成品同时出厂）。

比如，学生按年龄分级分班（原材料分类管理）。

比如，学生放假前要考试（成品出厂前要质检）。

学校管理规范化、流程化，教育方式人性化、多元化。

夸美纽斯认为，不要把许多杂乱的词句塞进学生的脑子里，而是要启发他们了解事物的能力，使这种能力流泻出来，就像从活的泉眼中流出一条小溪，就像叶子、花和果实从树上长出来。

尽量不要体罚学生，要采取说服、赞扬、奖励的方式。

夸美纽斯提出教育的原则如下：

- 直观性原则（在课堂上多用教学图像和模型；多动手，多做实验，多到实地观看考察）。
- 系统性和循序渐进性原则（从易到难，从具体到抽象，不省略，不颠倒）。
- 巩固性原则（练习和复习）。
- 主动性和自觉性原则（激发学生的求知欲望，调动学生的主动性）。
- 量力性和因材施教的原则（不能使学生负担过重，要照顾学生的接受能力）。

夸美纽斯对工厂里的"操作工人"——老师也有严格的要求。

他说，学生是否喜欢学习，责任在老师。好老师要讲得动听、明晰，他的声音就像油一样浸入学生的心里。

老师要持续学习，随时补充自己的知识储备量。另外，老师光有知识也不行，要用心去教学生，才能取得好的成果。

那些不学无术的老师，那些消极指导别人的老师是没有躯体的人影，是无雨之云、无水之源、无光之灯。

现在，你想在中国当老师，就必须要深入了解夸美纽斯的理论。

因为你想获得"教师资格证"，就必须通过考试。

而夸美纽斯的教育思想是必考题目。

除了学校，夸美纽斯认为：

家庭是儿童的第一所学校，家庭教育是学校教育的初步阶段。

父母是孩子的第一位老师，母亲对孩子的成长影响更大。

夸美纽斯认为儿童应早早接受教育。他说：

"人的一生受儿童时期所受的教导影响。小时候得到好的培养，就能去应付人生的一切意外。小时候没有接受好的培养，就会错过人生很多机会。一个成年人能坚持的东西，都是从少年时期吸收得来的。

因此，一个人从睡在摇篮里的时候就要培养清洁的习惯。"

如何让孩子愿意接受教育？夸美纽斯说：

"你首先要爱孩子。儿童应当比金银珠宝还要珍贵，还要可亲。儿童是使我们不忘谦逊、和蔼、仁慈、协调等美德的镜子。"

父母有不爱孩子的吗？

太多了。《红楼梦》里的贾政算一个。

现代社会也不少。

一个妈妈因为六岁的孩子不听话，把孩子独自放在家里，自己出去玩。这种事不说没什么人知道。这位妈妈可好，公开放在网上，告诉大众自己的教育手段多么高明。

孩子是她展示权威的对象，也是她炫耀的工具。

夸美纽斯的这句话我想现在的家长肯定同意：

"合理安排儿童每天的生活，使之总是忙于有益的事情，避免无事生非或虚度时光。"

夸美纽斯编写了儿童启蒙读物《世界图解》。该书于1658年在纽伦堡以拉丁文和德文出版，很快出现英文版、法文版、捷克文版，流行世界达二百年之久。

《世界图解》的内容有字母、动物、植物、人类，人类各年龄阶段、人体组成部分、人的活动、家庭、城市、社会、国家和教会等。

《世界图解》配有两百幅插图，由夸美纽斯亲自创作。

这是世界上第一本插图版儿童百科全书。

德国哲学家、科学家莱布尼兹主张各个学校都应该把《世界图解》作为初级教材。

德国大诗人歌德说夸美纽斯是"儿童插画书的创始人"。

说了这么多，还没有提夸美纽斯的最大贡献——泛智论。

什么是泛智论？就是人人都有权接受教育。

什么？这难道还要强调？

在夸美纽斯生活的年代，不论是欧洲还是大明，全世界都不约而同地达成一个共识：

女人没有必要接受教育。女人学多了害人害己。

全世界一半的人被排除在学校之外。

读这本书的女读者生活在今天是幸运的。

除此之外，有人因为出身太低不能接受教育（达·芬奇就是例子），有人因为残疾不能接受教育，有人因为智商低不能接受教育。欧洲很多学校不接受犹太人。中国唐代曾规定商人不能参加科举。美国曾经有不少学校不接受黑人。

总之，这个世界有各种各样的奇葩规定，很多人被拒之校外。

夸美纽斯说，所有人，无论他们的地位、他们的文化基础、他们的性别、他们的信仰，都不能被排斥在教育之外。

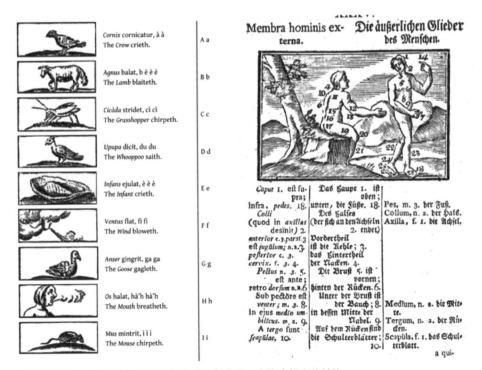

《世界图解》，左边以生动的形象教孩子学字母，右边介绍人体结构

夸美纽斯说了一句非常有名的话：

"把一切知识教给一切人。"

孔子早就说过，"有教无类""自行束脩以上，吾未尝无诲焉"。孔子的意思是说，学生是不应该分类的，只要是给我几条肉作为学费的，我全都接收。

托马斯·莫尔、马丁·路德都提出过普及全民教育。不过，他们提的教育是道德和宗教教育。

夸美纽斯倡导的是科学知识教育，鼓励人们认识真理。

文艺复兴和科学革命给欧洲的教育注入了源源不断的动力。哥白尼、开普勒、伽利略、笛卡儿、哥伦布、德雷克、达·芬奇、帕斯卡、莎士比亚、塞万提斯、蒙田、培根、维萨里、哈维的成果都进入了学生的课本。

明朝的孩子主要还在学习"四书五经"。

贾政认为：

"哪怕再念三十本《诗经》，也都是掩耳偷铃，哄人而已。什么《诗经》古文一概不用虚应故事，只是先把'四书'一气讲明背熟是最要紧的。"

夸美纽斯提出人人都应该学习，都有权学习，体现了民主、民权思想。

夸美纽斯的教育主张得到了欧洲多国政府的认可。

1638年，应瑞典政府邀请，夸美纽斯前往斯德哥尔摩帮助该国制订发展学校的计划。

1641年，应英国议会邀请，夸美纽斯前往伦敦。他领导一个委员会推进公共教育制度的改革。因英国内战爆发，该项目被迫中断。

马萨诸塞殖民地总督温斯罗普曾考虑聘请夸美纽斯担任新成立的哈佛大学校长。

1642年，夸美纽斯好友邀请他去瑞典帮助编写教科书。经过荷兰的时候，夸美纽斯特意拜访了著名哲学家笛卡儿。

1648年，欧洲三十年战争结束。瑞士、葡萄牙、荷兰独立了，捷克却继续落在神圣罗马帝国的铁爪之中。夸美纽斯光复祖国的梦想破灭了。

夸美纽斯辗转几个国家，最后回到波兰。

1656年，因为宗教纷争，一群狂热的波兰天主教徒烧毁了夸美纽斯的房屋、手稿和印刷机，还包括他准备了40年之久的《捷克语宝库》。在这种情况下，夸美纽斯只得到世界上最包容的地方——阿姆斯特丹去避难。

夸美纽斯在荷兰生活了15年，病逝后葬在阿姆斯特丹附近的拉尔登。

这是我把夸美纽斯放在荷兰篇的原因。

夸美纽斯悲伤地说，我的一生都不是在祖国生活，而是在流浪中度过的。

捷克人民视他为民族英雄，将他的生日定为教师节。

夸美纽斯是一位坚定的爱国主义者，也是一位世界主义者。晚年的他写了一篇文章，叫作《关于改进人类事务的总建议》。

在文章中，他提议设立世界元老院，类似于今天的联合国。

他建议设立国际光明委员会，促进各国文化交流，类似于今天的联合国教科文组织。

他提议设立世界宗教法庭，凡宗教纠纷通过法律解决，而不是诉之于武力。

夸美纽斯说：

"我们都是同一个世界的公民，我们都流着相同的血。因为他们出生在另一个国家，因为他们说不同的语言，因为他们和我们的观点不一样就讨厌他们，这是非常愚蠢的。对于这样的人，我求求你，我求求你们止步吧。我们都是平等的人，让我们集中在一个目标上，那就是为了全人类的福祉。"

夸美纽斯考虑的不只是自己祖国的命运，他希望全人类停止战争，各国之间和平相处。

人人有权接受教育，教育兴国、教师光荣，父母为孩子第一老师，学年制，班级制，教材、儿童课本卡通化。

能提出其中任何一个观点都是了不起的，夸美纽斯一口气写出了十几个。

由于篇幅原因，本文只介绍了夸美纽斯思想森林里的几棵大树。

1631年，《大教学论》出版，标志着教育成为一门独立的学科。

夸美纽斯因此被称为世界教育学之父，教育史上的"哥白尼"。

夸美纽斯是我们老师的老师。

谁能想到，夸美纽斯生于1592年，和皇太极同岁。

谁能想到，夸美纽斯的著作主要发表于崇祯年间。

我觉得他是生活在今天的一位最优秀校长，穿越回到三百多年前写了那些书。

我写了很多名人、伟人，但夸美纽斯对我的震撼最大。

因为他影响我是如此之多,而我之前竟然对他一无所知。

夸美纽斯去世14年后,公元1684年,康熙皇帝在曲阜孔庙写下"万世师表"四个字。后来,全国各地孔庙大成殿正中都悬挂这四个字。

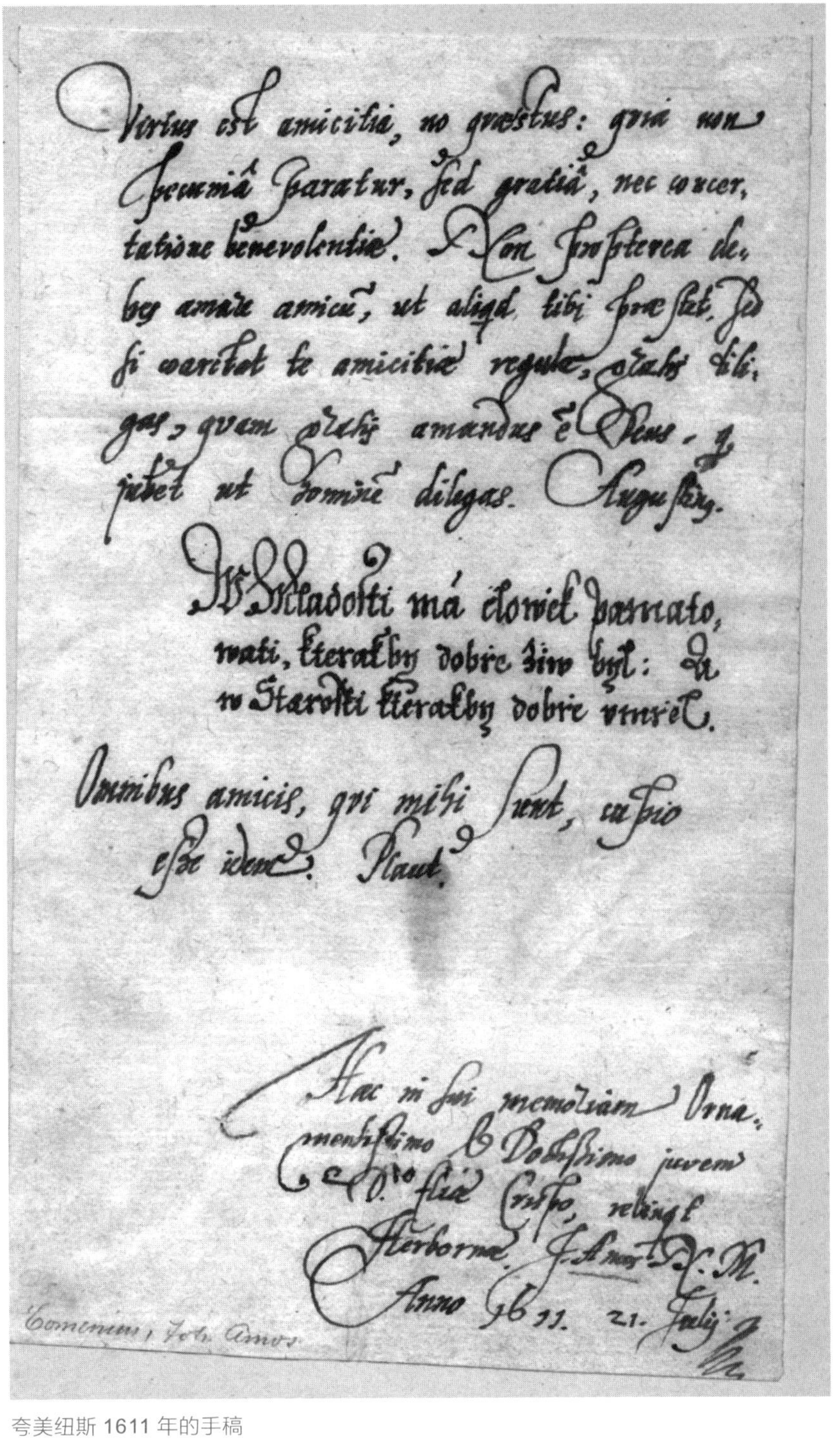

第八章 夸美纽斯——我们老师的老师　117

夸美纽斯 1611 年的手稿

Baruch Spinoza（1632—1677）

不要笑，不要哭，不要恨，要理解。

幸福不是德性的报酬，而是德性自身。

贫穷而贪财的人，每每决不厌于缕述金钱的滥用与富人的罪恶，然结果除了使他们自己苦恼外，并显示给他人以他们自己胸襟的狭窄：既不能忍受自己的贫穷，又不能容许他人的富有，实在毫无所得。

自卑虽然与骄傲是反义词，但实际却与骄傲最为接近。

要达到斯宾诺莎的哲学成就是不容易的，要达到斯宾诺莎的人格是不可能的（恩格斯）。

第九章
斯宾诺莎——万物皆神

美国作家、诺贝尔文学奖获得者辛格有部作品叫《市场街的斯宾诺莎》。

故事的主人公菲谢尔森博士专业研究斯宾诺莎的《伦理学》三十年。他遵循书中的原则,清心寡欲。当小飞虫飞到烛火中烧死时,菲谢尔森博士叹气说道:"跟人类一样,这些愚蠢的虫子只顾贪图眼前的欢乐!"

菲博士五十多岁了还是光棍,浑身是病。有一次彻底病倒起不来了。

他的邻居多比,一个老姑娘来照顾他。多比又瘦又黑,赛过黑张飞,嗓门也像张飞。她的鼻梁断了,上嘴唇上还长着胡子,形象上和男人差别不大。

多比照顾菲博士,天天和他说话。不久之后,两人结婚了。

新婚之夜。菲博士紧紧抱着"张飞",用尽全身力气。那张旧床都快塌了,整栋楼的人都被吵醒了。

老姑娘多比快乐地大哭起来,用家乡土话大声号叫着,像头陷入疯狂的母羊。

菲博士睡了。他梦见自己来到了瑞士,自己在山坡上跑啊、爬啊、飞啊。他边跑边喊:"啊!神圣的斯宾诺莎!宽恕我吧,我变成一个傻瓜啦!"

辛格的意思是说:

性给人的快感是多么美好啊!人们禁欲是不对的!

而斯宾诺莎是主张禁欲的。

斯宾诺莎的祖辈是犹太人。为了逃避西班牙人的宗教迫害,全家移民到阿姆斯特丹。他的父亲是商人,曾出任当地犹太慈善组织主席。

斯宾诺莎天性聪慧,喜欢读书,算是个神童。

犹太拉比(神父)很看好他,称他是"希伯来(犹太)之光"。

他的父亲期望他长大后当犹太学者。

斯宾诺莎喜欢读书。他喜欢的都是禁书:布鲁诺的书、笛卡儿的书。

知识越多越反动。

斯宾诺莎对犹太教产生了怀疑。他慢慢地形成了几个论点:

- 灵魂不是不灭的。灵魂就是呼吸,呼吸停止灵魂就消失。
- 世界上没有天使,天使是幻影。
- 上帝不是主宰而是有广延的存在。

犹太人是信仰最虔诚的民族,绝对禁止"异端邪说"。

在斯宾诺莎15岁的时候,一名叫阿科斯塔的年轻人,因为质疑犹太人教义,被逼自杀。

犹太宗教领袖们相信他们一定能把斯宾诺莎的"反动"思想扼杀在摇篮里。

他们的第一招照例是"吓"。你要是再敢乱说话,我们就把你关进监狱。

斯宾诺莎回复说,我没有罪,你们凭哪条法律抓我!

他们的第二招是"买"。好吧!我们不抓你。这样,我们每年给你1000荷兰盾,也不限制你的思想自由,但是你不能传播。

1000荷兰盾折成人民币,约20万元。(本书涉及荷兰历史将近100年,考虑到通货膨胀因素,荷兰盾换算成人民币的汇率会出现前后不一致。)

斯宾诺莎回复说,信仰是无价的,你们买不起。

斯宾诺莎成名后,荷兰政府把他的头像印在1000荷兰盾上。

啥叫名人?啥叫成功?

就是把自己的头像印在钱上。

他们的第三招是"灭口"。软硬不吃,那就只能要你的小命了。

幸亏凶手业余、水平差,斯宾诺莎躲得快,只受了一点轻伤。

砍头不要紧，只要主义真。

犹太组织使出第四招，把斯宾诺莎开除教会。

他们举行了隆重的仪式，首先把斯宾诺莎大骂一顿：

"遵照天使和圣徒们的审判，我们咒逐、孤立、憎恨、咒骂巴鲁赫·德·斯宾诺莎。白天他被诅咒、夜里他被诅咒、出门时他被诅咒、回来时他被诅咒、躺下时他被诅咒、起身时他也被诅咒。

任何人不得和他说话交往，不得与他同在两米之内。"

如果爆发瘟疫的话，斯宾诺莎倒是最安全的。

犹太神父们把手中的蜡烛扔在地上，用脚踩，表示斯宾诺莎没有灵魂了，以后下地狱。

斯宾诺莎最反对的就是这种繁琐搞笑的仪式。

至于灵魂，我一死灵魂就没有了，哪有地狱。

斯宾诺莎和整个犹太群体闹翻了，和自己的家庭也闹翻了。他不能在自己的社区生活了，也不能在阿姆斯特丹生活了。

从现在的画像来看，斯宾诺莎大眼睛、高鼻梁，长得相当英俊。

一个英俊、富有、受人尊敬、有远大前途的年轻人，为了自己的信念，毅然放弃了一切。

斯宾诺莎带着少量的钱来到莱顿西北的莱茵斯堡住下。

现在这里已经辟为斯宾诺莎纪念馆。

斯宾诺莎没有妻子，没有情人，也没有孩子。

除了吃饭，他最大的消费就是抽烟。

父亲去世后，斯宾诺莎的姐姐要霸占所有的遗产。斯宾诺莎和姐姐打官司，并赢了官司。他把赢得的财产送给了姐姐。

我可以不要这笔遗产，但不接受被无缘无故地侵占。

斯宾诺莎放弃了大笔遗产。他决定找份工作，用双手养活自己。最终他选择打磨镜片。这些镜片主要用于望远镜和显微镜。

通过磨镜片，斯宾诺莎还结识了大科学家惠更斯。

斯宾诺莎采购大量食品放在家里。他磨镜片之余读书、思考和写作。

斯宾诺莎出版的第一本书是《笛卡儿哲学原理》。他是笛卡儿的信徒，接受了笛卡儿的方法论，但不接受笛卡儿的"二元论"。他认为世界不是分为物质和精神的。物质和精神是一体的，都是实体。

实体是什么？就是宇宙的最初构成，不依赖他物存在。

世界是一个无限的实体，唯一的实体，永远的实体。

世间万物，包括我们每一个人都是实体的一部分。

永恒的、无限的、唯一的实体是什么？

是宇宙，是自然，是神，是上帝。

自就是本，然就是样子。自然，就是世界原来的样子。

我是实体的一部分，我是神的一部分，神融入我心我身。

山川河流、一草一木、一禽一兽，都是神的一部分。

神是万物，万物是神。

很多宗教的神都是人形的。寺庙里的壁画雕像都以人的形象出现。哪怕三头六臂，也是以人体为基础的。

而斯宾诺莎认为，神肯定不是人的形象。达·芬奇、米开朗琪罗的壁画雕像都是错的。

以人类的眼光来看，猫和狗可爱，苍蝇、蚊子讨厌。但是在造物主眼里，它们都有神性，并没有善恶美丑之分。如果人类真地把苍蝇、蚊子灭绝了，说不定会遇上一场不能承受的危机。

这种观点看似平常，实际上一点也不平常，甚至是危险的、颠覆性的，可以引起腥风血雨的革命。

为什么？

上帝既然认为猫狗和苍蝇蚊子的地位是一样的。那么，上帝肯定认为，皇帝、官员、农民、商人身上都有神性。他们的地位也是一样的。

崇祯是天子，身上有神性。他的儿子、女儿也有神性。其他人没有。

如果说徐光启、徐霞客、李自成、普通农民身上也有神性，这简直是谋反！

人是有灵魂的。动物有吗？古代社会认为没有。

现在我们知道，动物有感情、有智慧、有快乐、有悲伤。哪怕低等的小动物也有意识，比如蚂蚁和蜜蜂。

植物有感情、有智慧吗？说不定有。

石头有感情、有智慧吗？我不敢说没有。

既然动物（植物和石头另说）有感情，那么，它们有善恶标准吗？

人类肯定是有的。动物之间有吗？杜鹃把其他鸟窝里的蛋推到树下摔碎，把自己的蛋下在其他鸟的鸟窝里。其他鸟不辨真假，帮助杜鹃孵化它的鸟蛋。

从人类的眼光来看，这是极恶的行为。从上帝的角度来看，这里没有是非对错。

按照斯宾诺莎的理论，那些迫害他的犹太人，也是上帝的一部分。他们迫害斯宾诺莎，也是迫害他们自己。

英国人可能不信佛教，泰国人可能不信上帝。斯宾诺莎的神，没有佛教的菩提树，没有耶稣的十字架。这个神无处不在，却又抽象缥缈。很多人说，我不进任何寺庙，不相信任何宗教。但我相信人是创造不了这个世界的，我相信有超自然的事情发生。这个很多人包括英国人、泰国人，全世界的人。

爱因斯坦说，我信的，就是斯宾诺莎所说的上帝。

英国诗人约翰·多恩写过一首诗叫《丧钟为谁而鸣》。内容如下：

"没有人是孤岛，
可以与世隔绝。
所有人都是国家、世界的一片。
一块礁石没于大海，
是某个海岸的损失，
是某个国家的损失，
也是整个世界的损失，
也是你和我的损失。
地球上每个人的死亡，
都是你我的哀伤，
所以，
不要问丧钟为谁而鸣，
它就是为你而鸣。"

庄子说过，天地与我并生，而万物与我为一。

佛说，万物皆佛。

当时欧洲人对神的理解来自《圣经》，上帝是上帝，万物是万物。

他们说斯宾诺莎的解释颠覆了《圣经》，是不信神的表现，是无神论者。

在崇祯统治时期，在整个明朝，可以说绝大多数中国人都是有神论者。

崇祯皇帝本人就信上天。但读书人相信的又是理。上天和理是什么关系？没有人能论述得清楚。

嘉靖皇帝修醮，海瑞劝他说："上天能说话吗？又怎么会写字呢？"

其实，世界上纯粹的无神论者很少。有人说自己不信神，你问他信不信"人在做，天在看"，信不信"善有善报，恶有恶报"。

斯宾诺莎不是不信神，他否定的是《圣经》中的神。

在笛卡儿之前，哲学是宗教的女奴，没有发言权。

笛卡儿在世的时候，哲学是宗教的女儿。虽然宗教还管着哲学，但哲学可以和宗教顶嘴了。

笛卡儿去世后，斯宾诺莎提出，哲学是宗教的闺蜜，完全平等了。

斯宾诺莎出版的第二本书叫《神学政治论》。

该书一开始就提出了一个惊世骇俗的词——迷信。

封建迷信是人类的精神鸦片，比鸦片的危害要严重百倍以上。

为了破除迷信，斯宾诺莎用《圣经》当案例。

斯宾诺莎没有把《圣经》当作不可侵犯的宗教经典，而是当作一本普通的书，用形而上学、用逻辑推理来分析它。这一分析不要紧，发现了《圣经》中有很多自相矛盾的地方。

《圣经》有四福音，约翰、马可、马太、路加分别介绍了耶稣的生平事迹。如果仔细分析，就会发现四人的表述不一致，有矛盾。

斯宾诺莎不是反对《圣经》本身，也不是要推翻《圣经》。他的目的在于告诉世人，即使《圣经》也可以讨论，即使《圣经》也不是百分之百的对。

这就是理性。

对应到明朝。凡是认为"四书五经"都是对的，就是迷信。

明朝文人可以写一本书，用定义、推理论证"四书五经"里很多话是错误的，是矛盾的。比如修身、齐家、治国、平天下就是不符合逻辑的。经营家庭和经营国家、经营企业完全是两回事。很多企业家离过多次婚，但企业照样越做越大。

官员照搬"四书五经"治国，民众照搬"四书五经"指导自己的生活，肯定是不对的。

用理性分析"四书五经"，大明才能走出迷宫，向前发展。

这事也怪孔子。他在《论语》中说了几十次"仁""义"，但并没有一开始就给"仁""义"下个定义，然后展开解释。对于他提到的每一次"仁""义"，你都要自己通过上下文去理解。但是，任何两个人的理解都可能出现偏差。

该书讨论的第二个问题是政治。斯宾诺莎比较了君主制、贵族制和民主制，最后提出，最好的政体是民主制。只有民主制，才能保障言论自由。

该书的首页就写道，倡导思想和言论自由不但可以接受，而且不会对虔诚和和平有妨碍。而一旦禁止言论自由，就会对大众和平有危险。

在书中，斯宾诺莎写道：

"我们幸而生于共和国中，人人思想自由，没有约束。我们认为自由比任何事物都更为珍贵。人的思想不可能完全由别人处治安排。想法子控制人的思想的政府，可以说是暴虐的政府。

政府最终的目的，不是用恐怖来统治，也不是强制使人服从。恰好相反，而是使人免于恐惧。这样，他的生活才可以保障。政治不是将人从有理性的动物，变成畜生和傀儡。而是使人有保障地发展他们的心身，没有拘束地运用他们的理智。

所以，政治的真正目的是自由。"

斯宾诺莎提出，思考是一种天赋的权利。

该书最后一章的题目就叫作：

"在一个自由的国家每个人都可以自由思想，自由发表意见。"

本书讨论的第三个问题是宗教和政治的关系。

斯宾诺莎认为，宗教应该完全退出政治舞台，甚至一些重大的宗教问题，也应该由政府而不是教会来解决。

教皇听后勃然大怒。

一介平民竟敢指出《圣经》的错误，竟敢置疑《圣经》的权威性，甚至要求教会退出政治舞台。

罗马教会发布多道诏令，禁止阅读或传播斯宾诺莎的作品。可这些禁令却把斯宾诺莎的大名传遍德国、英国和法国。

胆大包天的马丁·路德也不敢置疑《圣经》的权威性。他只是说，不用教皇解释《圣经》，每个人可以自己读《圣经》，自己理解。

当然，这本书也得罪了各国政府。欧洲主要国家都是君主制国家，而斯宾诺莎指出，君主制国家充满着欺骗和暴政。

总之，斯宾诺莎一个人，向全世界发出挑战。

德国数学家和哲学家莱布尼茨途经荷兰的时候，在斯宾诺莎家里住过几天，一同讨论哲学。莱布尼茨被斯宾诺莎的观点震惊。他回到德国后，几乎没有向外人提过这段往事。

英国哲学家霍布斯读后大骇。他说自己绝不敢这么写。

神学家们叫嚣道:"这本书是一个叛逆的犹太人和魔鬼在地狱中杜撰而成的。"

斯宾诺莎的学生写信骂他说:"你是世间可悲可怜的小人!你是供蛆虫享用的尸骸和养料!"

还有人准备上门揍他。

斯宾诺莎只得搬到海牙的伏尔堡。在思想宽容的荷兰,阿姆斯特丹市长,包括荷兰省省长都支持斯宾诺莎进行哲学研究。

到了1674年,思想宽容的荷兰也把这本书列为禁书。同时被列入禁书的还有霍布斯的《利维坦》。

这说明一件事,《神学政治论》刺到了当权者的最痛处。

斯宾诺莎在主张上特别接近布鲁诺,性格上则相反。布鲁诺到处同别人骂战,被烧死在罗马鲜花广场。

不过,当权者和学者们还是容纳了斯宾诺莎这种"反叛分子"。

斯宾诺莎不参加任何组织,不受任何人指使,他没有打算采取任何行动。

斯宾诺莎易于相处、诚实、友善,在生活中不伤害任何人。

对于来信中的激烈指责和辱骂,他不解释,不回信,后来干脆不看陌生人的信。

如果有人当面反对他,他会站起来走开,从不与人当面冲突。正如他说的那句话:

"不要笑,不要哭,不要恨,要理解。"

斯宾诺莎没有伤害过任何与他接触的人,他的书难道会伤害全人类吗?

斯宾诺莎生活非常简朴。他的房间里有一张床、两张桌子,还有两张更小的桌子,用来磨制镜片。其他物品包括150本书、一张肖像画、一张棋盘。

斯宾诺莎说自己就像一条把尾巴含在嘴里的蛇。

我的遗产等于葬礼的费用。

斯宾诺莎无聊的时候,把苍蝇丢到蜘蛛网上,观看一场虫子大战。

没有人看过他愁眉苦脸,或得意忘形。

女房东曾经问这位大哲学家，自己所信仰的宗教能不能拯救她。

"你信的是一个非常好的宗教，"斯宾诺莎说，"你不需要更换宗教，也不需要怀疑。"虽然斯宾诺莎根本不相信那个宗教，但他不打算在女房东面前去解释，去否定。

荷兰大商人弗里斯很尊敬斯宾诺莎，多次表示要给他一笔钱，大约2000法郎。斯宾诺莎拒绝了。

我父亲的钱我都不要，我能要你的钱吗？

弗里斯临死的时候没有子女，要把全部遗产都赠给斯宾诺莎。

斯宾诺莎再次拒收，建议弗里斯把钱给他的兄弟。

这位兄弟立即成了暴发户。喜出望外的他立即给斯宾诺莎500法郎，也许不到遗产的十分之一。

斯宾诺莎拒绝不下，最后只得勉强收下300法郎。

普鲁士选帝侯邀请斯宾诺莎去德国海德堡大学当教授。他说，您是一位天才。您讲哲学、讲科学都行。如果讲宗教的话，请事先斟酌，讲得委婉一点。

当时大学教授收入很高，选帝侯开出的薪水更高。

磨制镜片对斯宾诺莎并不合适。一是收入低；二是工作环境不好，空气中充满了粉尘；三是占用大量时间，不能读书思考。

斯宾诺莎做磨镜工完全是为了买面包养活自己。

斯宾诺莎犹豫了六个星期，最后还是拒绝了。他回信说：

"假如我想要担任教授的话，我只期望亲王殿下您供给我的教职。不过，我说服不了自己去拥抱这个光荣的机会。

第一，影响我思考哲学。

第二，我不知道哪些范围不能讲，哪些要讲得委婉。

第三，我习惯过隐居孤独的生活。我觉得宁静比财富更重要。"

1816年，德国海德堡大学邀请黑格尔担任哲学教授。邀请书中写道："您是本校邀请的第一位哲学家。我们曾邀请过斯宾诺莎，可惜没有成功。"

100多年后，海德堡大学还在为没有请到斯宾诺莎而感到遗憾。

连欧洲最强大的君主，法国国王路易十四都想借斯宾诺莎的光了。他让人暗示斯宾诺莎，只要他在下一本书上写上"献给路易十四"这几个字，就可以得到一笔丰厚的养老金，终生衣食无忧。

这可以说是一字千金。

斯宾诺莎却拒绝了路易十四——欧洲权力最大的人。

斯宾诺莎说，我的确需要钱，但我的著作只能献给真理。

在拒绝路易十四3年后，斯宾诺莎就去世了，只有45岁。

死因有二，一是吸入了过多的粉尘；二是生活贫苦，营养不良导致身体虚弱。

我伸手就能挣大钱，我不要。

我不用伸手别人就给我钱，我不要。

钱够用就行，多了是负担。

我凭劳动养活自己，不欠任何人的债务。

我也不攻击这个世界上的任何人。实际上，我渴求友谊。斯宾诺莎说，在我能力之外的所有事物中，我最珍惜的就是和真诚的、热爱真理的人交朋友。除了他们，我没有太多可以去爱的。

斯宾诺莎的交际圈非常广。有荷兰元首德维特，法国国王路易十四，荷兰科学家惠更斯、莱布尼茨，英国科学家波义耳。法国孔代亲王亲自派人去请斯宾诺莎，只是为了见他一面。前面讲了，德国选帝侯也邀请他去大学任教。

然而，欧洲绝大多数人都骂他、恨他。

他得罪了所有的犹太人。

他得罪了所有的天主教徒。

在生前和死后一个世纪以内，斯宾诺莎被看成是坏得可怕的人。

作家莱辛说，人们谈到斯宾诺莎，就好像他是一条死狗。

斯宾诺莎真地被诅咒了。

斯宾诺莎去世十多年后，他的巨著《伦理学》出版，全称是《用几何学来证明的伦理学》。

伦理学也称道德哲学，是哲学的分支之一。

斯宾诺莎用定义、公理、定理和证明论述伦理问题。

首先，他明确定义，包括自因、实体、属性、样式、自由、永恒。

其次，他明确了公则。比如，"一切事物不是在自身内，就必定是在他物内。"

最后，他开始提出命题，然后证明之。

你攻击我的定义，我可以修改。你攻击我的公则，我们可以达成共识。

只要定义和公则定了，命题就是可靠的。

在古代，还没有中国读书人用这种体裁来论述一门学科，所以很多问题争论一千年了,也没有结论。

斯宾诺莎认为,知识有三类:第一种是"意见或想象"。第二种是"理性知识",即由推论得来的知识,如数学知识。第三种是"直观知识",这是由神的某一属性出发,进而得到对事物本质的正确认识。

明朝文人的文章多如牛毛、堆积如山,主要以意见或想象为主,很少有"理性知识"。

有的哲学帮助你认识客观世界,有的哲学帮助你认识自己。伦理学帮助你认识人生,增加幸福感。斯宾诺莎说:

"我希望把所有的科学都引向一个方向,即尽可能地为人类的完美努力。"

斯宾诺莎认为,财富、荣誉和感官上的快乐都不是幸福。冲动地追求这些东西,反而会得到痛苦(投资破产、用假文凭晋升被查、嫖娼被抓)。

享受别人没有的东西不是幸福。很多人把幸福建立在比较上面。只要自己比别人强一点点,心理上就会得到满足。这是错误的。我们的行为是自然决定的,别人的行为也是自然决定的。我们嫉妒别人,就是嫉妒自然,就是嫉妒神。我们恨别人,就是恨自然,就是恨神。

我一直做好事,生前别人夸我,死后神保佑我上天堂,这是不是幸福,不是。你把做好事当手段,为了赢得夸奖和神佑,这是一种交换行为。你付出了,但你也索要回报了。

父母对孩子做事的时候,没想过做这件事对其有什么好处,不做对其有什么害处。父母没想自己,只想对孩子有什么好处,这就是爱。

恐惧的人不幸福,特别怕死。斯宾诺莎说:"自由的人绝少想到死,他的智慧,不是死的默念,而是生的沉思。"

幸福一定是自由的。冲动的人处于奴役状态,理性的人才能获得自由。

斯宾诺莎认为,人要得到理性的幸福,要得到心灵的幸福。

斯宾诺莎出身富裕家庭,他的学识被犹太人敬仰。如果不是选择做学问,他绝对可以过着奢侈的生活,被身边的人羡慕。然而,他却租着小房子,无妻无子,写着被人咒骂的文章。

到底哪一种生活更幸福?

斯宾诺莎认为,人生不是预先设定的,所以不能安于现状。但真地遇上大喜大悲,要相信这是自然的规律,求神拜佛都没有用。

所以,斯宾诺莎对自己选择的生活并不后悔,也不痛苦。

斯宾诺莎的哲学理论后来演变出无神论和唯物论，彻底征服了德国人。

歌德说，我只读了一遍《伦理学》就完全叹服了，这正是我心灵渴望已久的哲学。

海涅说，所有现代哲学家，常不自觉地用斯宾诺莎磨制的镜片看世界。

黑格尔说，要研究哲学，必须先做一个斯宾诺莎主义者。

斯宾诺莎的哲学太深奥了。第一个读者不能完全读懂他，最后一个读者也不能完全理解他，因为他的思想比海洋还宽广，他的智慧比海洋还深邃。

在《伦理学》最后，斯宾诺莎写道：

"一个智者在精神上极少有动摇的时候。他凭借一种永恒的必然性意识到自己、上帝和万物的存在。他的生命永远不会结束，并始终享受着心灵的满足。也许我所指明的通向这个境界的道路过于艰难，但是，它毕竟还是能够找到的。"

17 世纪主要哲学家及其观点

姓 名	定 位	主 要 观 点
培根	经验主义 唯物主义	强调感觉和经验，主张通过实验发现真理和知识。 科学哲学的创始人。
笛卡儿	理性主义 二元论	世界由物质和精神组成，都服从于上帝。
帕斯卡	神学派 反对无神论和泛神论	精神比物质更重要。 人心有它自己的道理，这是理性所不能理解的。
斯宾诺莎	理性主义 一元论	上帝、自然、物质、精神是同一种东西。 除了神以外，不能有任何实体，也不能设想任何实体。
霍布斯	经验主义 唯物主义 一元论	精神也是物质。 宇宙是由物质的微粒构成的。 物质永恒存在，既非人所能创造，也非人所能消灭。 一切物质都处于运动状态中。
王夫之	唯物主义 二元论	天地间存在着的一切都是具体的实物，一般原理存在于具体事物之中，决不可说具体事物依存于一般原理。

荷兰人向郑成功投降的协议书(现藏荷兰海牙档案馆)

　　和兰,又名红毛番,地近佛郎机。其人深目长鼻,发眉须皆赤,足长尺二寸,颀伟倍常。

——《明史和兰传》

　　荷兰长技,惟舟与铳耳。

——《东西洋考》

　　亚洲贸易必须在武器的保护下进行,武器的费用则来自从贸易中获得的利润。贸易脱离不了战争,战争要以发展贸易为目的。

——荷兰驻东印度总督

第十章

明末清初的中荷往事

1602年，荷兰成立东印度公司。

荷兰政府赋予东印度公司好望角以东、麦哲伦海峡以西的贸易专权。

好望角以东、麦哲伦海峡以西＝太平洋＋印度洋。

东印度公司除了做生意，其他营业范围包括：代表荷兰政府同任何东方国家谈判；可以发行自己的货币；可以雇佣军队；可以宣战。

东印度公司第一原则：只要赚钱，做什么都可以。

1619年，简·科恩成为东印度公司第四任远东总督。他在爪哇岛择址建设东印度公司远东总部，起名巴达维亚。

巴达维亚是荷兰的古称。现在巴达维亚改名雅加达，是印度尼西亚的首都。

东印度公司第二原则：不要让竞争对手赚钱，做什么都可以。

走自己的路，让别人无路可走。

荷兰人采购的时候，要求供货方只能把所有的货物卖给自己。

荷兰人卖东西的时候，要求采购方只能从自己手里进货。

1622年，班达岛土著违反协定，将肉豆蔻卖给英国人，愤怒的科恩下令屠杀班达岛居民近万人，幸存者送到其他殖民区当奴工。班达岛几乎变成无人岛。

为了维护丁香的高价格，荷兰人不惜砍伐大量丁香树（丁香12年才结果）。

当时的东南亚地区活跃着三大商业集团。

第一集团是葡萄牙人，经营这片区域超过百年，还占据了澳门。当时中日关系断绝，但中日贸易需求旺盛。敏锐的葡萄牙人抓住了机遇，赚取了丰厚的利润。据估计，葡萄牙人至少把100万公斤的白银从日本输入中国。

第二集团是西班牙人。他们于1565年殖民菲律宾，在马尼拉建立了远东贸易总部，成为明帝国最大的国际贸易伙伴。菲律宾常驻华人超过两万。荷兰人来到东南亚的时候，西班牙国王腓力三世兼任葡萄牙国王，实际上吞并了葡萄牙。西班牙国王认为荷兰也是自己的领土。

荷兰人为了民族独立，拿起武器反抗西班牙人的统治。当时，荷西两国处于交战状态。因此，盘踞在澳门的葡萄牙人，驻守菲律宾的西班牙人，在荷兰人的眼里都是敌人。

第三集团是英国人。英国东印度公司成立时间比荷兰东印度公司早，在东南亚设有多处商馆。为了对抗西班牙，荷兰和英国长期结盟。在一次贸易冲突中，科恩抓住30名英国商人，全部斩首。在科恩眼里，只认钱，不认人。

荷兰东印度公司的经营目标很明确，把葡萄牙人、西班牙人、英国人全部赶出这一区域，垄断东南亚的所有贸易。

荷兰人以武力陆续驱逐了马鲁古群岛、马六甲、锡兰（斯里兰卡）的葡萄牙人。荷兰人和日本人达成独家协议。葡萄牙人则丧失了经营了近百年的中日贸易。

西班牙人在马尼拉驻有庞大的军队，荷兰人骚扰数次，无果。

在荷兰人凌厉的攻势下，英国东印度公司陆续关闭日本、阿俞陀耶（泰国）、北大年（泰国）和万丹（印尼）等地的商馆，集中力量经营印度。

东印度公司的目标是利润最大化。

科恩为此精心设计了一条贯通印度洋和南海区域的商业价值链。

第一步，把印尼群岛的香料、檀香、燕窝卖到中国；

第二步，购买中国的丝绸和瓷器，卖到日本，换回白银；

第三步，用白银采购印度的棉花；

第四步，将全部有价值的亚洲商品销往欧洲和中东。

整个东南亚、东北亚，或者不夸张地说，在整个亚洲，大明国是不可争辩的最大经济体和商品出口国。

谁垄断了中国贸易，谁就垄断了世界贸易，谁就是世界第一贸易国。

其他环节都好说，就是第二步最难实现。

1601年，一支荷兰船队来澳门采购，被葡萄牙人用火炮击退，17名荷兰人阵亡。荷兰人于是驾两艘舰船直闯广州。

税监李凤好吃好喝地招待荷兰人，但不允许他们做生意，因为荷兰不在大明的朝贡国名单里。荷兰人只得失望地离去。

荷兰人希望在大明找一个像澳门那样的落脚点，定居经商。这个落脚点做大后将取代澳门。不仅如此，这个落脚点将包揽中国商品，让马尼拉的西班牙人无货可买。

1604年6月，荷兰人韦麻郎率领一支舰队登陆澎湖岛。

澎湖的地理位置太重要了，太好了。一来，这里距离中国大陆非常近。二来，这里是大明商船通往巴达维亚（印尼）、泰国、菲律宾、日本的咽喉要地。

韦麻郎命人伐木建房，准备长期占领。

澎湖是大明的合法领土，平时驻有军队。当时正值汛期，军队都撤回大陆了。因此没人阻止韦麻郎。

当地居民将荷兰人的情况迅速报告给福建政府。

福建官员立即派詹献忠等人前去，要求荷兰人离开。

詹献忠贪图荷兰人的钱财，反而带了很多货物去贩卖。不少渔民闻讯，也驾船去澎湖与荷兰人做生意。

荷兰人手里攥着大把的银子，谁不去谁傻。

这里面还有一个背景。

过去，福建商人把货物运到马尼拉，不愁卖。1603年，福建官员到菲律宾考察矿业，引起了西班牙人的不满。西班牙殖民者屠杀了菲律宾两万华人，导致福建和菲律宾贸易彻底中断。福建商人急需开发新客户，荷兰人正好填补了这一空缺。

税监高寀向荷兰人索取高额贿赂，并承诺把荷兰人的通商请愿书送到万历皇帝的桌上。韦麻郎一口答应。

福建巡抚徐学聚派都司沈有容去澎湖驱赶荷兰人。

1604年11月18日，韦麻郎对沈有容说："我不走。高寀已经答应我了。我要等中国皇帝的答复。"

沈有容说：

"堂堂中国，岂乏金钱巨万万；尔为鼠辈所诳，钱既不返、市又不成，悔之何及！"

一名气急败坏的荷兰人拔出战刀，威胁沈有容说："你们兵船来了，难道要与我们开战吗？不如打上一场如何？"

沈有容面不改色。他厉声喝道："你们说是来做生意的，我们才示以宽容。现在却说开战。告诉你们，中国甚（非常）惯（习惯）杀贼！"

沈有容再三督促。韦麻郎只得率领船队离开澎湖。

临行之际，韦麻郎找了一位画师为沈有容画像，并送给沈有容铜铳、铳弹以及一些土产，以示敬意。沈有容只收下铜铳及铳弹。

沈有容未动一刀一枪，仅凭一张嘴就劝退了荷兰人，实是明朝外交史上的一次胜利。

高太监还真地把通商请愿书送到万历皇帝的桌上。结果，被驳回。

澎湖百姓树了一块碑，上写"沈有容谕退红毛番韦麻郎等"。该碑现存澎湖县马公市澎湖天后宫。

明朝官员和葡萄牙人打了几十年交道，他们发现新来的荷兰人和葡萄牙人长得不太一样。同为白人，葡萄牙人属于拉丁人种，荷兰人属于日耳曼人种，皮肤更白、鼻梁更高、眼窝更深。

《皇明世法录》描述道：

"（荷兰人）长身阔膀，面如噀血，发如赭赪，其眼如猫，鸭其足，而性嗜酒，好杀敢战。"

荷兰人一头红发特别抢眼。明朝文人于是称荷兰人为红毛番、红毛夷、红毛鬼，称荷兰大炮为红夷大炮。

明朝知识分子深受尊卑观念影响，骨子里缺乏平等和尊重的意识，对葡萄牙人（他们的绰号是白番鬼）、荷兰人既无知又傲慢。

沈有容谕退红毛番韦麻郎碑

孙权、刘唐、沙僧也是红头发。

到了1622年，荷兰人还徘徊在中国市场之外，没有销售额，没有业绩。他们的耐心耗尽了。巴达维亚总督写道：

"中国的例子使我们认识到，我们只能诉诸威严和武力，而非仁慈来获取贸易通商。"

荷兰人准备发动一场战争，不是打中国人，而是打葡萄牙人，打西班牙人。他们的计划如下：

第一步，占领澳门，将葡萄牙人赶出中国，赶出东南亚。

第二步，如不成功，再次在澎湖设立据点，向中国政府或福建政府请求通商。如果中国人拒绝，就用武力逼迫他们同意。

第三步，拦截航行于厦门和马尼拉之间的中国商船。西班牙人屠杀了两万华人，这是国仇家恨。但是，福建官员不管，福建商人继续到马尼拉做生意，就像事情没有发生过一样。

第四步，劫持中国人到印尼做劳工。

占领澳门有没有可能性？

有可能。

明朝政府允许葡萄牙人在澳门做生意、传教，但不允许他们拥有武装力量，不允许他们修建军事设施。葡萄牙远东总部设在印度果阿，那里有士兵和军舰，但很少来澳门。

科恩总督任命赖士森为海军司令，率领800人进攻澳门。

1622年6月22日，荷兰舰队通过望远镜看到了澳门的圣保罗大教堂。

当时澳门的葡萄牙守兵不到50人，加上临时招募的民兵也不到200人。

6月24日，荷兰人开始进攻。他们故意发射潮湿的火药，产生大量烟雾，用以掩护其登陆。这是人类最早使用的烟雾弹战术。

赖士森亲自指挥，被流弹射中腹部，只得退回船上。他委派汉斯上尉指挥。汉斯上尉率领800名士兵在剀狗环（今水塘）成功登陆，越过壕沟后向城市进发。

葡萄牙人虽然射死数十名荷兰士兵，由于寡不敌众，边战边退。

荷兰军队大步前行，势不可当。

耶稣会神学院位于小山顶上，有四门大炮。耶稣会士罗雅谷和汤若望指挥炮手们向荷兰人开炮。一发炮弹不偏不倚,正好击中荷兰人的火药桶,炸死很多人。

荷兰人顿时大乱,吓得调头就跑,汉斯上尉也在战斗中丧生。

此役,荷军阵亡130人,受伤126人,被俘40人。

从数字上看,这是一场相当激烈的大战。

相比之下,葡军只死亡了6人,以及一些黑人奴隶(没计人数)。

葡萄牙人把一些荷兰人的头颅作为战利品送给广东官员。

我们帮助你们守住了中国的领土。

广东官员送大米等物品给葡萄牙人,作为嘉奖。

这是历史上第一次,两支欧洲军队在中国领土上打仗。

葡萄牙人在战胜荷兰人的地点修建公园,取名得胜花园。花园里树立了战争纪念碑,现在公园和纪念碑都在。

荷兰人不甘心失败。他们分别于1627年、1661年、1688年三次入侵澳门,全部失败。

荷兰人哀叹道:"除了巴达维亚及锡兰,我们愿意以东方所有的属地与葡萄牙人交换澳门。"

赖士森攻打澳门,伤亡惨重,没办法向巴达维亚总部交代,于是执行第二方案:占据澎湖,向福建政府请求通商。

荷兰人来到澎湖风柜尾,全军修筑堡垒。由于缺乏砖石,最终建了一个豆腐渣城。

8月7日,赖士森派遣3艘船只护送商人梅尔德特前往漳州。一是请求当地政府通商。二是要求明政府终止与葡萄牙、西班牙的贸易。三是采购生活用品。

9月29日,浯屿守备王梦熊来到澎湖,向荷兰人传达了福建巡抚商周祚的反馈。大意是说,我们当地人愿意与你们做生意,但朝廷

澳门得胜花园及纪念碑

不允许。请你们立即离开澎湖。

赖士森有战舰、有军队。他告诉王梦熊,我们不走。

王梦熊不能劝说荷兰人离开,只好自己离开。

书面请求福建政府通商遭到拒绝,那就用武力强迫福建政府答应。

10月18日,赖士森派遣8艘战船前往漳州烧杀劫掠。

荷兰人邦特固参加这场可耻的侵略。他在《东印度航海记》一书中写道:

"我们用火枪射倒一些人,用刀砍他们的头。我们烧他们的船只和村庄。我们抢来很多的猪、羊、鸡,还有家具和各种各样的东西。中国人那种可怕的哭声和喊声,就像世界末日来临。"

福建政府奋起反击,抓住16名荷兰人。

福建政府不肯屈服。赖士森十分头疼。使用暴力手段只能引起中国人的反感,以后更别想做生意了。

福建政府也头疼。再打下去,早晚会引起皇帝及中央政府的责怪。

中荷双方只得谈判。

荷兰人的目的达到了。

1623年2月11日,赖士森与福建巡抚商周祚达成如下意向:

第一,荷兰人离开澎湖。

第二,明朝商人在中国领土之外另觅场地与荷兰人进行交易。

第三,大明派遣两艘船只到巴达维亚与荷兰总督订立条约。

第四,中国商人暂时中断与马尼拉(西班牙人)的贸易。

赖士森不傻。在协议没有落实之前,他绝不会离开澎湖。

不久之后,商周祚调往南京。

新任福建巡抚南居益是鹰派,他要求荷兰人立即离开澎湖。

数百名福建商人上书南居益,在信中劝他说,自打荷兰人来了之后,中国前往马尼拉的商路就中断了,经济损失惨重。不如答应荷兰人的通商请求。只能要赚钱,和谁做生意不一样。

由于正常商路中断,走私活动猖獗,已经消失的大小海盗卷土重来。

南居益读完信后,也在思考如何对付"门口的野蛮人"。

不久之后,荷兰人高文律率领5艘战船来到澎湖增援。

1623年11月,南居益邀请高文律到厦门鼓浪屿签订贸易协议。谈判桌上宾主双方举杯畅饮。高文律喝得烂醉。半夜,明朝水师突然发起攻击,将高文律等人俘虏，并击毙 8 名荷兰人。

天启皇帝在北京隆重地举办了"祭告郊庙，御门受俘"仪式。

倒霉的高文律被斩于西市，传首九边（把俘虏的脑袋送到九个边关展览）。

1624 年 2 月，福建副总兵俞咨皋（抗倭名将俞大猷之子）率领 150 艘战船，5000 名士兵，渡海前往澎湖，进攻荷军。

荷兰人依靠工事与战舰顽抗，澎湖久攻不下。

到了 7 月底，明军经过两次增援，兵力超过万人。

赖士森抵挡不住。荷兰东印度公司派宋克前来接替。

宋克到达澎湖时，发现手下仅有 850 名士兵，还有 111 人属于未成年。

宋克只得与明军谈判。他以十分后悔的语气写道：

"我们在中国沿海的行为使中国人更加反对我们，视我们与谋杀犯、暴君和海盗无异。我们对待中国人确实是凶狠和残酷的，而且依我看来，凭这些行为是绝不可能达到同中国通商的目的。"

谈判结果如下：

第一，荷兰人拆毁堡垒，退出澎湖岛。

第二，荷兰人不得侵犯中国沿海。

第三，福建政府同意另择地方与荷兰人做生意。

中荷之间没有签订书面协定。这让荷兰人很不习惯。

福建官员说，有来往信件与口头承诺就足够了。

1624 年 8 月 26 日，荷兰人灰溜溜地离开占领了两年的澎湖。

这次撤退是荷兰东印度公司成立 22 年以来遭遇的最大失败。

邦特固认为，这是一场徒劳无功和名誉扫地的战争。

大明表面上取得了胜利，实际上什么也没有得到，还耗费了几十万两白银，是经济上的失败者。

宋克率领荷兰人从澎湖退出。他们当然不甘心放弃中国市场，于是来到台湾南部，建立了商业据点。

在同福建政府打交道的过程中，荷兰人雇用了一个中国人当翻译。

这个漂亮的年轻人叫一官，真实的名字叫郑芝龙。郑芝龙原来在常驻日本的中国大海商李旦手下工作。李旦死后，他接管了前者的贸易网络和船队。

如果说中国是东亚第一贸易大国，那么日本就是东亚第二贸易大国，而郑芝龙是中日贸易的最大经营者。郑芝龙向欧洲人购买大型战舰和西洋大炮，逐渐成为中国最大的武装海商兼海盗。

1628年，郑芝龙投靠福建政府，成为一名军官，但这丝毫没有影响他做海上贸易。

荷兰人讨好郑芝龙，帮助他消灭了李魁奇、钟斌等其他海盗。双方结成贸易伙伴。

新任福建巡抚邹维琏反对海上贸易，不允许荷兰人到福建来。每年只颁发6张前往台湾经商的船证。荷兰人在台湾有钱买不到货物，持续亏损。

的确有多名福建官员口头答应帮助荷兰人做生意。不过，地方官员一再变动，每名官员的主张也不一样。

荷兰人失去耐心，决定以武力逼迫福建政府开放贸易。

1633年10月22日，中荷双方爆发了料罗湾大战。

战争结果：荷兰人败走。荷兰人的盟友，大海盗刘香的船只几乎全军覆没。

战后，郑芝龙获任福州都督，掌控了更大的权力。他既是高级军官，又经营着东亚最大的一支船队，而且控制了从日本到中国南海的制海权。人们称郑芝龙为"闽海王"。

这本来是荷兰人的目标。

荷兰人发现和郑芝龙打交道更难。

以前，给福建官员一点儿贿赂，就能赚钱。

现在，郑芝龙自己要赚钱，要赚大头，只留一些鸡肋业务给荷兰人。

荷兰人占领台湾，陷入困顿及财政破产边缘的崇祯政府根本无力收回。

反应激烈的却是日本人。原来日本人在台湾做生意多年，突然冒出来一群荷兰人，要他们缴税。长崎商人滨田弥兵卫找了几百人和荷兰人干了一仗，并劫持了荷兰总督。荷兰人被迫向日本人道歉、屈服。不过，在台湾的荷兰人最终还是把日本人赶出了台湾市场。

荷兰人占领台湾南部，截断了福建—马尼拉的航线。西班牙人于是占领台湾北部。荷兰人用武力将西班牙人赶走。

总之，为了从大明买到商品，葡萄牙、西班牙、英国、荷兰之间已经发生了多次武装冲突。

荷兰人是郑芝龙的手下败将，只能忍气吞声接受郑芝龙的压迫，"赚些散碎银两"。

历史转机来了。

清军占领明朝北方大部,大军直逼福建。

郑芝龙投降大清,后来被清政府处死。

数年前,崇祯皇帝降旨让郑芝龙率领海军北上抗清。对于没有利润的事情,郑芝龙百般拒绝。他把投降大清也当生意做,结果不仅折了本,还赔了命。

郑芝龙的儿子郑成功接管他的武装舰队,继续同清军斗争,无奈大势已去,局面越来越恶劣。

1661年,郑成功决定夺回台湾,赶走荷兰人。

当时,驻守在台南的荷兰总督叫揆一。荷兰人在台湾有7艘大船与12艘舢舨,总兵力约1000人,后来加上援军约2000人。

1661年4月30日,郑成功率领20000士兵抵达台南的鹿耳门。

郑成功给揆一写了一封劝降信。在信中大义凛然地说道:

"然台湾者,中国之土地也,久为贵国所踞。今余既来索,则地当归我。"

整个战争过程耗时9个月,中间过程我就不详细介绍了。

1662年2月,荷兰人投降走人。双方的协议很有趣。部分内容如下:

1. 双方都要忘掉战争造成的仇恨。

2. 郑军提供荷军前往巴达维亚途中所需的给养和武器。

3. 荷军高层可以带走自己的财物,但需经过郑军检验。28名议员,每人可以带走200个两盾半银币。另外20个特殊人物(已婚人士、中层领导、其他重要人士),他们一共可以带走1000个两盾半银币。

4. 按照荷兰人的习俗,军人在登船时要子弹上膛,点燃火绳,高举军旗,敲起战鼓,郑军应对此习俗予以尊重。

5. 郑军要把之前夺走的4只小船和附属设备还给荷军。

从协议上看,郑成功对待败军是非常宽大的。

这倒不是说郑成功个人品德高尚,而是他的思维已经步入近代文明。

在封建社会,双方是你死我活的关系。

在近代社会,双方是竞合共存的关系。郑成功要想经营好台湾,以后还得和荷兰人合作、做生意,甚至成为盟军。后来,郑家军经常从荷兰人手中采购零件,维护船只。

1662年2月17日,揆一登船离开。荷兰人在台湾38年的统治宣告结束。

2006年6月，揆一第14世孙迈克·揆一携家人到台湾延平郡王祠祭拜郑成功。

荷军之所以失败，主要原因如下：

一是实力上的差距。郑军人数超过两万，荷军人数不到两千。

二是郑军长期围攻，荷兰人缺水缺粮。

三是台湾水浅道窄，荷军大船活动不便，反而被郑军的小舟围攻。

四是郑成功是背水一战。如果他不拿下台湾，就会被清军赶尽杀绝，或者逃到日本。而台湾只是荷兰东印度公司的一个分公司，而且还是亏损的分公司。

明朝末年，农民起义、满人入关，哪里还有什么正常的贸易？

1660年至1661年，东印度公司在台湾亏损了12.7万荷兰盾，日本分公司则盈利72万荷兰盾。

台湾对荷兰人来说已经是鸡肋。因此，东印度总部并没有全力救助。

事实上，郑成功死后，荷兰人又偷偷回到台湾北部，建立了一个据点。过了一段时间，光花钱没业务，于是又偷偷地走了。整个过程又亏了8万荷兰盾。

收复台湾后，郑成功立即派意大利修道士李科罗前往马尼拉送信给西班牙总督。在信中，郑成功要求西班牙人服从他，向他进贡，否则郑军下一步将征服菲律宾。

菲律宾总督为了防止当地华人做郑成功的内应，大量屠杀当地华人。

郑成功得到消息后大怒，立即筹备南征马尼拉。

令人惋惜的是，数月后，郑成功就去世了，享年39岁。

1656年，在荷兰人与郑成功还是合作伙伴的时候，他们就派一支代表团到了北京，将通商的请求书递交到大清皇帝的桌上。

顺治皇帝征询德国传教士汤若望的意见。作为天主教士，汤若望对新教国家荷兰没有好感。在他的建议下，顺治皇帝回复荷兰人说：

"（荷兰到中国）道里悠长，风波险恶。若贡期频数，猥烦多人，朕皆不忍。著八年来朝一次，员役不过百人，止令二十人进京。"

面对这个结果，荷兰人哭笑不得。

陛下，我们不嫌远，不嫌烦，您还是别可怜我们了。

别说八年一次，一年八次我们都不嫌多，能常驻北京更好。

荷兰先后七次派代表团访问清政府（其中两次未成行）。他们写给清朝皇帝的信被清朝官员篡改得面目全非，事后啥也没得到。

敌人的敌人就是朋友。

失掉台湾之后，荷兰人决定与大清结盟。他们的意图是帮助大清消灭郑家军，大清则授予荷兰独家经商权。

1663年7月，荷兰人博尔特率领17艘战舰抵达福建。当得知清军正欲出兵厦门时，主动提出参战。11月中旬，在荷兰舰队的援助下，清军顺利攻下厦门、金门。目睹战争过程的清军对荷兰火炮的威力震惊不已。

顺治皇帝闻讯大喜，赏赐荷兰人很多银两和丝绸，却没有通商权。

荷兰人悻悻离去。

1683年6月，郑成功的孙子郑克塽投降大清，台湾回归大陆。

从1604年韦麻郎侵占澎湖到1668年荷兰人从台湾北部撤出，六十多年来中荷武装冲突不断。据粗略统计，至少造成五百名荷兰人死亡，以及数百万两白银的经济损失。

荷兰人真地不想打仗。他们想赚钱，赚大钱，而打仗是花大钱的。

明史写道："（荷兰）遇中国货物当意者，不惜厚资，故华人乐与为市。"

明朝政府宁肯自己花大钱同荷兰人打仗，也不愿坐下来和荷兰人签署一个好的贸易协议。

荷兰人始终搞不明白，在这个世界上，为什么有人竟然有钱不赚？

荷兰和大明的交往过程是漫长而复杂的，完全可以写出一本厚厚的书。本章只选择了百分之一。

从1644年到1840年，这二百年里，世界发生了翻天覆地的变化：启蒙运动、科学革命、工业革命、美国独立、法国大革命、俄罗斯帝国崛起。

然而，当更加先进的大英帝国来到大清时，他们发现大清官员的头脑还停留在两百年前，和大明官员的头脑没有什么区别：

对商业非常抵触，对世界一无所知，对外国充满傲慢。

荷兰人撤出台湾大约100年后，华人和荷兰人在东南亚又发生了一次激烈的武装冲突。

1776年，大量华人寓居海外。他们在印尼的加里曼丹岛建立了兰芳共和国，拥戴罗芳伯为国家元首。

这是亚洲第一个共和国，当时美国还没有独立。

兰芳共和国土地面积 31 万平方公里，比英国还大。

兰芳共和国官员或长袍马褂，或西服革履。士兵穿的是大清绿营兵的服饰。

刚刚建国，罗芳伯就派人去北京觐见乾隆皇帝，请求称藩，相当于建立外交关系，或者说把这片领土献给大清。

这要是在欧洲，朝廷至少给罗芳伯封个侯爵。

清政府认为，你们是一帮不服管教的海盗，怎么敢称国家。你们回来，我就抓。你们不回来，我也懒得管你们。

始终没有得到大清的认可，罗芳伯郁郁而终。

荷兰人一开始忌惮大清国，没敢动身边的兰芳共和国。就这样，共和国一直生存了一百多年。

到了 1886 年，大清没落。荷兰人猛攻兰芳国。

兰芳人民一方面全力抵抗，另一方面火速派人请求大清派兵支援。

清朝根本无力支持。

是年，这个海外华人国家灭亡。

历史总是让人觉得有点可惜。

明末清初，销往欧洲的中国瓷器大部分都是荷兰东印度公司运销的。荷兰画家彼得·凡·鲁斯特拉滕创作了大量有中国瓷器和饰物的作品，上图为《静物与茶具》。

第三部分　青铜时代的英国

查理一世的三联画（1600—1649）

我不必向你们解释，我只对上帝负责。

——查理一世在解散议会时的演讲

你们不能审判我。因为你们按照国王的意志行事。你们的座右铭就是，国王不会犯错。

——查理一世在法庭上的辩护辞

所有的王国都将消灭专制，成为共和国。

——英国布莱克上将（1651年）

第十一章
国王之死

1644 年 4 月 25 日,农民军领袖李自成攻入北京。崇祯帝吊死煤山。

如果崇祯胆小,不敢自杀,被李自成活捉,其下场如何?

大概率会被李自成处死。

明朝人民造反,逼死了他们的皇帝。

1649 年,英国人造反,处死了他们的国王查理一世。

这两者之间有何异同?

1625 年,25 岁的查理一世登上了英国王位。

年轻英俊的查理国王有点口吃,所以不爱说话,一脸严肃,但容易沟通。

查理国王的妻子是法国国王路易十三的妹妹玛丽亚。国王正值壮年,却不好追逐女人,也不铺张浪费。

查理国王遗传了先王的两个特点:强烈信奉君权神授,驴脾气。

登上王位之前,查理国王去过马德里,被西班牙国王腓力四世收藏的大量的艺术品震惊了。回国之后,国王不惜重金购买名作,包括达·芬奇的《救世主》。

查理国王宠爱无能的白金汉公爵。这个自负的草包率领军队和法国人作战，两战两败，花光了国库里的钱。他怂恿国王第三次同法国开战。

为了筹集军费，查理国王不得不向富有的臣民借款。说借是好听，其实根本没打算还。对于个别不肯借钱的商人，则关进监狱拷打。

显然，这点钱是远远不够的。

在大明国，只要皇帝一张嘴，太监们就带着爪牙去全国各地收税去了。

在英国，查理国王收税要和议会商量，因为全国最有钱的人都在议会里。

英国议会成立于 1265 年，比明朝建国还早一百年。

到了 1644 年，英国议会已经有三百多年的历史了。

英国议会分上下两个议院。

上议院议员大多数是贵族和主教，由国王任免，听国王指挥。

下议院议员由全国各地选举产生，总人数超过 500 人。两类人容易在选举中胜出：有钱的大商人，高学历、有辩才的律师和教授。

上议院议员可以理解为"地主阶级"。

下议院议员可以理解为"资产阶级"。他们的财富总和是上议院议员的三倍。

议会的主要职责是三件事：战争、法律和税收。

国王有权召集议员开会，有权解散议会。按理说，国王应该每年召开一次议会。但是，没有一个国王愿意召开议会。

下议员平时在全国各地经商，不参与政治。议会一开，五六百人聚在一起，经常批评国家政策，甚至批评国王本人。

全国各地代表到首都开会，参政议政，这种政治制度就是代议制。

明清时期，皇帝和官员都宣称服务百姓，但没有人想到把一部分外地的百姓召到首都，听听他们的意见。就这一点，我觉得古人的智慧不够。

明末思想家黄宗羲在他的《明夷待访录》中写道，最早的皇帝是造福人民，现在的皇帝是祸害人民的。最早的官员是服从人民的公仆，现在的官员是君主的奴仆。

查理国王在 1625 年和 1626 年的两次议会上，要求下议员们批准战争拨款。下议员们都拒绝了。到了 1628 年，查理国王直截了当地对下议员们说：

"我必须得到钱。以满足国家的需要。你们要凭着自己的良心作出反应。如果你们做过错误的决定,我将利用上帝授给我的权力去纠正蠢行。你们不要把我的话当成恐吓,而应该视为规劝。身为国王,我不喜欢恐吓地位比我低的人。"

聆听查理国王演讲的下议员当中,有一位叫奥利弗·克伦威尔的小乡绅。

下议院议员有钱。但是,他们觉得把巨额资金用于对法战争,相当于把钱扔进河里被水冲走。

查理国王发出了威胁,抗旨不遵的后果是非常严重的。

但是,下议院议员也不想一句话不说,交了钱气鼓鼓地离开。他们向查理国王提交了一份《权利请愿书》,主要内容如下:

"国王在未经议会法案批准之前不得向商人索取金钱。

凡无合法理由不得监禁任何自由民。"

我们这次给你钱是有条件的。你以后不能勒索商人,更不能因为人家不借钱就把人家关起来。

查理国王勃然大怒。但是,钱的面子大于国王的面子。欧洲有句名言,在金子面前,国王也要摘下帽子。查理国王在《权利请愿书》签下自己的名字。

1629年的议会同样成为下议员们针对内政的批判会。他们集中攻击国王对天主教过于宽容,并就此提出一个针对性的宗教法案。

查理国王内心里的确偏袒天主教。他收买了下议院议长,命他想办法阻止法案通过。

下议院议长宣布会期推迟,暂不表决。

下议员们愤怒了。两个身强力壮的议员,霍利斯和瓦伦上前将下议院议长按在椅子上不让走,并提议马上表决。

被国王收买的个别下议员立即跑到国王那里告密。

查理国王命侍卫携带黑色权杖到下议院议事厅宣布休会。

下议员们把议事厅的门从里面锁上,禁止国王的黑杖侍卫入内。

霍利斯议员高声朗读法案内容,下议员们以鼓掌欢呼的方式予以通过。

然后,议事厅大门打开了,议员们也不管黑杖侍卫的脸色,兴高采烈地回家了。

暴跳如雷的查理国王下令解散本届议会。

解散的意思是指,所有下议员们失去了他们的身份。

议会再次召开的时候,所有下议员重新选举。

自此，英国进入专制时代。

1633 年，查理推出一项法令，要求苏格兰人进行大幅度宗教改革。

苏格兰人非常愤怒，断然拒绝。苏格兰的神父们说，我在台上演讲的时候，身边得有两个人拿着枪，否则听众们会上台杀了我。

查理国王决定用武力强迫苏格兰人接受自己的命令。

苏格兰人用武力打败了查理国王的军队。

查理国王不甘心失败，硬着头皮召集议会，要下议员们出钱。

新当选的下议员们不仅拒绝为失败的战争买单，还反对查理国王的政策。

查理国王忍无可忍，再次解散议会。

由于此届议会时间较短，史称"短期议会"。

1635 年 8 月，查理一世对全国征收"船税"，每人 20 先令。

一位叫约翰·汉普顿的乡绅依据四百年前的一部英国《大宪章》，反对缴纳船税。汉普顿非常富有，船税相当于给百万富翁要 20 英镑。

汉普顿说，违法的税，我一分钱也不能交。

汉普顿以抗税罪被告上法庭。他的辩护律师说："国王的特权在任何时候都应该受到法律的限制，这才能保障英国人的生命和财产安全。"

法官投票，以 7∶5 判处汉普顿有罪。

汉普顿进了监狱，财产被没收。

查理国王赢得了官司。汉普顿赢得了人心。

在案件宣判之前，很多人低头交税。

在此之后，很多人反而不交税了。

汉普顿之后，有无数汉普顿。

汉普顿不久被释放。毕竟，政府没收他的财产金额远远高于税金。

很多英国人忍受不了查理国王的高压统治，纷纷移民北美马萨诸塞州殖民地。查理国王眼看移民的人太多，于是禁止英国人移民北美。

汉普顿和他的一位亲戚也准备离开英国，离开讨厌的查理。他们处理好国内的财产，买好了船票，马上要登船了，却被国王的法令拦住了。

查理国王不知道，汉普顿的亲戚叫奥利弗·克伦威尔。

崇祯皇帝解聘了李自成，李自成要了他的命。

查理国王拦住了克伦威尔，克伦威尔要了他的命。

这些难道都是天意？

查理国王第二次派兵讨伐苏格兰。这次败得更惨，国王被迫向苏格兰人赔款。

英国的体制就是这么搞笑，就是这么不可理解。查理国王是英格兰国王，也是苏格兰国王。他在伦敦期间，苏格兰由贵族们执政。这些贵族信奉加尔文教，反对英国的新教，更反对查理国王内心里的天主教。

苏格兰可以说是贵族共和国，查理国王只是这个国家的名义元首。

从苏格兰战败回来，查理国王更缺钱了。

1640年，查理国王再次召集议会。此届议会存续了十几年，史称"长期议会"。

因为11年没开会，因为汉普顿事件，下议员们对查理国王的抱怨更严重了。他们猛烈抨击失败的国策，要求查理国王的宠臣斯特拉福德和坎特伯雷大主教为失政负责。

面对汹汹的舆论压力，查理国王被迫于1641年5月签下斯特拉福德的死刑判决书。坎特伯雷大主教"光荣入狱"，国务大臣到欧洲"单程旅游"（不敢回来）。

应该说，查理国王做出了一定的让步。

1641年11月，议会通过《大抗议书》。《大抗议书》历数了查理国王的错误，提出了若干法则。

在处理国政的时候，英国人的习惯是充分讨论，最后为同类事项立法定规矩。

在处理国政的时候，明清皇帝习惯于小范围征求意见，一事一议。

已经做出让步的查理国王拒绝《大抗议书》，拒绝妥协。他要求下议院开除皮姆、汉普顿等五个反对派领袖。

下议院拒绝执行。

查理国王进退两难。下议员都有人身保护令，只有掌握充分的证据才能抓人。

玛丽亚王后讥笑国王是胆小鬼。想想前文提到的黎塞留。法国王室权力巨大，一张嘴就可以让对方见不到明天的太阳。在老婆的刺激之下，查理国王决定动粗。

1642年1月4日，他带着四百名全副武装的士兵来到下议院。

这是英国国王历史上第一次走进下议院的会议大厅。

英国国王只去上议院会议大厅，下议院议员到上议院去觐见国王。

面对怒气冲冲的国王和刺眼的刀枪，下议员们惊讶不已。

下议院议长威廉·伦索尔在国王面前下跪、行礼。

查理国王一屁股坐在议长席上。五百名议员啊，查理国王不能得罪所有人。

所以，他先对全体下议员说了一番慰问感谢的话。国王最后说，他只把皮姆、汉普顿、霍利斯、黑兹尔里格和斯特罗德这五名议员带走，因为他们是罪犯。

查理国王不知道，他身边有很多人同情下议员。国王刚出宫门，就有人向皮姆告密了。皮姆带着其他四名议员立即逃走了。伦敦市民把他们藏了起来。

伦索尔议长对查理国王说，我服务于下议院，不能帮助国王去抓议员。

有人告诉国王，这五个人已经跑了。

"这五只小鸟还很机敏嘛。"说完，查理国王站起来，怒气冲冲向门外走去。他刚走出大门，就听见背后的下议员们齐声抗议："特权！特权！"

由于此次不愉快的冲突，此后再也没有英国国王进入下议院议事厅，一直到今天。

伦敦市民听到国王的作为后，气得爆炸了。他们跑到王宫外面，彻夜大喊大叫。

惊恐的查理国王带着家属和朝臣离开伦敦，逃到汉普顿宫。

几天后，五名议员在两千名市民的簇拥下，得意扬扬地回到下议院。

伦敦市民反对国王是一项古老的传统。他们曾强迫国王签下保障他们权利的法律，他们曾把国王赶出伦敦，他们曾关闭大门不让国王进入首都。他们曾出钱出炮同国王作战。他们是英国国王最不敢惹的地头蛇。

查理国王和下议院、伦敦市民已经彻底翻脸。要想回到伦敦，查理国王必须使用暴力手段。

1642年8月22日，查理国王在诺丁汉宣布英国议会犯下叛国罪。

英国内战正式爆发。

很多保王党人并不赞成国王的做法，他们倾向于用谈判的方式解决问题。比如，修改《大抗议书》，使双方都能接受。

瓦内爵士说，我觉得国王是错的，我希望国王让步。但是，如果他不让步，我就得跟着他作战，这是一种荣誉和感激。我们家族世代为王室服务，我不能背叛国王。

这就是封建地主阶级的忠君观念。

后来，瓦内爵士在战斗中紧握王旗，抛尸疆场。

查理国王控制的地区为英国西部和北部。这里人口稀少、经济落后、财源不足。保王军仅2000人。

议会派控制的地区为包括伦敦在内的东南部地区。这里人口稠密、经济发达、财源充足。议会派拥有海军舰队,可以截断国王与海外的联系。议会军约 6000 人,并深得人民的支持。

然而在战场上,议会军却节节败退。

沮丧的议会军指挥官曼彻斯特伯爵说:

"我们把国王打败 99 次,他仍然是国王。我们即使杀死他,他的子孙也是国王。但是,哪怕国王只打败我们一次,我们就会被绞死。我们的子孙也将变成奴隶。"

颇具讽刺意味的是,在大明,农民军打败皇帝一次,杀死皇帝后,可以自己合法地当皇帝。特别强调君为臣纲的古代中国,官员和百姓反而并不真心忠于皇帝。

下议院的确不敢也不愿意与国王彻底决裂。他们的意图是通过一场大的胜利迫使国王妥协,接受《大抗议书》。没有一个下议员想自己当国王。

在明朝,农民军领袖起义的目的就是推翻皇帝,自己当皇帝。

下议员克伦威尔毕业于剑桥大学,两次当选下议院议员。他孩子多(9 个),经济负担重,曾打算移民北美,却被查理国王的禁令拦住了。

克伦威尔自掏腰包,召集了一支军队。他本人没有接受过任何军事训练,然而在战场上却屡战屡胜。

吃了败仗的查理国王跑到了自己的老家苏格兰。

1646 年,英国议会向苏格兰议会提议:我们给你们一笔钱,你们把查理交给我们。

苏格兰议会心想,跟着查理国王打仗还要花钱,不如把他换成一笔钱。

于是,英国人花钱从苏格兰人手中买回了自己的国王。

查理国王问押送自己的哈里森上校:"你会杀害我吗?"

"不会的,陛下。"上校回答,"在英国,大小人物都受法律的保护。"

英国历史上发生过多次内战。

1215 年,一群英国贵族打败了英国国王约翰。这些手握重兵的贵族们没有废黜国王,自己黄袍加身。他们逼着约翰签署了《大宪章》。

1264 年,另一群英国贵族打败了约翰的儿子亨利三世。这些手握重兵的贵族们没有废黜国王,自己黄袍加身。他们逼着亨利三世成立了议会。

英国贵族要的不是国王的命,要的不是国王手中的权力,他们要的是更公平的法律。

到了今天，英国国王还存在，英国议会还存在。

1648年12月23日，下议院决定审判查理国王。

有的人提议废黜国王，立查理国王的儿子为新国王。

欧洲的传统是，父亲犯法，哪怕是死罪，儿子可以继承父亲的爵位，可以继续当官，在国王身边效力。在大明，父亲犯了大罪，儿子死，兄弟死，男性亲属死，女儿当奴隶的事情经常发生。

历史上，英国议会废黜过爱德华二世、理查二世。

大多数人主张公开审判，毕竟英格兰是法治国家。

审判国王？谁有资格去审判国王？

崇祯下了好几道罪己诏。明朝哪个衙门能审判崇祯皇帝犯了什么罪？该如何处罚？

下议院认为，人民是一切公正权力的源泉，下议员是人民选举出来的代表。他们拥有国家最高权力，有权制订法案，有权审判任何人。为此，下议院专门成立了一个临时法庭，由布雷德·肖议员担任审判团主席。

1649年1月20日。查理国王被带到了威斯敏斯特大厅。这栋建筑物始建于1097年左右。今天你去英国议会大厦参观，第一个进去的就是这座大厅。这座大厅还审判过威廉·华莱士——电影《勇敢的心》的主角。

布雷德·肖坐在大红座椅上。69名法官分左右两排就座。士兵站在旁边维持法庭纪律。一部分伦敦市民进来旁听。

查理国王在士兵的引领下，来到法庭。

布德雷大声说道："查理·斯图亚特，英国国王，由于你的原因，导致国内战火不断，死伤无数。因此，议会决定审判你。下面，由检察长库克宣读你的罪状。"

库克是一位杰出的、心地善良的律师。他认为，如果律师有权选择案件的话，那么所有律师都为富人服务。穷人受到再大的冤屈，律师也不愿意替他们出头。所以，一个律师事务所的所有律师要按顺序轮流接案子，不得拒绝，就像出租车排队等活儿一样。这样，穷人一定能找到律师，甚至是全国知名大律师。

库克宣读起诉书。其内容大意是：查理国王发动战争，造成国民伤亡和经济损失。他是叛国者，是杀人犯。

在库克朗读起诉书的时候，查理国王命令库克停止。

库克不听。

国王两次用手杖击打库克的肩膀。

库克继续朗读。

查理国王站起来，第三次用力击打库克。手杖的银尖头断了，掉在地板上。

国王示意库克把银尖头捡起来，这是圣旨。

库克不为所动，继续朗读。

查理国王只得慢慢弯下腰，自己去捡。

一个历史性的时刻诞生了。

国王弯腰了，在法庭上弯腰了，在法律面前弯腰了。

他不再是国王了，他是被告。

库克朗读完毕后坐下。

布德雷·肖问查理国王，你还有何话说？

查理国王说，你们代表谁来审判我？

布雷德·肖说，法庭以全国人民的名义审判你。你的祖先要向议会负责，你也一样。

查理国王说，我的哪个祖先说过国王向议会负责。

布雷德·肖说，现在是我问你，不是你问我。

查理国王说，你的理由不充分啊。

布雷德·肖有些愤怒了。他说，任何人无权反对本法庭的权威。

查理国王说，空口无凭，你要拿出审判权的书面证据。

布雷德·肖只得命人把查理国王带下去。

查理国王对围观的群众说，任何人都有在法庭上说话的自由，而国王却不行。英格兰国王要蒙难了。

群众大声喊道："上帝拯救国王！给国王自由！"

1月27日，审判再次进行。

布雷德·肖对查理国王说，法官们对你的判决有了结论。

查理国王预感到自己将面临死刑。他突然有些伤感，觉得自己不可能改变审判结果，又有些无奈。

查理国王悲怆地说道，各位法官，国家的和平及人民的自由比审判我一个人，比牺牲我的生命更重要。因此，我提议不要在法庭上，而是另选一个地点进行谈判。我会给国家以和平。

法官们安静了，士兵们不动了，群众不说话了，每个人无不动容。

为了尽快结束僵局，布雷德·肖让书记宣读判决书。内容很简单，判处查理国王死刑，执行日期是 1 月 30 日。

1 月 29 日，查理国王叫来自己 12 岁的女儿和 8 岁的儿子。

查理国王对女儿说："伊丽莎白，你要好好读书。以后见妈妈，告诉她，我自从和她结婚以来，就一直爱着她。"他接着对儿子说："宝贝，他们要杀死你父亲了。但是，他们如果立你为国王的话，你不要答应，因为你还有两个哥哥。"

小公主懂事地哭了。

小王子似懂非懂地哭了。他说："爸爸，他们杀了我，我也不当国王。"

查理和两个孩子吻别。两个孩子一出门，查理眼泪就下来了。他禁不住跑出去追上孩子，把他们抱起来，亲吻他们。

最终，查理国王让孩子们走了。

查理国王是一个好丈夫，一个好父亲。

他不贪恋美色，他不挥霍浪费。只要他向议会稍稍妥协，他可以不死，他可以安安稳稳地做一辈子国王。但是，查理国王维护的不是他自己，而是一个国王的权利和尊严，并愿意为此去死。

1649 年 1 月 30 日，一个历史性的日子。我 1 月底在伦敦待过，不是一般的冷。

查理国王特意多穿上一件衬衣，避免在刑场因寒冷而发抖，让人误以为自己害怕死亡。

查理国王站在断头台上，看着下面乌压压的人群说道：

"我希望你们能够宽恕将朕送到这里的人，因为他们的声音并不属于他们自己。宽恕是君王的特权，现在我将它留给你们。我死后，希望你们能够继续享受作为一个英国国民所能享受到的自由。

我从一座会腐朽的王位走向另一座不朽的王位，那里没有凡俗的打扰。"

说完，查理缓缓地俯下身子，将头放在砧板上。

"请你务必干净利落。"查理国王下达了人生最后一道圣旨。

利斧滑过，国王的头颅落地。

我觉得崇祯皇帝也死得非常体面，无论他生前多么无能。但是，他一定是怀着极其后悔、惭愧、悲愤的心情去世的。

查理国王不一样。他觉得自己为维护上帝赋予的权利而死，自己是一位殉道者。等待自己的将是上帝的奖赏。

安德鲁·马弗尔为查理一世写下诗句：

"他行事不像常人，丝毫不失威严，
在那重大的时刻，
他用那敏锐的目光，
打量斧头的边缘。
他不用言语亵渎神明，
也不徒劳为自己的公义争辩，
而是低下他那漂亮的头颅，
如同在床上安眠。"

不过，当时大多数国民不能理解，甚至反对砍下国王的头。

厄恰德写道："当国王的死讯在整个王国流传时，很多怀孕的妇女流产了。有些人忧郁地昏厥过去，有些人猝死过去，更多的人病倒了。"

一群羊处死了每天管束他们的牧羊犬。

杀死查理国王是否合法？

不合法。特别法庭缺乏足够的证据，且未执行正规程序。

是否正义？

是的。查理国王压榨臣民的财富，导致多个反抗者死于监狱。查理国王引起两次内战，导致大量平民死亡。这的确是罪行。

英国革命，是一个生产力先进、理念先进的阶级与落后的封建地主阶级的战争。

英国革命，争的不是你下去我上来，争的是《权利请愿书》，争的是《大抗议书》，争的是权利和自由，争的是法大还是王大。

英国内战的目标不是你死我活，而是你和我应该如何共同好好活着。

马克思称英国革命为"资产阶级革命"，称这是世界近代史的开端，称资产阶级开始走上世界的舞台。

明灭清起，是落后的农民阶级推翻地主阶级，是落后的民族征服文明的民族。无论是李自成，还是努尔哈赤，都不是推进中国发展的进步力量，甚至在某种程度上阻碍了中国走向文明。

审判查理国王

英国议会至今仍在沿用的传统仪式

一、议会开幕前,皇家警卫首先巡查议会大楼的地窖,以防有人策动阴谋。1605年,一帮天主教极端分子在议会地窖里放炸药,试图炸死英国国王詹姆斯一世(查理国王的父亲),该阴谋被及时发现并制止。此后,巡查地窖成为议会开幕前的规定动作。

二、英国国王和议会互不信任。下议院先派一名代表去王宫当人质,国王才离开王宫,去议会大楼。

三、国王进入议会大楼,坐在上议院议事厅的王座上,然后派黑杖礼仪官去下议院会议大厅,通知下议员前来面君。

黑杖礼仪官马上要到下议院的时候,下议院关闭议事厅的大门。

黑杖礼仪官用黑杖大力敲打大门三次。

大门上打开一个几寸见方的小门,小门上还有铁栅栏,铁栅栏后露出一双警惕的眼睛,眼睛扫视一下黑杖礼仪官的背后,确定黑杖礼仪官没有带武装士兵后,打开大门。

黑杖礼仪官走进议事厅,在地上的一道白线前停下,然后向下议院议长鞠躬,传达圣旨。

四、黑杖礼仪官领路,下议院议长带头,其他下议员跟着议长前往上议院议事厅。在路上,为了表现出国王与下议员们之间融洽的关系,所有人不能一脸严肃,要有说有笑。

上议院议事厅没有多余的座位,下议员们只能站着听国王演讲。

五、新的下议院议长产生后,有几个人用力把"看起来非常不情愿"的新议长拉到议长座位上。历史上,下议院议长多次触怒国王,有生命危险。所以,没有人愿意当下议院议长。现在,议长的权力比国王要大得多。

六、为了感谢伦敦人民保护五名被查理国王威胁的议员,在英国议会开幕式上,伦敦市议员每次都坐在下议员政府大臣的座位上。

克伦威尔查看查理一世的遗体,这标志着旧时代的结束和新时代的开始。(法国画家保罗·德拉罗什绘于1831年)

我向神宣誓,我宁愿住在海边,照顾一群羊,也不愿意担任政府首脑。

自然取得的东西比通过强硬手段取得的东西至少要好一倍,它是我们的真正收获,也是我们子孙的财富。你们用武力实现的事情在我的眼里一文不值。

第十二章
护国公

英国议会砍掉了查理一世的头,也通过立法剥夺了查理一世所有后代的继承权。

国王没有了,英国变成了共和国。

贵族没有了,上议院也不需要了。

下议院成了最高权力机构。

荷兰是世界上第一个资产阶级共和国,英国是第二个。

苏格兰人一时还接受不了共和制,还不能理解没有国王的国家。他们承认查理一世之子查理亲王为苏格兰国王。

当初,也是同一帮苏格兰人把查理一世卖给英国人的。

真不知道他们是怎么想的!

查理亲王向苏格兰人承诺,把我扶上英格兰王位,我把英国新教变成苏格兰长老教。

苏格兰人欣然同意。

1651年9月3日,克伦威尔在伍斯特几乎全歼苏军。

一百多年后的1786年,两位未来的美国总统约翰·亚当斯和托马斯·杰斐逊参观了伍斯特战场。他们认为,那里是英国人保卫自由的圣地。

克伦威尔荡平苏格兰全境。他派大将蒙克镇守爱丁堡,统治苏格兰。

　　查理亲王不得不四处躲避英国的追兵。他把头发剪短，把脸和手染成棕色，穿上普通衣服，看起来像风吹日晒的劳动人民。

　　有一次过关的时候，一名负责检查的士兵对查理亲王说："我好像在哪里见过你，年轻人？"

　　查理亲王机智地回答道："这很有可能。你等一下，我找个人说句话，回来就和你喝一杯。"然后，他就跑了。

　　又有一次，查理亲王不得不爬上一棵老橡树，赶走了几只鸟，在上面蹲了一夜。幸亏当时是9月，树叶还没有开始掉落。如果是冬天的话，英军很容易发现树上有一只奇怪的"大鸟"。

　　后来，查理亲王成为英国国王。人们相信这棵树有灵气，保佑了他。于是，英国出现了很多老橡树酒吧。

　　七年前，崇祯皇帝吊死在一棵老槐树上。叫老槐树酒吧似乎不太吉利。

　　查理亲王逃亡的目的地是法国。他的母亲是法国公主，目前在法国避难。

　　查理亲王几经波折，终于穿过了议会军的防线，来到英国南部的海滨小镇布赖顿，准备从这里乘船前往法国。当地酒店店主、船长，以及很多平民都认出他来。不过，每个人都支持他。

　　查理亲王终于渡海来到法国。

　　人们视他六周的逃亡历程为英勇、浪漫之旅。民众对他的钦佩与日俱增。

　　崇祯帝的四子朱慈照，摆脱了李自成，逃过了清军，平静地生活了40多年，娶一妻一妾，育有六子三女。75岁的时候被清军俘虏，满门抄斩。

　　1653年4月20日，克伦威尔带着30名火枪手来到议会，宣布下议院解散，下议院议事厅关闭。晚上，有人在议会的大门上贴了四个字："本屋出售"。

　　这届议会存活了13年，的确是长期议会。

　　国王没有了，上下议院也没有了，共和国也没有了。

　　几名律师和绅士向克伦威尔提交了《请愿与忠谏书》，请他加冕为王，共和国恢复为王国。

　　克伦威尔回复说，国王的宝座在他心中很轻，如同"他帽子上的一根羽毛"。

　　实际上，克伦威尔内心里很希望成为国王。

　　但是，军队将领全部反对君主制，士兵们更是如此。

　　克伦威尔于是放弃了称帝的想法。

这和袁世凯当年的情况是一样的。文官们都希望袁世凯当皇帝，武将们都反对。不能不说，北洋军阀的觉悟还是很高的。他们没准备黄袍，他们不想让袁世凯当赵匡胤，他们不想重演"杯酒释兵权"。在明清两朝，军人都是靠边站的。

袁世凯放弃了成为华盛顿的可能。如果他多读读英国史，哪怕做个克伦威尔也行。他的愚昧让他不得好死，被万人唾骂。

克伦威尔的正式称呼是"英格兰、苏格兰和爱尔兰护国公"。

他把英国划分为12个区。每个区由一名将军管理。

英国成为军事独裁国家。

克伦威尔心目中的英国是这个样子的：

"西方世界所畏惧的强国，有顽强的自由民、正直的地方官、博学的牧师、蒸蒸日上的大学和无敌的舰队。"

克伦威尔曾经是两届议员，完全取消议会似乎也说不过去。

他想建立一个议会，一个支持他，而不是找麻烦的议会。

解决办法就是：议员必须是指定的，而不是选举的。

很快，一个新的议会就诞生了。其中，有一名议员叫贝尔伯恩（Barebone），英文的意思是皮包骨，所以，这届议会叫皮包骨议会。

皮包骨议会里没有律师，没人制造麻烦。他们提出取消衡平法院，他们提出用教会法取代英国普通法。

克伦威尔的鼻子都气歪了。

他说，过去的议会是好斗的流氓，现在的议会是顺从的白痴。

指定的议员就是不如选举出来的议员素质高。

克伦威尔解散了皮包骨议会。

1654年，经过选举后，议员们又开始反对克伦威尔政府的很多主张。

1656年，议员们再次批评政府。

1658年，议员们继续批评政府。

这就是有着三百多年历史的议会的本性。

无论哪一届议员，都要纠正统治者的错误，无论他是国王，还是护国公。

当年，托马斯·莫尔议员反对过国王。弗朗西斯·培根反对过国王。

克伦威尔再次解散议会。他在告别演讲时说：

"究竟谁对谁错，就让上帝在你们和我个人之间作出公断吧。"

反对派议员齐声回答:"但愿如此!"

保王党随时准备组织大军反扑。共和派嫌弃克伦威尔专政,激进分子意图刺杀他。不仅议员们对克伦威尔不满,就连克伦威尔的儿女,也怨恨父亲。

痛苦的克伦威尔说:

"我向神宣誓,我宁愿住在海边,照顾一群羊,也不愿意担任政府首脑。"

作为资产阶级共和国政府,发展经济是基本国策。

经商致富成为政府与国民的共识。

英国哲学家霍布斯说,劳动也是一种商品。如果本人自愿的话,卖身为奴也无可厚非。但卖价不能太贵,否则是不公平的。

约瑟夫·李说,凡是政府规定失败的地方,市场自由就可以成功。

他们表达的是同一个意思:国家应该发展市场经济。

克伦威尔政府鼓励英国商人去美洲寻找商业机会。

西班牙大使告诉克伦威尔,美洲是西班牙的殖民地,禁止外国人去做生意。如果西班牙人抓住了英国的新教徒,就把他们关进宗教裁判所。

克伦威尔说,英国的船只想去哪里就去哪里,不受任何阻碍。

西班牙大使威胁说,美洲的金银和西班牙的宗教法庭是西班牙国王的两只眼睛,谁也不能动。

克伦威尔反击说,信不信我让西班牙国王变成瞎子。

1655年,英国人占领中美洲的牙买加。

1670年,英西签署《马德里条约》,西班牙正式将牙买加割让给英国。

牙买加当了三百年英国殖民地,直到1962年才获得独立。

克伦威尔政府支持法国国王路易十四,获得了敦刻尔克。

比西班牙更强的是荷兰。

荷兰商人垄断了俄国和波罗的海各国的贸易。

荷兰船只航行在北美殖民地、地中海、西非沿岸地区。

荷兰渔夫在英国附近的海域捕捞鱼虾,把其中一部分卖给英国人。

荷兰东印度公司把英国人赶出东南亚。

英国和荷兰,世界上仅有的两个资本主义共和国,必须决出谁是第一。

英国政府颁布《航海条例》。条例规定,英国进口的货物,只能由英国船只或输出国船只运载,不能由中间国运输。

该条例明显是针对荷兰的,禁止荷兰船只参与英国的对外贸易。

荷兰人强烈反对英国的《航海条例》。他们瞧不起英国人,他们说荷兰船是金船,英国船是铁船。

1652年,第一次英荷战争爆发。双方互有胜负。

不过,英国经济主要依靠国内,影响不大。

而荷兰是外贸经济,船只不能通航后,国民经济受到重创。

英国损失的是铁船,荷兰损失的是金船。

英国还是半封建半资本主义国家,很多人视荣誉超过金钱。

荷兰是完整的资本主义国家,承受不起经济损失。

1654年4月15日,英荷两国签订了《威斯敏斯特和约》。

荷兰被迫承认英国在东印度群岛拥有与自己同等的贸易权,同意支付27万英镑的赔款。

战争一平息,荷兰迅速恢复了经济增长。

英国在战争中锻炼了海军,并且发展出一套海军操作规范,成为世界标准,至今仍在世界各国使用。

克伦威尔是一个清教徒。他建立的是一个清教政府。

清教徒的观念是:多赚钱、少花钱、不喝酒、不搞女人、不娱乐、不化妆。每个人就像生产线上的工人一样勤奋,就像修道院里的僧侣一样简朴。

这种观念听起来没错。

对少数人来说,这是一种纯洁高尚的生活。

对多数人来说,这是一种生不如死的生活。

克伦威尔政府颁布的法令有:

- 禁止赌博;
- 通奸要以死罪论处;
- 关闭酒馆;
- 不能发誓;
- 不能穿华丽的衣服;
- 禁止斗熊和斗鸡,禁止赛马和摔跤;
- 星期天除了去教堂外,不能串门;
- 尽量不过节,特别是圣诞节。这一天,英国士兵有权闯入你家,毁掉你的装饰品,拿走你的大鱼大肉。

最过分的是，清教徒政府反对娱乐，禁止戏剧。他们关闭了莎士比亚的环球剧院。从此，英国戏剧走向衰亡，而法国戏剧迅速崛起。

过去，英国封建士绅还造福地方人民。现在，各地小军阀压榨百姓、令人发指。

过去，穷人的日子是不好过，但喝点小酒，耍个纸牌，逗逗村姑，看个小戏的自由还是有的。现在倒好，啥也不能做，哪也不能去，天天待在家里想着怎么做个好人。

过这种日子，活着还有什么意义。

诚然，一个国家有一大批勤奋节俭、品德高尚的人是好事。

但是，如果要求人人都这么做，就会出现大批伪君子，并导致经济萧条。

1658年9月3日，克伦威尔因疟疾逝世，享年59岁。

他最疼爱的女儿死在他的前面，加重了他的病情。

克伦威尔生前没有让人宣传自己、美化自己，他希望展示自己真实的一面。他对给自己画肖像的莱利说：

"莱利先生，我相信你有生花妙笔，但要忠实地为我绘像，要绘出所有的粗鲁、粉刺、赘疣及一切。要是不像我，我是不会付钱的。"

赞同克伦威尔的人认为，护国公真心追求民主，忍住欲望没有称王就是铁证。他的确采取了军事独裁的方式，但那是非常时期的非常手段。

丘吉尔认为克伦威尔的专政不同于现代的独裁。克伦威尔没有镇压英国反对派，允许他们存在，也没有把政治犯处死。英国人的人身自由受法庭保护，英国人的财产受法律保护。

反对克伦威尔的人认为护国公是个伪君子。他是没有称王，但他的权力比国王还大。

克伦威尔无疑是一个伟大的历史人物。他出身布衣，却能推翻数百年的英国王权。他无师自通，对内对外都战无不胜。

不过，他受限于自己的眼界，不能设计出超越时代的国家架构，不能引领英国迈过历史的鸿沟。

历史的大潮涌起，最优秀的政治家也难以驾驭。

正如克伦威尔所说，没有一件事情一发明就臻于至善。

如果没有克伦威尔，议会军就不会取得胜利，查理国王会继续执政，国王的权力会更大。

我是没有推进国家的进步,但我阻止了国家的退步,并且为国家发展方向提供了丰富的素材,以待天才出现。

这个天才就是约翰·洛克,时年26岁。

克伦威尔是一个有强烈信仰的人。他认为自己领导国家是在遵循上帝的旨意。他没有追逐虚幻的荣光,没有沉溺于权力的滥觞,没有最大限度地满足自己的私欲。他有责任感和使命感。

为什么英国今天还保留着国王?

因为克伦威尔取消国王的试验并不成功。

英国要解决的是问题,不是国王。

很多没有国王的国家,他们的总统比国王可恶一百倍。

克伦威尔临死前,指定他的长子理查德为继承人。

国王通过太子继承王位,难道护国公也要通过儿子一代一代传下去吗?这和国王又有什么区别呢?如果说有区别的话,那么护国公比国王更独裁。

克伦威尔死后,留下一个烂摊子。表面上,英国战胜了荷兰,实际上却欠下150万英镑的债务。政府不断加税,全落在人民头上。对于拒绝交税的人,政府同样把他们关进监狱,和查理国王的做法没两样。

理查德年轻,没有想法,没有经验,成为各地军阀的傀儡,被逼退位。为了安全,理查德退居到法国,1680年回到英国,1712年去世,享年86岁。避开政治的漩涡,过平淡的人生,谁说这不是一种人生智慧呢?

驻守在苏格兰的蒙克将军率领一支军队来到伦敦。这时候,伦敦人民热烈地支持议员们组成新的一届议会。妇女们说,男人们为议会的成立已经急疯了,就像他们看到我们的屁股忍不住马上去热吻。

蒙克和部分英国议会议员一商量,决定邀请查理国王的长子查理亲王回国加冕为王。

共和国重新恢复为英格兰王国。

收到邀请,正在流亡中的查理亲王欣喜若狂。他向英国人民大肆承诺,比如特赦战犯、保障信仰自由、发放拖欠军饷、承认现有的土地所有权等。

1660年5月25日,查理在英国的多佛港登陆,前往伦敦。

一路上,英国男女老幼载歌载舞、夹道欢迎。很多人眼眶里噙满了泪水。查理亲王尽所能地接见了所有人,连吃饭的时候都有很多人围观。

有几百人一直跟着查理亲王到伦敦。

伦敦 12 万市民涌上街头，同样兴高采烈。

查理亲王加冕为王，史称查理二世。新国王的确宽恕了一些人，但也追究了很多人的责任，尤其是克伦威尔。

士兵们把克伦威尔的尸体从威斯敏斯特大教堂挖出来，吊在街头示众。随后，他们把克伦威尔的头颅切下来，绑在柱子上展览。

克伦威尔的头颅几经辗转，目前葬在他的母校剑桥大学。

英国恢复了国王，恢复了议会，下议员还是选举产生。

一切就像二十多年前一样。

但是，重病是有后遗症的，重伤是有伤疤的。

历史回不到过去了。

查理二世国王再也不能像他父亲那样为所欲为了。

下议员们也调整了与国王相处的策略。

经历过这一切后，每一个英国人都重新认识了自己的国家和自己的政府。

独立派对信仰自由的要求，平等派对民主的要求，弥尔顿提出的出版自由，霍布斯提出的契约论，李尔本提出的依法治国，商人提出的自由市场经济，士兵们提出的共和主义，《五月花号公约》在北美殖民地的实践，这些都是英国，也是全人类最珍贵的遗产。

这些思想在北美生根发芽，催生了制度更先进的美国。

人们为什么讨厌克伦威尔。

因为人们讨厌独裁，讨厌政府用无数规矩剥夺人民的自由。

亨利·马丁写道：

"不管我们的祖先怎么样，或者从前他们做了什么，或者遭受了什么苦难，或者被迫接受了什么，我们已经是现时代的人了，应该享有绝对自由，不要过度，不要骚扰，也不要强权。"

乔治·福克斯在《五十九条细则》写道：

"要把英格兰带入花园，成为自由国家，人民享有自由。"

即使被推上断头台，马上要被砍头的查理国王，都祈祷英国人民享有自由。

自由、自由、自由，这是英国政府的承诺，这是英国人民的信念，哪怕以死抗争。

那么，明朝皇帝对人民的承诺是什么？明朝人民维护的信念又是什么？

一个好的领导人，不是用自己的意志去改造人民，而是充分尊重民族传统和人民自由。

相比克伦威尔，查理二世是个吃喝玩乐的君主，根本不去干涉英国人民的娱乐和生活方式。

英国国王和议会的关系缓和了，但没有实质性改变，没有解决两者之间的根本冲突。

直到28年之后，英国又实行了一场革命，一场真正的革命，把英国变成宪政国家。

1215年英国有了宪法的雏形，1265年英国有了议会的雏形，1649年进行了共和国的试验，1688年实现了君主立宪，随后出现了责任内阁，出现了政党，提出了三权分立。

法国在黎塞留的领导下，走的是另外一条道路。强大的王权决定一切，可以快速决策、快速实施，可以集中国家全部力量应对外部挑战，优点是明显的。但是，这背后是全国各阶层权利和利益的牺牲。一旦到了临界点，就会出现毁灭性的爆炸，伤害所有人。

而英国不同阶级一直把矛盾暴露在表面，公开冲突、相互妥协。妥协不了就动用武力，武力结束之后再冲突和妥协。最终，照顾到国家方方面面的利益，形成一种国家合力。

法国王权专制显得强大，伸出硬拳头可以短期内打赢一场战争。但敌人一旦强大到不可抵抗的时候，法国内部就会崩盘。

英国分权制衡。外国人看英国什么事都讨论来、讨论去，决策慢，似乎也没那么强硬。但是面对困难的时候，英国人就会拧成一股劲儿，打败任何一个强敌。

一个国家要强大、要先进，至少要有一个强大、先进的政府。

英国政治在理论和实践上都遥遥领先于世界，是其他国家学习的榜样。

所以，我个人特别讨厌那种所谓中国人最会玩政治的说法。

和英国的政治相比，我们明清的政治太初级、太简单、太落后。

也许准确的说法是，中国古人最擅长玩阴谋。

明清的政治主要就是政治本身。

英国的政治是法律、是宗教、是外交、是经济、是自由、是权利、是文化传统。因为篇幅的原因，我写的是简版的英国革命，实际情况还要复杂十倍以上。

政治不是皇帝、妃子、太监和臣子在宫廷内外斗来斗去。

明清不缺优秀的政治家。

国家不缺高超的驾驶员，缺的是那些能够分析当前路况，能够提出新方向的乘客。

英国革命时期的思想火花

一、平等派领导人李尔本（1614—1657）主要观点有：

国家的最高权力应属于人民；

人人都享有天赋的权利；

成年男子应有普选权；

在经济上取消垄断专卖权；

实行宗教宽容、言论自由。

二、政论家、诗人弥尔顿（1608—1674）主要观点有：

自由、财产、生命是人的自然权利，不可侵犯。

政府开明地听取人民的怨诉，并做深入地考虑和迅速地改革，这样便达到了贤哲们所希求的人权自由的最大限度。人们有权推翻侵犯人们自由的暴君。

抨击英国对书籍出版的审查制度，要求言论、出版自由。

决定什么应该出版和什么禁止出版的权力不应放在少数检查图书的检查者手中，而应该由作者或者出版者本人决定。

三、掘地派领导人温斯坦莱（约1609—1652）主要观点有：

土地公有。耕者有其田。

17 世纪的哈佛大学

以前,整个世界都是美洲的样子。

——约翰·洛克

我们的人口比以往任何时候都要多,多到人们几乎没办法比邻而居。多余的人偷窃、做贼、做出各种淫荡下流之举,让英国所有的监狱每天都烦恼不堪。最好的办法就是移民北美。

——哈克卢特

我们要离开上帝抛弃的国家,去往一个全新的地方。在那里,我们将建成一座山巅之城。所有人的眼睛都在注视我们。因此,如果我们所行之事违背了上帝的差遣,使他收回了赐予我们的帮助,我们就会成为整个世界的传说与笑柄。

——约翰·温斯罗普

第十三章
风中奇缘

1492年,哥伦布发现美洲。

到了崇祯年间,西班牙人已经占据了墨西哥、中美洲及南美一半地区。今天美国的加利福尼亚、佛罗里达也在西班牙人的势力范围之内。

崇祯年间,葡萄牙人殖民巴西超过一百年。葡萄牙国土面积9万平方公里左右,巴西国土面积最高时超过900万平方公里。

崇祯年间,法国开始发展加拿大殖民地。

英国人探索北美的活动也不晚。

伊丽莎白女王时代,罗利爵士大力发展北美殖民项目。伊丽莎白女王终身未婚,对外称处女。因此,罗利将北美殖民地命名为弗吉尼亚(英语处女的意思)。

万历十五年,1587年,罗利把一百多英国人送到北美。几年后再去看他们的时候,活不见人,死不见尸,所有人都神秘消失了。

1603年,伊丽莎王女王去世,詹姆斯一世继位。殖民北美计划重新启动。

英国地理学家哈克卢特说,我们的人口比以往任何时候都要多,多到人们几乎没法比邻而居。多余的人偷窃、做贼、做出各种淫荡下流之举，让英国所有的监狱每天都烦恼不堪。最好的办法就是移民北美。

万历年间，有官员上奏说，京师住宅既逼仄无余地，市上又多粪秽，五方之人，繁嚣杂处，又多蝇蚋，每至炎暑，几不聊生，稍霖雨，即有浸灌之患，故疟痢瘟疫，相仍不绝。

明朝官员没有向外殖民的想法。

英国有的官员主张学习西班牙，大力向美洲殖民。

有的官员说，很难说服印第安人信奉基督教。

有的官员说，大量人口外迁会削弱英国本土的实力。

有的官员说，北美殖民地做大了，早晚会脱离英国。

这位老兄还真有远见（美国独立）。

四百年前从欧洲移民到美洲，基本上等于找死。没有电，没有路，没有医院，没有超市，有恶意土著，有大量野兽。出了事没有大使馆救援，也没有航班回来，连发个微信诉苦都没有。

不是开玩笑，其死亡率远远高于一场最激烈的战争。

经詹姆斯国王批准，英国成立了弗尼吉亚移民公司和朴次茅斯移民公司。移民公司撰写宣传品，散发小册子，告诉英国人民美洲遍地黄金。

要是有这好事，他们自己怎么不去，还四处扩散告诉别人。

但凡能在英国有口饭吃的人，都不愿意去美洲，只有走投无路的穷人希望去美洲碰碰运气。已经生活在社会的最底层，再差还能差到哪儿去？

很多穷人连移民费都付不起，于是签订卖身合同，到了美洲为公司义务工作七年。

1603年，西班牙人在马尼拉屠杀了两万华人。1639年，西班牙人又屠杀了两万华人。1662年，西班牙人又屠杀了两万华人。明清政府基本上不闻不问。

在没有移民公司组织的情况下，超过十万华人移居东南亚。

1607年4月，弗吉尼亚移民公司第一批144名客户到达北美切萨皮克湾。

这其中，有木匠4人、牧师1人、劳工12人、医生1人、铁匠1人、海员1人、理发师1人、泥水匠2人、石匠1人、裁缝1人、商贩1人。

好像没看到农民。

没人想在北美种粮食、种菜定居。他们想的是在北美采矿或做贸易，发了财就回英国，不想待在这鬼地方。

5月12日，新移民驶入一条大河，发现一座小岛。他们选择小岛作为定居点。小岛四面环水，可以防止印第安人或野兽的袭击。

定居点需要一个名字。

众人用国王的名字将其命名为詹姆斯镇（Jamestown）。

有人说，这是美国开始的地方。

距离今天400多年了。

经过海上颠簸，很多人病倒了。到了陌生的地方，又水土不服。

每天都有人死亡。有时候一晚上就死三四个。

这里没有教堂（墓地）和大理石（墓碑），死人像狗一样被埋掉。

他们来的时间点也不好，错过了播种的季节。当然，他们当中没有农民，也不会种植。没有粮食，只能打猎、吃野果。冬天来了，野兽和野果都没了。

有人偷偷吃死人肉。

到了圣诞节，新移民只剩下40人。

詹姆斯定居点位于印第安波瓦坦部族范围内。该部落人口约2万。

波瓦坦人对英国新移民很友好，送给他们玉米和山药。

两种不同文明的人生活在一起，肯定产生矛盾。

矛盾之一是土地。印第安人是美洲的主人。不过，他们没有土地私有观念。他们认为所有土地都属于上天，不属于任何人。

英国殖民者则认为，每块土地都应该有一个主人。如果找不到主人，那么它就属于国王。

不少欧洲殖民者向印第安人购买土地，或者用小礼物去换。

矛盾之二是宗教。印第安人有自己的原始宗教，不劝说欧洲殖民者接受。欧洲殖民者则希望印第安人改信基督教。

双方又斗争，又合作。

早在一百年前，托马斯·莫尔在他著名的《乌托邦》里写道：

"乌托邦如果人口过多，就将过多的人移到其他地方居住，与当地人联合，形成共同的生活方式及风俗。但是，如果当地人不遵守乌托邦法律，乌托邦人就会从为自己圈定的土地上将他们逐出。

如果某个民族放任自己的土地荒废，不去利用，又不让其他民族开发这些土地谋生，那么向他们发起战争就是完全正当的。"

1608年9月10日，约翰·史密斯上尉正式成为詹姆斯镇镇长。

他是一个传奇人物。

17岁时，史密斯成为一名雇佣军战士，先后为荷兰和法国作战。后来，他受雇于特兰西瓦尼亚大公，到罗马尼亚同土耳其人战斗。

有一次，土耳其军官提出以单挑的方式决出胜负。

在决斗中，史密斯连斩三名土耳其军官。

特兰西瓦尼亚大公授予他上尉军衔。

在一次小规模突袭中，史密斯和他的希腊情妇被俘房。借助情妇的关系，史密斯越狱成功。他单枪匹马地逃到乌克兰，又辗转来到波兰，最后回到特兰西瓦尼亚大公身边。

大公为他的经历折服，给了他一大笔钱。

史密斯拿着钱在欧洲游历，后来又跨过地中海去北非的摩洛哥历险。史密斯返回英国后，又乘船来到北美。

弗吉尼亚公司又送来几批移民到詹姆斯镇，总数超过500人。到了1609年冬天，只剩下60人。

这里简直就是人间地狱。

有一天，史密斯拿着玻璃弹珠向印第安人换食物。不料对方突然翻脸，把他抓回村落，绑在木桩上准备当祭品。印第安人围着史密斯边歌边舞，下一步是所有人拿起棍棒，把史密斯打成肉酱。

史密斯全身瘫软，只能向上帝祷告。

波瓦坦酋长抬头看了看月亮，向众人点头示意。

史密斯闭上眼睛，只求速死。

就在乱棒即将落下的危急时刻，突然一个小小的身影从人群中窜出来，趴在史密斯身上。

印第安人只得暂停攻击。

波酋长定睛一看，这个奋不顾身的保护者，不是别人，正是自己11岁的女儿——波卡洪塔斯。

打个不恰当的比方。把一个校园恶霸分配到一个乖乖班。这个班的班花肯定会爱上这个恶霸少年，因为他太特殊了，他和别人太不一样了。

总之，波卡洪塔斯爱上了史密斯。

波酋长手下留情，放了史密斯，让他住在自己的村落里。

波酋长有100多个孩子。"波卡洪塔斯"是"小淘气""调皮鬼"的意思，她的真名已经没人知道了。

史密斯邀请波卡洪塔斯到英国殖民点作客。

波卡洪塔斯对英国人的生活方式感到好奇,经常来参观。

1608年,史密斯意外受伤,不得不返回英国治病。为了不让波卡洪塔斯挂念,他让别人转告她,说自己在水里淹死了。

1613年,英国殖民者软禁了波卡洪塔斯,不让她回到部落。在这段时间,波卡洪塔斯学会了英语,接受了白人的生活方式。1614年,波卡洪塔斯受洗加入基督教,取教名瑞贝卡。

波卡洪塔斯与约翰·罗尔夫相恋,准备结婚。

波酋长欣然同意,并派弟弟和儿子参加婚礼。

婚礼于1614年4月5日举办。

一年后,波卡洪塔斯生下一个男婴,取名托马斯·罗尔夫。

由于这桩婚姻,英国殖民者和波瓦坦部落保持了8年的和平。

1616年,罗尔夫夫妇携子回到伦敦,轰动了整个英国。

詹姆斯国王和王后亲自接见他们,单独谈话。

詹姆斯国王赐封波卡洪塔斯为殖民地公主。

在一次欢迎舞会上,波卡洪塔斯惊讶地发现了一个人——史密斯。

据说波卡洪塔斯真正爱的是史密斯大叔。

1617年3月,罗尔夫夫妇准备启程返美。不想波卡洪塔斯突然病倒,几天后就撒手人寰。病因可能是肺炎。她葬于英国葛文森的一座教堂。

当时的人们称她为"风中公主"。

波卡洪塔斯的独子托马斯返回北美。很多美国名人都是波卡洪塔斯的后代。比如美国第28任总统威尔逊的妻子,新罕布什尔州第一位女州长沙欣。

2020年,美国民主党总统参选人沃伦是女性,自称有美洲土著血统。特朗普给她起了一个外号——"波卡洪塔斯"。

1631,史密斯逝世,终年50岁。生前,他撰写了大量的游记和回忆录。其中提到了他和波卡洪塔斯的感情。迪士尼将其改编成动画片《风中奇缘》。

史密斯当法国士兵,成为罗马尼亚军官,同土耳其人作战,和希腊女人共生死,去非洲探险,到美洲和印第安少女谈恋爱。

他的传奇人生,连好莱坞都拍不出来。

英国殖民者捕鱼、种葡萄、酿酒,都没有什么收益,苦苦挣扎在饿死的边缘。

直到他们找到了一种救命的东西，一种比黄金还珍贵的东西。

烟草。

1614年，美洲殖民地烟草的产量是4箱。

1618年，美洲殖民地烟草的产量是5万磅。

1626年，这个数字暴增到320万磅。

烟草产业大发展，美洲殖民地的移民数量大增。不过，大都是男性。

1618年，波酋长去世，他的弟弟继位。这位新酋长对白人恨之入骨。

1622年3月22日，他对英国殖民据点发动突袭，杀死347人，不少是妇女和儿童。

印第安人各部落之间一直处于相互争战状态。他们没有法律体系，也不知道什么是人道主义精神，杀起人来从不手软。

这场战争直接导致弗吉尼亚移民公司破产。英国王室接管了弗吉尼亚殖民地。

1642年9月8日，17岁的格兰杰被控性侵了一头母马，一头母牛，两只山羊，还有牧羊犬，两只小牛和一只火鸡。

被强奸的动物在格兰杰面前宰杀，扔进坑里埋掉。

格兰杰被绞死。

为此，弗吉尼亚移民公司向北美殖民地送去了90个"年轻、纯洁而又讨人喜欢的少女"。这些女人也是穷人，连路费都交不起。没关系，愿意去就行。

1619年，嗅到商机的荷兰商人把一批非洲黑奴卖到英国殖民地。殖民者发现买来的黑奴不好用，把他们全放了。

1624年。魏忠贤掌权的那一年。

北美殖民地有移民1275人，累积病死2538人，忍受不了回英国的有1332人。

简单地说，从英国来四个人，死两个人，回去一个人，留下一个人。

万历四十八年。万历皇帝去世，天启皇帝登基。

这一年，以清教徒为主的104名新移民乘坐"五月花"号轮船，满怀期待地奔向他们的梦想之地——弗吉尼亚殖民地。

不知道是天气还是船长的原因，他们没有到达弗吉尼亚殖民地，而是来到北方的马萨诸塞。

这里不是殖民地领土，不受英国国王管辖。这里没有地方官员，也没有法官。

这帮人成了无政府、无组织、无纪律的游民。

他们该怎么办？

这一百来人当中，41人起草了一份协议。协议部分内容如下：

"为我们在上帝监督下和互相监督下，郑重地组织起来，以便更好地维持秩序，我们将不断制定公平合理的法律、法令、法案、宪法和设立各种官职，以满足和适应殖民地的基本利益。我们保证绝对遵守法纪，服从长官。"

这段文字，第一次从民众的角度阐述了国家权力的来源：国家是民众以契约的形式组建的。国家的公权力来自于民众所让渡的部分权利的组合。

不是国家制定一个法律，要人民遵守。

而是人民主动要求制定法律保护自己。

人们尊重期盼法律，而不是恐惧法律。

英国之所以伟大，不在于他们的国王，他们的法官，而在于法治思想已经深入每个人的心中。

《五月花号公约》成为美国立国的传奇和神话。

好莱坞有很多反映荒岛生活的作品，黄渤也执导过《一出好戏》。其中心思想就是，一群人来到无政府的荒岛时，出现了群龙无首的尴尬局面。众人大打出手，最后屈服于某一个强大的人，形成一个独裁王国。

"五月花"号不是这样，所有人屈服于法律。

订完协议之后，众人选举约翰·卡佛为首任总督，任期一年。

"五月花"号移民来的时间更差。当时正值寒冬，妇女儿童一直在船上。第二年春天全部人才上岸居住。

移民将登陆的地点用英国的普利茅斯命名。今天，这里已经变成了一个国家公园。移民登岸时所踏的第一块大礁石至今还在，被冠名"普利茅斯石"。

"五月花"号船民的遭遇与詹姆斯镇最初的移民基本一样：劳作辛苦、疫病流行、缺衣少食。很快，移民死亡一半，剩下一半。

印第安人把种玉米、捕鱼的技术传授给他们，帮助他们度过了最初的饥饿。

1621年的收获季，移民们摆开盛宴，感谢印第安人的帮助。这就是感恩节的起源。1863年，林肯总统把感恩节定为法定假日，时间是每年十一月的第四个星期四。

"五月花"号到达北美的十年后，1630年，查理国王在英国实施专制统治。

英国人约翰·温斯罗普率领一千多名清教徒乘坐17条船到达马萨诸塞。

这是最大规模的一次移民。

以前的移民身份复杂，目的不一。

这次移民不是为了逃命，不是为了发财，而是为了理想，为了建立山巅之城。

所谓山巅之城，是耶稣对耶路撒冷的称谓。

我们知道耶路撒冷是基督徒（包括天主教和新教）心目中向往的圣地。

约翰·温斯罗普对新移民说：

"上帝把耶路撒冷给了以色列，现在他把美洲给了我们。如果我们在事业中欺蒙上帝，那就请他收回对我们的庇佑，我们也将成为世人的笑柄。所以，我们要努力创建山巅之城，让全世界都瞩目我们！"

由于大批清教徒移民的加入，马萨诸塞殖民地很快以波士顿为中心发展起来。

公元1644年，崇祯十七年。英国在北美洲建有弗吉尼亚、马萨诸塞、罗德岛、新罕布什尔、马里兰、康涅狄格六块殖民地。

1636年，崇祯九年。山阳县（今江苏淮安）武举陈启新跑到京城向崇祯皇帝进言。他说天下有三病，第一病就是科举之病。朝廷的官员读书的时候谈孝弟如同尧舜，说仁义比肩孔孟。等到当了官，既贪又暴，把书都读到狗肚子里了。

同年，马萨诸塞殖民政府决定筹建一所大学。由于不少官员毕业于剑桥大学，他们就把这所学校命名为剑桥学院。

1638年，新学校开学了。第一届学生共有9名。老师呢，只有1名。

此时，有人突然提出，愿意捐给学校779英镑和400册图书。

这相当于学校两年的经费。

原来，殖民地有一位30岁的牧师重病身亡。可怜的年轻人刚结婚两年，没有子女。临死前，他提出把自己遗产的一半捐赠给剑桥学院。

剑桥学院院长非常感动，为了感谢这位牧师，学院决定改用牧师的名字，哈佛学院（后改为哈佛大学）。

好人有好报。哈佛先生，你赚大了。

今天，哈佛大学里有一尊哈佛先生的塑像。塑像底座上刻着三行文字：约翰·哈佛，创始人，1638年。

三行文字就有三个错误。

第一，哈佛是一个贡献者，而不是创始人。

第二，该学院成立于 1636 年，而不是 1638 年。

第三，雕像的原型是哈佛大学的学生，并非哈佛本人。

哈佛塑像的左脚被人摸得铮亮，美国考试临时抱佛脚的人也不少。

哈佛大学成立 140 年后，美国才成立。

美洲有五所大学比哈佛大学成立的时间还早，至今还在运营。这五所大学是：

墨西哥皇家大学（1551 年）、秘鲁的圣马科斯国立大学（1551 年）、哥伦比亚的圣托马斯阿奎那大学（1580 年）、阿根廷的科尔多瓦国立大学（1613 年）、玻利维亚的圣弗朗西斯泽维尔大学（1624 年）。

另外，菲律宾的圣托马斯大学（1611 年）是亚洲最早的大学，成立时间也早于哈佛大学。

1626 年 5 月 24 日，荷兰人彼得·米诺特从印第安土著手中购买了一片叫曼哈顿的土地，价值 60 荷兰盾。他们在这里建立了新阿姆斯特丹。

1664 年，第二次英荷战争爆发。英国人攻下新阿姆斯特丹。

英国国王查理二世将新阿姆斯特丹赐给他的弟弟约克公爵。

约克公爵将新阿姆斯特丹改名为新约克（New York），即纽约。

1657 年，英国人约翰·华盛顿乘船来到北美定居。

他就是美国首届总统乔治·华盛顿的曾祖。

北美殖民有詹姆斯镇的奋斗作风，有"五月花"号的契约精神，有清教徒们追求山巅之城的理想，有哈佛大学的教育理念。

美国的基因已经基本成型。

乔治·华盛顿的基因也有了。

Thomas Hobbes（1588—1679）

我认为人类有一个基本的倾向，就是不息地、永远地追求权力，至死方休。我们求富有、求知识，都不过是得到权力的方法，荣誉就是权力的证明，而我们之所以追求权力，是因我们恐惧不安。

哲学的目的在于为人生谋福利。

任何人的意愿行为，都是为了对自己有好处。

如果有人一直向你宣扬道德，那意味着两种情况。第一，他是骗子，在用道德掩饰某种利益；第二，他是傻子，把别人关于道德的宣传当真了。

第十四章

托马斯·霍布斯——怪兽利维坦

霍布斯于1588年4月5日生于英国的马姆斯伯里。这一天，霍布斯的母亲听得一个消息，强大西班牙无敌舰队已经杀入英国境内。

这位可怜的孕妇吓得当天就早产了。

受母亲遗传，霍布斯长大后成了一个胆小鬼。

他说，母亲那天同时生下两个孩子，一个是他，一个是恐惧。霍布斯的名言是，恐惧是根本动机。

霍布斯的父亲是一名教区牧师，爱较真。有一次，因为吵架吵不过对方，他动手把人家打成重伤，然后甩下老婆孩子，离家出走，终生未归。

霍布斯父亲给他留下一个好吵架的性格。

霍布斯在叔叔的抚养下长大，于1603年左右进入牛津大学就读，1608年毕业。当年文科毕业答辩题目如下：

1. 全世界只用一种语言好，还是多民族语言好？
2. 是否真有人以为自己是笨蛋？
3. 傲慢是否源于无知？
4. 地球是不是一个天然磁体？

5. 一个女人学习道德哲学是否合适？

这些话题肯定不会列入明朝的科举考试。

大学毕业后，霍布斯担任德文伯爵卡文迪许之子威廉的家庭教师，教授拉丁文、希腊文、数学和历史。1610年，霍布斯陪伴年轻的威廉游历欧洲大陆，听说了伽利略和开普勒的事迹。随后，霍布斯将修昔底德所著的《伯罗奔尼撒战争史》翻译成英文。

伯罗奔尼撒战争是雅典和斯巴达之间的战争。雅典是一个民主的、繁荣的城市国家。斯巴达是一个保守的、落后的国家。然而，斯巴达却战胜了雅典。

霍布斯得出一个结论：民主政府无法打赢长期战争。

回国后，霍布斯给大名鼎鼎的培根当秘书，虽然时间不长，却受益匪浅。

霍布斯结识了世界著名医学家、"血液循环论"的发现者威廉·哈维。两人私交甚好。霍布斯认为哈维和哥白尼、开普勒、梅森一样伟大。

后来，霍布斯也雇佣了一个大名鼎鼎的秘书——威廉·配第。

1628年6月，霍布斯的赞助人卡文迪许死于瘟疫，公爵夫人解聘了他。不久之后，霍布斯受聘成为克利夫顿爵士之子的家庭教师。

1631年，卡文迪许家族再次雇请他，这次教导的对象是原来学生威廉的儿子。1636年，霍布斯带着威廉的儿子再游欧洲，在意大利拜会了伽利略本人。

威廉的儿子的后代产生了一位伟大的物理学家和化学家——亨利·卡文迪许。

从1637年起，霍布斯开始自称为哲学家和学者。

要是国内有贵族的话，我也去当家庭教师。别的不说，游欧洲我在行。

1640年11月，英国国王查理一世与议会间冲突加剧，火药桶马上要爆炸。

霍布斯写了一篇叫《法律要素》的文章，支持国王，反对议会。他把文章交给几个朋友阅读，没想到其中一个人把这篇文章出版了。

胆小鬼霍布斯怕英国议会报复他，于是逃往巴黎，11年没敢返回英国。

霍布斯获得一项荣誉：第一个逃离英国内战的人。

欧洲中世纪有一句名言形容胆小的人：最后一个到达战场，第一个离开战场。

在巴黎，霍布斯加入了马林·梅森的科学沙龙。

霍布斯读了笛卡儿的文章。他赞同笛卡儿的机械论哲学，即世界由物质组成，物质受外力影响运动，不同物质组成机械，不同机械组成更复杂的机械。

霍布斯反对笛卡儿将宇宙分成物质和灵魂。他认为灵魂也是物质。

霍布斯是典型的唯物主义者。

笛卡儿收到了霍布斯的反馈意见。他说，这位作者十分睿智、博学，可惜的是，他的每种观点都是错的。

笛卡儿同中间人梅森神父说，我不想同霍布斯联系。为了减少矛盾，我们最好各行其道。

1644年，笛卡儿去巴黎。霍布斯拒绝去拜访他。

在梅森神父的撮合下，1648年，两人见面了。当面大吵，不欢而散。

与父亲不同，霍布斯没有把笛卡儿打成重伤。

在英国，议会军连战连胜，保王党纷纷流亡欧洲。

霍布斯大学毕业后一直为贵族服务，认识其中不少人。当时霍布斯年近六旬，却和一个20岁的年轻人——威廉·配第成为好朋友。他们一起阅读比利时解剖学家维萨里的作品。配第史称"政治经济学之父"。

1647年，霍布斯成为英国查理太子和白金汉公爵的数学教师。

据说霍布斯讲课十分枯燥。白金汉上课的时候还偷偷手淫。

说实话，讲课能达到这样的效果，也不是一般老师。

1649年，查理国王被议会处死，克伦威尔执政，但英国内战并没有结束。

面对复杂、动荡的英国局势，"胆小鬼加吵架王"霍布斯决定写一本书，分析英国内战的原因，并提出对策。

1651年中旬，霍布斯完成了他的名著，书名叫《利维坦》。书的封面非常醒目，一个戴着王冠的巨人，一手持剑、一手持杖，巨人的身体则由无数的人民所构成。

利维坦，Leviathan，是什么东西？

这是《圣经》中的一个故事。

当时，人们向请求上帝说："上帝啊，我们太弱小了，请你创造一个英雄吧，让他保护我们。"

上帝说："英雄在保护你们的同时，也会欺压你们，吃你们。"

上帝为人类造了一个英雄叫利维坦。

霍布斯认为，政府就是利维坦。政府既能保护人民，也能欺压人民。

这世界既有明君雄主，也有昏君暴君。

伊索寓言里也有一个类似的故事：

青蛙们因没有国王，大为不快。于是，他们决定派代表去拜见宙斯，请求给他们一个国王。宙斯看到他们如此蠢笨，就将一块木头扔到池塘里。青蛙最初听到木头落水的声音吓了一大跳，立刻潜到池塘的底下。后来当木头浮在水面一动不动时，他们又游出水面来，终于发现木头没什么了不起的，大家爬上木块，坐在它的上面，开始时的害怕都忘得一干二净。但他们觉得有这样一个国王很没面子，又去求见宙斯，请求给他们更换一个国王，说第一个国王太迟钝了。宙斯感到十分生气，就派一条水蛇到他们那里去。结果青蛙都被水蛇抓去吃了。这个故事说明，迷信统治者，不相信自己的力量，只能受制于人，招致灾难。

这本书一出版就引起了巨大的轰动，恶评如潮。

首先，这本书得罪了霍布斯的保王党朋友。查理一世死了，保王党们一直盼望着查理太子杀回英国，登基为王。

他们认为国王是上帝在人间的代理人，是造福臣民的慈父。

霍布斯却污蔑国王是利维坦，是张牙舞爪的怪兽。

作为查理太子的老师，竟然辱骂太子的父亲、太子本人是怪兽。

这是大逆不道！这是叛国！

不少愤怒的保王党人扬言要杀掉他。

《利维坦》说国王不是上帝指定的，是人民选择的。

这种观点否定了上帝的能力和《圣经》的神性。愤怒的法国神父准备用木棒殴打霍布斯（因为他们不能杀人，不能致人流血）。

霍布斯是猪八戒照镜子，里外不是人。面对威胁，他说：

"任何不带偏见的人读了我的书后都会心悦诚服。否则，读者就是一个不可理喻的人。"

这些人说，我们宁肯不可理喻，也要把你打到不能自理。

为了活命，霍布斯只好向英国议会派求助。

议会派政府当然欢迎霍布斯"背叛"保王党，允许他回国。

《利维坦》一书中写道：

能够保护人民的政府，就是合法政府。

王党政府不能保护我，议会政府能够保护我，我就承认后者是合法政府。

这句话如果用明朝举例子。明朝人民被外族烧杀，被农民起义军掠夺，又遭受灾荒和瘟疫。崇祯政府不仅不能够保护人民，还要掠夺百姓的财产用来缴税。因此，崇祯政府应该结束。崇祯皇帝倒是给自己下了罪己诏，但这些诏书有什么用？没有法庭审判皇帝或处罚他。

霍布斯回到英国。他一开始隐居在乡下。不过，他发现周边没有博学的人交流，十分痛苦。于是回到伦敦。

此时，他已是一位63岁的老人了。

霍布斯万万没有想到。1660年，议会派倒台，查理太子回到英国加冕为王，史称查理二世。流亡法国的保王党纷纷回到伦敦。

霍布斯尴尬了。

有一天，查理二世在街头遇见了霍布斯，十分高兴，立即请他入宫，招待他，还笑称他是"熊"。

查理二世命人给霍布斯画了一幅肖像，挂在自己卧室。

查理二世拨给霍布斯养老金，每年100英镑。

此时，霍布斯已经是一位72岁的老人了。

这就是查理二世受人民喜欢的原因。

一个没有势力的老文人，过去做过一些出格的事，现在事情过去了就算了。

1666年，英国议会通过了一项制裁无神论者和不敬神者的法案。而霍布斯的《利维坦》显然是无神论和亵渎上帝的"典型作品"。

恰在这一年的9月，伦敦发生了一场大火，烧掉了六分之一城市，导致1万伦敦市民流落街头，无家可归。大火造成的经济损失需要800年才能弥补。

英国臣民一致认为，这场带来灭顶之灾的大火，是霍布斯造成的。

因为他宣扬无神论，所以上帝要惩罚伦敦。

霍布斯成为英国的公敌，面对这种奇葩的指控有口难辩。

胆小鬼霍布斯吓得不敢出门，每天都烧掉一些对自己不利的文稿。

查理二世再次出面保护霍布斯。

最后，法庭判决如下：

一、不管批评霍布斯的文章多么严厉苛刻，哪怕极端荒谬，他都不能为自己书面辩解。

二、霍布斯不得发表任何有关人类行为的著作，写科学养猪可以。

霍布斯只得把自己最新的著作送到荷兰出版，还有一些在他死后才得以发表。

委屈的霍布斯把怒火发泄到新成立的英国皇家学会。

霍布斯做过培根的秘书，却不赞同培根提出的实验方法。霍布斯反对笛卡儿的二元论，却支持笛卡儿的理性主义。因此，他对英国皇家学会的科学实验、科学仪器嗤之以鼻，并批评过多位科学家，包括"化学之父"波义耳。

怀特也80岁了，不让着霍布斯。两人经常吵得面红耳赤。别人说他俩像两个年轻的大学生。

有主见的老年人不能惹啊。

霍布斯不招英国人待见，却在国外赢得了很高的声望。前往英国访问和旅游的外国政要和学者都去拜访他。莱布尼茨还给他写了两封信。

霍布斯认为老年人湿气大、热量亏，所以要锻炼。每天上午，霍布斯出门走路，走到出汗。每天下午，他都要抽12支雪茄，边抽烟，边思考，边写作。

1679年，霍布斯病逝，享年91岁。他的长寿秘诀是：

晚上，关上门，上床后大声唱歌。他认为这对肺部有好处。

对邻居没有好处。

霍布斯提出的社会契约理论激怒了保王党。他倡导的君主专制得罪了议会。他主张教会要完全服从于君主惹恼了教皇。他的无神论思想否定了不可冒犯上帝。

霍布斯承认自己是个胆小鬼。但他在明知道后果很严重的情况下依然发表那些给他带来生命威胁的文章，说明他比谁的胆子都大。

不过，霍布斯承认，斯宾诺莎的文章比他的文章更吓人。

假如你穿越到崇祯年代，你肯定利用自己的聪明才智通过科举考试，成为官员、更高级官员。你认真阅读四书五经、《资治通鉴》，然后努力做两件事情：

一、提出好的建议，帮助崇祯皇帝治理国家；

二、提出好的建议，帮助崇祯变成一位明君。

如果是这样，你永远不可能成为一个真正的政治理论家。

如果霍布斯穿越到明朝，他会问，为什么是崇祯当皇帝。

有人告诉他，是他祖宗朱元璋传给他的。

霍布斯接着问，朱元璋又是什么原因当上皇帝的。

有人告诉他，他之前是个和尚，通过军事手段要求人民承认他是皇帝。

霍布斯接着问，中国最早的君主是谁？他是通过什么方式（选举、自封、强迫别人接受）成为君主的？君主的职责是什么？

大部分人谈论政治,是在头脑中接受了一整套理论体系后,在固定的思想框架内说来说去,时间一长,都成了陈词滥调。

霍布斯决定抛弃现在的政治思想,跳出现在的政治体系,重新设计自己的政治框架。

有一次,霍布斯和朋友在大街上漫步,一个病弱的老乞丐向霍布斯乞讨。

霍布斯给了老乞丐六便士。

朋友就问霍布斯:"如果不是上帝让你爱人,你还会这么做吗?"

霍布斯回答说:"我看到老人的惨样感到十分难过,这不是上帝让我难过,而是人性让我难过。因此,我帮助他是人性让我这么做的,而不是上帝让我这么做的。"

研究政治也是一样,不能研究子民(宗教用语),不能研究臣民(政治用语),而是研究没有宗教前,没有政治前的人民,自然的人民。

霍布斯在政治理论上的第一个重大贡献是,把政治回溯到没有政府的自然状态,然后再从那里出发。

猴子不会建立一个国家。所以,先有人,再有家,再有国家。

法国思想家博丹认为,国家起源于家庭,国家是家庭联合体。

霍布斯甚至走得更远。他先研究物,再由物及人,由人及国。他认为世界是由物质构成,人也是一种复杂的物质。

宗教认为,神按照自己的意志创造世界。

霍布斯认为,创世之初是没有意志。物质产生之后,意志才附着在物质上。

没有国家、没有政府的时候,也没有法律,没有道德,没有善恶。

在大明朝,善是统治者定义的。忠臣孝子是善,寡妇不嫁是善,孔融让梨是善。

霍布斯说,错。能满足个人欲望的,就是善。

我喜欢吃梨,多吃梨,这就是善。

我把大梨让给别人,自己没吃够,欲望没有满足,是恶。

没有约束,每个人凭着自己的意志、欲望和意向做事。

这是霍布斯在政治理论上的第二个重大贡献,是自由主义。

在没有国家和政府的时候,自然人是自由的。

显然,在崇祯年间,在17世纪的欧洲,无论中国人还是欧洲人,都受到相当多的约束,都是非常不自由的。

人类社会起先状态是自由的。

霍布斯在政治理论上的第三个重大贡献，是平等。

明朝讲究三纲五常，欧洲有王公贵族。

在没有国家的时候，也没有君主，没有官员，没有高低贵贱之分。

英国诗人德莱顿根据霍布斯的描述写道：

"没人比我更有傲气，

没人能赐我以死亡，

即使你是万民拜服的君主，

因为，我也是王，

我就像远古时期的自由人，

那里没有所谓的道德、法律，

我高贵地在野蛮丛林中漫游。

你是王，我也是王，我们是平等的。

没有道德和法律，我和你都是自由的。"

那么，自然人的生活是理想状态吗？人类社会要不要回到过去？

答案是否定的。

霍布斯认为，自然人面临的最大危险是欲望。

自然人有虚荣心和野心，都想比别人过得好，都想比别人占有更多的资源。

资源永远是不够的。

所以，人与人之间是赤裸裸的竞争关系，天天都处于战争状态。

强者消灭弱者，弱者也可以消灭强者。

今天咱俩遇上一个女人。你人高马大，把我打得半死，然后和女人睡觉去了。我趁你睡觉的时候把你勒死，女人还是我的。

无论是强者还是弱者，每个人都生活中恐惧当中。

《三体》一书有一个观点：

"宇宙是一座黑暗森林，每个文明都是带枪的猎人，像幽灵般潜行于林间，竭力不发出声音。林中到处都有与他一样潜行的猎人。如果他发现了别的猎人，只能立即开枪消灭之。别人也会随时消灭他。"

霍布斯认为人性有两个特点：

第一，人有欲望，追求超过别人的利益，导致战争。

第二，人有恐惧，害怕随时出现的死亡，追求和平。

为了遏制欲望，消除恐惧，自然人必须理性地找到解决办法。

霍布斯给出的办法是，成立政府。

在自然状态下，人人手中有枪，人人都处于危险当中。

为了所有人的安全，我们把枪交到一个人或一个组织手中。

这个组织就叫作政府。有了政府，这个社会就变了国家。

别人没枪不能打我，我没枪不能打别人，大家安全了。

但是，我失去了枪。

如果所有人签署《不使用枪协议》，这样不用成立政府，把枪留在自己手中，不是更好吗？

霍布斯的答案是否定的。当张三违反协议，用枪打伤我的时候，谁能帮助我惩罚张三？没有人。协议只是一纸空文。

政府就不一样了。它有警察、法庭、监狱，能严厉处罚张三。

但是，张三却伤害不到政府。你想半夜去勒死睡觉的政府？

我把交枪交给政府，政府保障我的个人安全。

每个自然人都和政府签署协议，有保障的协议。

这就是霍布斯在政治理论上的第四个重大贡献，*社会契约论*。

英国大法官布雷德·肖在审判查理国王时说：

"在国王和他的人民之间存在一个契约协定，国王的即位宣誓就意味着契约开始履行。这就好比是一条纽带，一头是君主对臣民应尽的保护义务，一头是国民对君主应尽的服从义务。一旦纽带被切断，那么只能说，别了，君主统治！"

这也是一种社会契约论的表达。

孙悟空对猴子们说："人而无信，不知其可。你们才说有本事进得来，出得去，不伤身体者，就拜他为王。我如今进来又出去，出去又进来，何不拜我为王？"众猴听后，即拱伏无违。花果山政府就是依照契约产生的。

签署契约的目的是为了消除恐惧。签署契约的结果是成立了政府。

所以政府是为了消除恐惧而存在的。

现代政府不仅能保障你在国内的安全，当你在国外遇上危险的时候，政府也会通过所在地的大使馆不惜代价保护你。

社会契约可以解释一个有趣的现象——婚姻制度。

在原始社会，男女是随意同居的。为什么？

生存环境恶劣，人均寿命极短，一定要有足够的后代才能维持种群的数量。

所有男人和所有女人都有权过性生活，才能孕育最多的孩子。

男人有三个老婆，他的精子不会浪费。女人有三个老公，可以获得更多的保护。

这不是很好吗？为什么选择一夫一妻呢？

加拿大滑铁卢大学教授巴赫认为，原因来自性病。

如果所有男人和所有女人都过性生活，只要有一个人有性病，所人男人、所有女人和所有孩子都面临死亡的威胁。

所以，为了所有人的安全，整个部落都遵守一条约定，即一夫一妻制。

即为了安全，放弃自由，遵守契约。

社会契约论的前提一旦成立，霍布斯在政治理论上的第五个重大贡献就诞生了，即君权民授。

欧洲君主和人民完全相信君权神授。查理一世就是最典型的代表。他宁肯牺牲生命都不肯放弃自己的信念：君主只为神负责。

明朝的皇帝同样如此。他们的权力来自上天，他们自称是天子。

霍布斯说，你们不是上帝、不是上天指定的，是人民选择你并授权你管理国家的。

明朝老百姓为了自身安全，放弃了自己称帝的权利，让给了朱元璋。朱元璋当皇帝不是上天安排的，是老百姓同意的。

嗯，就是这么回事。实际上，你根本不是天子。

如果明朝哪个读书人敢提出这样的理论，本人凌迟，并诛九族。

一旦政府、国家成立，自然民也就变成了臣民。

既然朱元璋承诺保护你，你也要履行自己的承诺。第一，你放弃自己当皇帝的权力，你不能造反。第二，如果别人造反，你也要和朱元璋站在一起反对他。

有了政府，平民没有能力伤害我了。政府的伤害更严重。他得掂量掂量政府的铁拳。

但是，政府伤害我，皇帝伤害我，我怎么办？

霍布斯说，没办法。你只能忍受。

自然状态时，人与人之间随时相互伤害。成立政府后，伤害案例降低了百分之九十以上。不管怎么说，你总体上要比自然状态安全得多。

如果你不忍受政府伤害你，起而反抗，你将受到更大的伤害。只要政府不要你的命，你都应该忍受。

要命不行，因为你的生命是上帝赋予的。

政府违约，政府伤害人，伤害的是极少数人的利益。

人民违约，发动内战，伤害的是大多数人的利益。

所以，霍布斯认为，人民不要违约，不要推翻旧政府，建立新政府。

利维坦是既能保护人，又能伤害人的怪兽。政府就是利维坦。

洛克接受了霍布斯的社会契约论，却强烈反对他的利维坦理论。他说，人连被臭鼬追咬都害怕，怎么会接受狮子的统治？

举个例子。一个大羊群里有一万只羊。公羊天天打斗，每天都有几百只羊受伤，但没有死掉的。为了解决这个问题，羊群请了一只狮子天天巡视羊群，哪只羊打架，狮子可以上前吃了它。所有的羊都不受伤了，但羊群每天要送一只羊给狮子当食物。

这个办法好吗？

客观地说，有利有弊。

罗素说，希特勒、墨索里尼、东条英机接受了霍布斯的理论。他们保护人民有限，压榨人民有余。霍布斯的设想变成了现实。

不过，霍布斯的理论在他生前就出现了反证。

1620年，"五月花"号船从英国到北美大陆后，进入了无政府状态。这些人没有自相残杀，也没有选举一个国王。他们签署了《五月花号公约》，形成一个以法律和规则运营的社会。

明朝的知识分子可以忽略，但欧洲的政治学者必须回答下面的选择题。

你最赞成哪种政治制度？

A. 共和制　　B. 民主制　　C. 君主制　　D. 僭主制

斯宾诺莎在《神权政治论》一书中坚决反对君主制。他说君主制"充满了奴役、野蛮和荒凉"，贵族政体由少数寡头垄断，永远压制国内的优秀者。因此，他的答案是B。

霍布斯觉得自己的言论已经是大逆不道了。他读了斯宾诺莎的书，觉得自己的书简直就是中规中矩、温和理性。斯宾诺莎把思想和言论自由看得最重，所以他选择可以保障自己安全的民主制。

霍布斯的答案是 C。

他觉得英国议会和国王发生争执,导致内战。欧洲教皇干涉英国内政,引发外战。因此,国家最好把集力都集中在一个人,即君主的手里。

我们前面讲过,黎塞留接手时的法国,贵族和新教徒都不服务国王的命令。国王的权力是有限的,甚至是无效的。更危险的是,贵族和新教徒可以不通过国王,直接同教皇或者外国政府联系。

因此,法国政治学家博丹提出了国家主权概念。他说,国家主权是一个国家最高的、绝对的、不可分割的权力。如果国家没有主权,就会分崩离析,陷入无休止的争论当中,并引发战争。所以,国王必须有权管国家所有人的所有事。

博丹支持君主制。

霍布斯和博丹的观点基本一致。他认为,国内应该没有任何势力同君主抗衡。无论君主说什么,只要不是杀你的命令,你都应该无条件执行。

这不就是明朝的皇帝吗?

英国人哈林顿在《大洋国》写道,如果全国地主的数量少于 300,就适合君主制。如果少于 5000,就适合贵族制。如果多于 5000,就需要共和制。这类似于一个管理幅度问题。封建社会的地主既有财富又有知识,请允许我用精英替代一下。

如果国家的精英不多就施行君主制,皇帝可以管得住。如果国家精英数量较多,就由若干精英共同执政或轮流执政。如果国家的精英已经非常多了,那就通过选举产生国家元首。

所以,哈林顿的答案是视情况而定。

霍布斯的最大贡献就是提出政治是一门科学。他说:

"几何学教人们画完美的圆形,政治教人们构建完美的国家。
人手画的圆形是不圆的,所以人们建立的国家也有缺陷。
有规则就能画成完美的圆形,有规则政治才能正常地运行。
多练习就能打好网球。
政治不同,没有规则,时间再长也运行不好。"

霍布斯研究政治的顺序是哲学——人——社会——政治。

而大部分政治理论家是就政治谈政治,从政治引出社会、人与哲学,这是反的，是错误的。好的皇帝是这么做的，贤良的皇帝是说么说的，所以陛下您应该如何如何。这只能提出政策，不能形成理论。

霍布斯提出的不是普通的政治理论，而是政治哲学。

《利维坦》的写作形式是定义——推理——结论，因此是科学的，不是泛泛而谈。

历史剧变时刻，才会有新的政治思想。霍布斯的思想来源于两个方面。一是英国内战的现实；二是伽利略、笛卡儿的科学推理方法。

在政治思想史上，很多人提出的观点，在更早的历史上都有人提到过。明朝官员的政治理念，在唐宋能找到类似的观点。海瑞在痛斥国家的衰败乱象时，他的解药就是要求嘉靖皇帝仿效尧、舜、禹、汉文帝、唐太宗、宋仁宗。

马基雅维利的政治主张，在古罗马也有出现。

但是，在霍布斯之前，没有前人提到过类似的观点。

在霍布斯之后，很多人强烈反对霍布斯的理论，但却离不开霍布斯创造的自然状态、社会契约等词语。洛克和卢梭都深受他的影响，然后是黑格尔、边沁、穆勒、托克维尔、马克思。

《君主论》是欧洲中世纪最后一部经典政治著作，《利维坦》是近代西方第一部阐述国家学说的著作。

霍布斯是划时代的人物，被称为"现代政治学之父"。

霍布斯在《利维坦》一书的结尾里写道：

"我的书印刷发行是有益于社会的。如果在大学里能讲就更好了。"

霍布斯生前，牛津大学校长克拉伦登伯爵亲自撰文批驳《利维坦》。

霍布斯死后，牛津大学将校友霍布斯的书堆在博德利图书馆的长方形院子里，当众焚烧。

今天，全世界大学的相关专业都在讲《利维坦》这本书。

牛津大学以霍布斯为傲。

《利维坦》插图。上面,政府(君主)头戴王冠,一手拿着权杖(政权),一手拿着长剑(武器),身段由千千万万的人民组成。
下面是威胁政权的因素。左边的城堡、火炮代表着贵族。右边是教堂、教皇的法冠、教会会议,代表着教会。

16、17 世纪主要政治著作列表

政治思想家	国家	著作名称	发表时间	主要内容
马基雅维利	意大利	《君主论》	1532	君主统治的艺术，君主要务实，要有狮子的勇敢加狐狸的狡猾。
托马斯·莫尔	英国	《乌托邦》	1516	公有制；社会主义；宗教自由；共同劳动。
博丹	法国	《国家六书》	1576	国家主权观念；拥护君主制。
格劳秀斯	荷兰	《海洋自由论》《战争与和平法》	1609 1625	公海自由、贸易自由；国际法。
约翰·米尔顿	英国	《论出版自由》	1644	出版自由是人与生俱来的权利；限制言论自由即是妨碍真理本身，唯有保障言论自由，才能使真理战胜谬误。
托马斯·霍布斯	英国	《利维坦》	1651	自由主义、权利、社会契约论。拥护君主制。政治的目的是安全。宗教组织隶属于政府组织。
黄宗羲	中国	《明夷待访录》	1662	君主的职责是为民服务；设立丞相；官员是为民不是为君服务的；发挥学校参政议政的作用。
斯宾诺莎	荷兰	《神权政治论》	1670	政教分离；民主制。政治的目的是自由。宗教组织隶属于政治组织。
威廉·配第	英国	《税赋论》《政治算术》	1662 1672	劳动加土地创造价值；国民收入核算。
洛克	英国	《政府论》	1690	君主立宪、自由、社会契约论；政府的目的是保护私有财产。

William Harvey（1578—1657）

  无论如何，都应当以实验为依据，而不应当以书籍为依据；都应当以自然为老师，而不应当以哲学为老师。

  动物的心脏是动物生命的基础，是动物体内的国王，是动物体内小宇宙的太阳。人体所有的力量都来源于心脏。

  绝大多数人将成为我的敌人，因为屈服于传统是人类一个根深蒂固的本性，对古典理论的推崇影响着所有的人。既然大势如此，我只能坚持自己的信仰，即对真理的热爱，对成熟思想的公正评判。

——哈维

  哈维由于发现了血液循环而把生理学确立为科学。

——恩格斯

  哈维是第一流的人物。他之于生理学，如同伽利略之于物理学。

——哈拉尔德·霍夫丁士

第十五章
威廉·哈维——近代生理学创始人

欧洲古人对于心脏和血液的认知大部分是错误的。比如以下观点：

一、吃到的食物在肝脏中变成血。

二、血液流到全身耗尽。再吃饭，再造血。

三、人的血液分两种，动脉血和静脉血。

四、血液在血管内双向流动。意大利人安德烈亚·切萨尔皮认为，白天，血液从心脏流向全身；晚上，血液又流回心脏。

我在《正德十六年欧洲那些事儿》中写过法国文学家拉伯雷。他也是医学博士。他写道："特殊情况下，肝脏不愿为别的器官供血。"从这句话可以看出，当时的人们普遍认为肝脏是供血器官。

明朝嘉靖皇帝认为，处女的经血有助于长寿。

文艺复兴后，人们逐渐开始了解心脏和血液。

第一个为此做出贡献的是比利时人维萨里。他出版了著名的《人体结构论》，是近代解剖学的创始人。

维萨里的尸体供应商是法官马尔康托尼奥·孔塔尼。维萨里下订单，马法官就让手下提供死刑犯名单。然后他就在其中一个名字上画圈。

当然，马法官也没有足够的库存，维萨里就去偷。

维萨里的发现是，血液不能在两个心室之间流通。

第二个贡献者叫弥贵尔·塞尔维特，是维萨里在巴黎大学的同学。

塞尔维特发现血液在心和肺之间是循环流动的。

维萨里受到宗教裁判所的迫害，被判处死刑。在西班牙国王的干预下，改判他去圣城朝圣，却不幸死于半途。

塞尔维特被天主教的宗教裁判所逮捕。他越狱成功，跑到新教国家瑞士，结果被瑞士政府用小火慢慢烤焦而死。

在古代，看病容易，提出一种新的理论真地很危险。

真正解开血液循环之谜的人是本章的主人公——哈维。

威廉·哈维于1578年出生于英国肯特郡福克斯通镇。他的父亲是一位富裕的地主，做过镇长。哈维有六个弟弟和两个妹妹。

哈维在坎特伯雷国王学校接受初、中等教育。这所学校号称是世界上运营时间最长的学校，至今有1420多年的历史。由于是私立学校，保安不允许我进到学校里面参观。

15岁时，哈维进入剑桥大学冈维尔与凯斯学院学习医学。今天，剑桥大学有一条路用哈维命名。

1602年，哈维前往意大利帕多瓦大学，在著名解剖学家法布里克斯指导下学习解剖。帕多瓦大学是欧洲医学教育的中心。一百年前，哥白尼也在这所学校学习医学。哈维在帕多瓦大学的时候，伽利略是这所学校的数学教授。他们应该见过面。

有一次，法布里克斯正在指导哈维做实验的时候，有急事不得不离开。哈维不想走，他想自己动手，于是开始操作起来。

不一会儿，法布里克斯回来了。他看到哈维后，没有责怪他，反而鼓励他继续进行。

然而，哈维的经验不足，实验失败了，要从头再来。

哈维愧疚地向老师道歉。

法布里克斯问，你知道哪里错了吗？

哈维摇摇头。

法布里克斯耐心地指出了哈维的错误。

哈维说，老师，你刚才就知道我错了，为什么不早说呢？

法布里克斯说，犯错是一种难得的经历。今天成功了，你可能不觉得什么。今天失败了，你可能会永远铭记今天的教训。

什么叫好老师？就是法布里克斯这样的，鼓励、宽容、不先下结论。

法布里克斯观察到静脉血管中有瓣膜，这无疑是一个非常重要的发现。但他不知道瓣膜的作用是什么。

十年后，当哈维真正了解瓣膜后，他将创造出巨大的成就。

1602年4月25日，24岁的哈维获得医学博士学位。学校对他的评价如下：

"他在考试中表现得非常出色，他娴熟的技巧、记忆力和学习能力远远超过了考官对他的期望。"

回到英国后，哈维又获得剑桥大学医学博士学位。

1603年，哈维开始在伦敦行医。不久之后，他与伊丽莎白女王的御医朗斯洛·布朗的女儿结婚。

1607年，哈维成为皇家内科医学院院士。

1609年，哈维成为圣巴托罗缪医院的医师，开始独立行诊。

圣巴托罗缪医院创立于1123年，至今仍在营业，将近九百年了。

哈维认为医生要为穷人做好事，所谓做好事就是对穷人不收钱。

1615年8月，哈维被选为皇家医学院伦姆雷讲座的主讲人。学生们说哈维大夫身矮体胖，眼小有神。

伦姆雷讲座至今仍在举办。

哈维的名气越来越大，连著名的弗朗西斯·培根都来请他看病。哈维瞧不起培根当官的样子。他和《利维坦》的作者——霍布斯倒是好朋友。

1618年，哈维成为王室御医，先后为詹姆斯一世和查理一世两位国王服务。两位国王有时也咨询哈维有关政治的意见。

1618年，英国出版的一本《药典》里，把胆汁、动物爪、毛皮、唾液、汗、蝎子、蛇皮、蜘蛛网列入药材。

1616年4月，哈维在一次讲学中，第一次提出了关于血液循环的理论。他讲学的手稿是用拉丁文写的，至今仍收藏在大英博物馆。

1628年，哈维出版《心血运动论》。这本书标志着近代生理学的诞生。诞生于崇祯元年。

生理学这个词，是法国医生费内尔于1530年左右提出的。

《心血运动论》的第一句话就是：

"动物的心脏是动物生命的基础，是动物体内的国王，是动物体内小宇宙的太阳。人体所有的力量都来源于心脏。"

中医也认为心脏是非常重要的，主导人的精神。《黄帝内经》说：

"心者，五脏六腑之大主也，精神之所舍也。"

所以汉语有信心、决心、小心、恶心、缺心眼。王阳明还有个心学。

哈维是怎样解开血液循环之谜的呢？

哈维见过伽利略。他知道伽利略的成功途径——做实验。

哈维首先对猪、狗、蛇、青蛙、螃蟹等40多种动物进行了活体心脏解剖、结扎、灌注等实验。

有时候，哈维会把一颗动物的心脏放在手掌中，感受它慢慢地停止跳动。

用肉眼观察动物心脏可不是一件容易的事情。不信你试试。

哈维找到了窍门。大河虾通体透明，可以直接观察到心脏，再加上放大镜就更清楚了。

另外，不同动物的心跳速度不一样。小老鼠每分钟的心跳次数超过500，大象还不到50。要是拿老鼠做实验，眼睛不眨都数不过来。

哈维发现，冷血动物心跳较慢，容易观察。比如蛇。当他夹住通向心脏的静脉时，蛇的心脏变得又小又白。当他夹住通向心脏的动脉时，蛇的心脏变得又大又黑。

这表明，血液通过静脉流入心脏，再由心脏通过动脉流出。

接着，哈维用人做实验。

古希腊名医盖仑因为找不到足够的尸体，就频繁用猴子做实验，把结论写进书里。上千年来，很多医生都分不清盖仑的结论是人的还是猴的。

哈维注意到了这个问题，所以他一定要在人身上做实验。当然他不能直接在心脏上操作。哈维用人的手臂做实验，得出相同的结论。

前面讲过，哈维的老师法布里克斯发现静脉壁有瓣膜。

哈维用一根长长的探针刺入静脉血管，如果向远离心脏的方向刺入就有很大的阻力，如果向相反的方向刺入，探针一下就滑进去了。

因此，血液在静脉中应该朝着心脏的方向流动，而不能反流。

过去的学者认为，血液白天从心脏流到全身，晚上从全身流回心脏。也就是说，血液在血管是双向流动的。

哈维推翻了这个传统错误。

血液是每天用完了产生新的？还是反复循环使用？

哈维没有用动物做实验。他拿出一支笔，用小学数学知识就找到了答案。具体过程如下：

一、根据成年人心脏的大小，估计每次跳动的排血量是两盎司；

二、成年人心脏每分钟跳动 72 次左右；

三、每小时流出血液重量为：$2 \times 72 \times 60 = 8640$ 盎司 $= 540$ 磅。

而一个人的体重一般只有 150 磅左右，还包括骨骼和肌肉。一个人一天的饭量也就二三磅左右。

所以，血液不可能是天天生产、天天耗尽，而是反复循环使用的。

哈维把动物静脉的血放光，发现动脉的血也没有了。

反之亦然。

所以，动脉和静脉是连通的。

血液从心脏动脉流出，传递给静脉，再由静脉流回心脏。

通过解剖，哈维发现动脉越来越小，变没了。静脉越来越小，也变没了。动脉和静脉是在哪里连接的呢？人体内难道有一个或者很多血管连接器？哈维做了很多解剖，但始终没有找到。

1657 年，在哈维逝世后的第四年，意大利人马尔比基教授通过显微镜观察到毛细血管的存在，证实了哈维理论的正确性。

哈维的书一出版，立即引起了轰动和争论。

笛卡儿支持哈维并为他助阵。他说《心血运动论》应该受到称许，它是一本破冰之作。

笛卡儿认为，人体是一个巨大的机器，心脏是机器的核心部分之一，也是一台小机器。的确，现在人造心脏已经出来了。

人造心脏应该没有开心、伤心，没有灵魂。

不过，当时大部分医学人士反对血液循环理论。居伊·帕京说哈维是"江湖骗子"，说血液循环是"难以理解且荒诞，会杀死很多人"。

对于大多数反对的人，哈维很客气。他说，我不想与杰出的人，甚至有资格成为我老师的人争辩。我不认为他们在说谎或者故意反对我。

对于个别辱骂的人，哈维回应说，我没有能力阻止狗叫。

哈维在书中写道：

"绝大多数人将成为我的敌人，因为屈服于传统是人类一个根深蒂固的本性，对古典理论的推崇影响着所有的人。既然大势如此，我只能坚持自己的信仰，即对真理的热爱，对成熟思想的公正评判。"

1630年，哈维奉查理国王之命，陪同伦诺克斯公爵访问欧洲大陆。当时正值三十年战争，兵荒马乱、十室九空。哈维抱怨说，一路上连解剖的狗、乌鸦、鸢都找不到。回国后，哈维跟着查理国王四处打猎，终于有不少鹿供他练手。

哈维随同查理国王到苏格兰的时候，他花了大量时间观察海鸟。

1640年，英国内战爆发。哈维随同国王四处流亡。

在埃吉山战役中，哈维受命在防御工事中照顾两个王子，即后来的查理二世和詹姆斯二世。在隆隆的炮声中，哈维偷偷地从口袋里掏出一本书来阅读。一颗炮弹在他附近爆炸，哈维就挪动一下位置，继续看书。

据说，晚上天气太冷，哈维就把一具尸体当被子盖。

1645，哈维担任牛津大学默顿学院的院长。他花了大量时间观察母鸡生殖和鸡雏发育。

1649年，英国内战结束，查理一世被绞死。作为国王的御医，哈维被罚款200英镑，并禁止进入伦敦城。

1651年，73岁的哈维出版了《论动物的孕育》一书。在此书中，他说了一句著名的话：

"所有动物，最初的形态是一枚卵，包括人。"

1657年6月3日，哈维突患中风，与世长辞，没有子女。

哈维把自己一生的财富积蓄，以及书籍和文献资料全部捐献给医学院图书馆。另外留给69岁的霍布斯10英镑，以示友谊。

哈维葬在亨普斯特德。

哈维的研究方式与大多数学者不一样。

大多数学者的研究方式是引经据典。他们或引用某人的话，或批判某人的话。

哈维没有。他说，我不想通过引用众多专家的话来炫耀我的记忆力和阅读量。我也不想支持或反对盖仑。

我不说别人。我只展示我的实验过程、实验数据，以及结论。你们可以去看我的书，也可以自己动手去验证。

这就是科学。

哈维揭开了生命科学的序幕，后来的科学家在他的基础上有了许多新的发现。

意大利人加斯帕德·阿塞利解剖过一只刚吃饱的狗。他发现狗的肠道上覆盖了一层深白色管网，这实际上是食物消化后变成的乳糜。按照盖仑的说法，这些乳糜将送到肝脏里，在那里加工成血液。

1651年，意大利人让·佩凯指出，乳糜将融入血液，而不是进入肝脏。肝脏不造血，只造胆汁。当时的人们称这是"肝脏的葬礼"。

1665年，英国人洛厄先给狗抽血，狗趴了。他又给狗输血，狗恢复了活力。

哈维的贡献不亚于哥白尼、伽利略、牛顿。

《心血运动论》的分量相当于《天体运行论》《关于两门新科学的对话》《自然哲学之数学原理》。

中医和西医让很多人打得不可开交，不可开交就是谁也说服不了谁。

首先，我们需要达成的共识的是，医学是不是科学？

没有人就中物理与西物理，中数学和西数学，中化学与西化学吵架吧。这些学科的定理、公式都在那里。不服你自己证明。

如果医学是科学，那么就没有中医学和西医学。

医学只有一个。

中医，准确地说，是中华传统医学，是古代医学。除了中医，我国还有藏医和苗医。世界上还有希腊医、阿拉伯医和印度医，都属于传统医学。

传统医学能治好很多病，延长了人类的寿命，几千年来一直发挥着作用。中医有用，希腊医、印度医同样有用。而且，这些传统医学在很多方面都是相通的。比如拔罐就是从国外传到中国来的。

随着时代的发展，科技的进步，中医、希腊医、印度医的错误也越来越多。

科学需要哲学指导，医学同样如此。

医学是什么？医学不是医术，不是治好一个或一类病人，而是我们对宇宙、对环境、对人类、对人体的认识。我们前面讲过，科学家和哲学家就真空问题几经争论，对宇宙的认识已经到了不可理解、不可思议、不敢相信的程度。可是，我们还用金木水火土来解释宇宙、解释自然、解释人体，那不是缘木求鱼吗？

古代社会，人类发明十八般武器，都能致人于死地。

但是古人不可能想出重机枪、坦克、装甲车、导弹、原子弹、歼击机、轰炸机、航空母舰、雷达、卫星,更不可能造出这些武器来。

因为古人不懂材料学、弹道学、原子核、化学、无线电、空气动力学等。

医学不是一门单独的学科,医学是集物理、化学、生物、光学、材料学、遗传学、免疫学、社会学、福利、市场经济、保险、统计学精华于一体的综合科学。医学集人类所有智慧于一处,用来研究并解决人类健康和寿命问题。

如果没有广泛的科学做基础,刀枪永远是刀枪。如果不和科学相结合,任何传统医学都将是无源之水。

当然,刀枪也能杀死人。所以不能说中医百分之百是错的。

必须承认,中医在很多情况下可以取得疗效,在个别情况下超过西医。

但是,如果有人非要说刀枪的威力远远高于重机枪,你就不要和他辩论了。

在《心血运动论》的序言中,哈维写道:

"真正的哲学家只热爱真理。他们并不认为自己的学识已经足够,他们欢迎来自任何人、任何时期的新知识。他们不会狭隘地认为,古人传给我们的所有的艺术和科学都尽善尽美。我们所知道的与我们所不知道的相比,微乎其微。只有浅薄轻信的人才恪守先入为主的观念,相信被灌输的任何事情。"

哈维去世三年后,一群英国人成立了一个组织,叫英国皇家学会。其成员有化学家波义耳、发现细胞的胡克。而牛顿,即将进入剑桥大学读书。

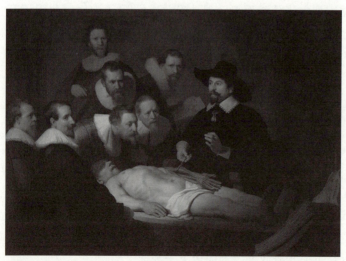

伦勃朗《杜尔博士的解剖学课》油画,1632年,216.5厘米×169.5厘米,现藏于荷兰海牙莫瑞泰斯博物馆

第十六章

第一次中英冲突

身为中国人,没有人不知道也没有人会忘记1840年的鸦片战争以及《南京条约》。

其实早在鸦片战争的两百年前,大明就和英国人发生了一场武装冲突,也签署了一个条约。

这是怎么回事儿呢?

万历年间,远居世界地图西北的英国就想同世界地图中央的大明国建立贸易关系。公元1583年,英国女王伊丽莎白一世给万历皇帝写了一封信,表达了建立友好关系,相互通商的愿望。可惜这封信没有送到中国。后来又写了两封信,还是没送到。有的信连欧洲都没有出,有的信深入海底。

除了写信,伊丽莎白女王还鼓励英国船长探索一条从英国通往中国的新航道。

当时从欧洲到中国有两条现成的航道。

第一条航道由欧洲向南绕过非洲的好望角,先抵达印度,接着穿过马六甲到达中国。第二条航道由欧洲向西向南穿过麦哲伦海峡,然后横渡太平洋到达菲律宾,再北上抵达中国。第一条航道由葡萄牙人控制,第二条航道由西班牙人控制。

这两个国家和英国是敌对关系,不允许英国船只通过。

英国人只好寻找一条新通道。这条通道由英国出发，向西北方向横渡加拿大北部的海峡，到达今天美国的阿拉斯加。然后穿过白令海峡向南到达日本，再到达中国。这条通道当时称西北通道。从地图上看是行得通的。

英国人先后六次组织船队前往西北探险，全部失败了。

英国人还专门成立了一家名为中国的公司，最后也破产了。

1600年，伊丽莎白女王批准成立"伦敦商人东印度贸易公司"，就是后来向大清贩卖鸦片的那家公司。

1603年，对中英贸易期待很高的伊丽莎白女王抱憾离世。

英国新国王詹姆斯一世和伊丽莎白女王一样，也写了两封信给中国皇帝。幸运的是，这两封信都安全送到印尼的万丹。这里中国人很多，随便一个人都可以把信带回中国大陆。

不幸的是，没有一个中国人敢转运这封信。

从1583年到1623年，40年来，英国国王先后给明朝皇帝写了五封信。

无一送达。

詹姆斯国王写给日本统治者德川秀忠的信倒是平安送达了。

德川秀忠同意英国人在日本设立商馆。他高兴地送给詹姆斯国王一套盔甲。这套盔甲目前保存在伦敦塔。

英国人运来宽幅绒、菜刀、镜子、印度棉花，日本人不感兴趣。英国人在日本左看右看，也没有发现有吸引力的商品。

英国人在日本认识很多中国人。其中有一个叫李旦的大商人，说自己能帮助英国人疏通福建政府的关系，促成中英贸易。

1618年，英国商人科克斯给了李旦一大笔钱，超过一万两白银，全部打了水漂。别人笑话科克斯是"一只没有经验任人戏弄的小鸟"。

1635年，英国人威廉·科腾成立了一家公司，准备到中国做生意。此时，英国国王换成了著名的查理一世。他对科腾的计划很感兴趣，亲自投资一万英镑。

此时，明朝皇帝也换成了著名的崇祯皇帝。

1636年4月，约翰·威德尔船长率领6艘科腾公司的商船从英国起航，经过17000海里的颠簸，于1637年6月抵达澳门附近的横琴岛。

威德尔船长向葡萄牙驻澳门总督卡马拉递交了查理一世的书信，请求卡马拉帮助英国人在澳门做生意。

卡总督拒绝英国船只停靠，拒绝英国人上岸做生意。

威船长威胁利诱，卡总督卡住不放。

船只在公海上漂荡了一个多月，水手们连口新鲜的饭菜都吃不上。

此时离开英国已经一年多了，时间上、费用上也耗费不起！

威船长决定绕开澳门，直接到广州采购商品。他雇用了两位中国领航员，于8月3日率领英国船只驶入虎门水道。

广东水师派出40艘帆船前往拦截。他们登上英国船只，询问威船长前来何干，并记录了船队人数、武器、货物以及需要采购物品的类别和数量。

广东官员要求威船长就地停留，听候广州政府的回复。

威船长欣然同意。他请求广东官员提供一个避风场所供船只停泊。

8日，威船长来到了亚娘鞋（珠江口的一个岛屿）附近。由于长期在海上，补给不足，他派人举着白旗上岸购买粮食。但无人理会。

明朝官员再次登船告知威德尔船长，要求他再等6天。

威德尔只得同意。

8月12日，英国船队派出驳艇勘测水位。

驻守炮台的明军突然炮轰英国驳艇。

威船长立刻通知各商船进入战斗状态。随后，4艘英国商船飞速向亚娘鞋炮台驶来。

明军持续发射炮弹，没有对英国船只造成损害。

英国船只反击亚娘鞋炮台，准确性较高。

半个小时后，驻守炮台的明军撤离。

英国人登上亚娘鞋炮台时，把35门火炮当作战利品搬到船上。他们随后又俘虏了两艘中国船只。

威船长委托当地渔民向广东官员递交了一封信件。在信中，威船长表示对这次冲突很遗憾，他建议中英双方尽快和好通商。

8月15日，广州政府派一名叫保罗的黑人翻译（广州总兵陈谦的亲信）前往英船只了解情况。保罗告诉威船长，英国人如能归还从亚娘鞋炮台抢夺的中国炮和其他物资，通商的事情可以谈。第二天，保罗带着英国人约翰·蒙特尼、托马斯·鲁滨逊前往广州。

广东总兵陈谦接受了英国人的贿赂后，承诺帮助英国人在广州做生意。英国人趁机在广州购买了一些货物，并于8月19日运回船上。

想想英国人也不容易,冒着生命危险远渡重洋,拿着真金白银买东西跟做贼似的。

然而,大部分广东官员力主将英国船队赶走。陈谦迫于上级和同僚的压力不得不表示赞同,并撰写了一份命令英国人离开的文告。

8月21日,保罗藏匿了那份公告,告诉英国人可以到广州采购货物。

威船长把俘获的中国炮和商船交还给保罗,并再次派蒙特尼及其兄弟、鲁滨逊三人携带15000两白银前往广州。

三个英国人到广州之后,住进一个姓叶的商人家里。他们送出8000两白银向陈谦等广东官员行贿,其余资金用于购买酒、米、糖、姜等产品。

蒙特尼派人告诉威船长现金不够。威德尔于是再送去33000两白银。

保罗为什么故意撒谎?据推测这是陈谦的意思。

陈谦是广州的军事首领,亚娘鞋火炮丢失是他的责任。如果同英国开战,败了要掉脑袋,胜了也是兴师动众,得不偿失。他的策略如下:

第一,通过和平的方式要回英国人手中的火炮和中国船只。

第二,帮助英国人尽快完成采购,尽快离开。

第三,通过帮助英国人从中捞取好处。

客观地说,陈谦的做法是理性的,是最佳方案。

陈谦和英国人签订了一份条约。主要内容有:

广州政府允许英国人来广州交易,可以短暂居住;

英国人每年交给明朝皇帝20000两白银,4门铁大炮和50支火枪。

眼看中英贸易就要达成,在澳门一直打探消息的卡总督急了。9月6日,他派人警告威船长必须立即离开中国海岸,因为英国人无权同中国人做生意,除非手中有葡萄牙国王或葡萄牙驻印度总督的批准书。

威德尔自信有陈谦作后台,于是回复说,此地属中国皇帝,不是你们葡萄牙人的领土。难道英国人在这里交易还需要葡萄牙国王的批准吗?你们的要求是荒唐无理的。我们绝不放弃眼前的生意。

卡总督同时派人前往广州向熟悉的广东官员告状。他说威德尔等人是流氓和窃贼,他们来中国的目的不纯、意图不轨。

事情已经公开,广州政府不能再睁一眼闭一眼了。

他们将保罗,同英国人做贸易的商人揭邦俊、叶贵均逮捕,将三名英国人也送进监狱,并扣押他们的银元和货物。

9月10日凌晨两点，江面一片安静。

三艘满载着油料和易燃物的火船驶向毫无防备的英国船队。

英国士兵发现后，立即斩断缆绳，躲开火船。

紧接着，大量明朝船只出现，向英国船队发射火箭和火球。

欧洲海战的主要方式是远距离重炮轰击，大量火炮布置在侧舷。

明朝水师的作战观念是近距离搏杀，所以火炮配置不足。

广东水师军舰的火力远逊当时欧洲商船的火力。

威德尔船长指挥船队发起反击。

广东水师发现进攻无效，逐渐退去。

愤怒的威船长向广东官员提出最后的条件：

一、释放我方人员，我们买完货后就走，永不回来。

二、如果你们既不放人又不还钱，我们将不得不用武力解决。

广州官员本以为能轻易地把"英国人"赶走，没想到小事化大，再这样下去恐怕要上报朝廷，惹怒皇上了，于是他们满口答应。

12月29日，威德尔船长带着从广州买来的货物驶离中国海岸。

英国人到底买了什么东西？清单如下：

糖（12086担）、冰糖（500担）、青干姜（800担）、散装黄金（30又1/2磅）、丝缎织物（24盒）、生干姜（100担）、苏木（9600块）、瓷器（53桶）、金链（14条）、丁香（88箱）。

就这么点东西，打了好几仗，耽误大半年。

网上有很多文章说英国人是来侵略的，被明军打败后屈辱地离去。显然这是不对的。

第一，如果是侵略的话，就不用带这么多钱来了（约5万两白银）。

第二，如果是侵略的话，就不会耐心等待谈判，而是迅速发动战争。

第三，如果是侵略的话，就不会买下东西就走，而是占领土地，建立据点。

1672年，英国东印度公司派员来到台湾，和郑成功的儿子郑经签署通商条约。英国向郑经出售大炮和火药，并帮助郑家训练炮兵。

1685年，一名中国人访问英国，与英国国王詹姆斯二世见面。

1793年和1816年，英国分别派访华团到中国。他们的要求和威德尔是一样的，请求通商。

鸦片战争前两百年，英国始终寻求与中国建立自由贸易关系。

明朝末年，西班牙两次派使团访华，福建政府拒绝通商。不过，由于菲律宾有巨额的白银和商业机会，西班牙人实现了和明帝国通商的目的。

葡萄牙人请求通商，和明帝国打了几仗，还引起了倭寇之乱，最后因为赖在澳门，达到了通商的目的。葡萄牙商人每年给明朝交五百两租金，两万两的税收。

荷兰人请求通商，和明帝国打了几仗，最后赖在台湾与明帝国做生意。

英国人请求通商，和明帝国发生武装冲突，最后总算买到了货物。

与欧洲人百年的接触与冲突，冲击了明帝国的海禁政策，促进明帝国调整了海外贸易政策。

但是，影响力非常有限。支持发展工商业的明朝官员属于凤毛麟角。

在西欧，帝王将相已经达成共识，即发展工商业是富国强国的最主要手段。

崇祯年间，英国东印度公司董事托马斯·曼写了一本书，书名叫作《英国来自外贸的财富》。在书中，托马斯·曼明确指出：

"增加国家财富的基本手段是依靠对外贸易。

无论如何，我们都要牢记下面这一准则：即我们每年卖给外国人的货物的价值要大于我们所消费的外国商品的价值（贸易顺差）。"

马克思说，作为重商主义的经典著作，这本书在一百年内独领风骚。

大明国自成立之来，一直是世界上最大的工业国。大明国出口大量制成品，进口少部分原材料，完全有条件成为富国强国。

事实正好相反。

大明国是守着金山要饭。

第四部分　黑铁时代的大明

第四部分 黑暗时代的天明

第十七章
明朝的两位皇帝

本章只是简单列举 1620 年到 1644 年之间，天启和崇祯两位皇帝在位期间大明国发生的一些大事，提供给读者和同时期的欧洲做一个对比。

天启帝朱由校 16 岁继位，比同时期英国查理一世小 5 岁，比法国路易十三小 4 岁，比俄国沙皇米哈伊尔小 9 岁。

天启帝痴迷于动手做木工，技艺颇精，拿到市面上可以沽得高价。如果他能平衡国政大事和个人爱好两者之间的关系，也可以算做是他的优点。

欧洲就有不少多才多艺的国王。

天启帝在位期间，大明国第一红人，非魏忠贤莫属了。

这个家伙原名李进忠，是个市井无赖，目不识丁，还好赌成性，最终输光了本钱，走投无路，只得自宫。凭借着小狡猾和无底线，他通过皇帝的乳母客氏，成为皇帝眼前的红人。

1624 年，魏忠贤赶走首辅叶向高，成为事实上的丞相。很多年轻的文人认魏忠贤当爹。很多学识渊博的文人把没有知识、没有睾丸的魏忠贤捧到和孔子一样的高度。反对魏太监的人被迫害致死。

把国家交给这样一个奸佞小人，是明朝的耻辱，是士人的耻辱。

大明国内部乌烟瘴气,外部也不安宁。

天启帝刚刚继位,努尔哈赤就率后金军攻陷沈阳。浑河一战,明军几乎全没。

1626年,京师出现洪涝。江北、山东、河南爆发旱灾和蝗灾。

大江南北,民不聊生。朝廷内外,危机四伏。

1627年8月,天启帝到西苑乘船游玩,意外落水,被救起后落下病根,不久病亡。

临死前,天启帝还强调魏忠贤可用。

天启帝有点像一百年前的正德皇帝,年轻、爱玩、不负责任。

有人给天启帝翻案。说他是一位有头脑的皇帝,某个批示就是证明。

再好的皇帝,也做过坏事。再坏的皇帝,也做过好事。

一两件事情,不能全面评价一个人的优劣。

评价君主只有一个标准,看结果。看他在位期间,国家有无进步,民众生活是否提高。看他推出了哪些政策,取得了哪些效果。

与天启帝同时期的法国国王路易十三,为了执政不惜发动政变,放逐自己的亲妈。

17岁的米哈伊尔意外成为俄国沙皇,创造了相当出色的政绩。米哈伊尔面临的危急局面要比天启帝严重得多。

天启帝做了什么?把一个泱泱大国交给魏忠贤这个毒瘤阉竖。

还有人为魏忠贤翻案?难道和魏公公是一伙的?

1627年,崇祯皇帝登基即位,处死魏忠贤,铲除阉党,拨乱反正。

崇祯是一个勤奋的人。二十多岁的他头发变白,眼角长出鱼尾纹。

崇祯是一个善良的人。他临死前的话代表了他的心声。

崇祯是一个节俭的人。他不修宫殿、不搞宴乐。

最后,崇祯以身殉国,也算条汉子。

就连李自成都说他"君非甚暗"。

崇祯是一个无能的人。他治国无谋、任人乏术。

崇祯是一个急躁的人。他严苛多疑,诛杀众多大臣。

最后,他是一个失败者。

在他的统治下,明朝人民生活在极度悲惨当中。

兵部尚书吕维祺写道:"村无吠犬,尚敲催征之门;树有啼鹃,尽洒鞭扑之血。黄埃赤地，乡乡几断人烟；白骨青磷，夜夜似闻鬼哭。"

生活在中国的欧洲传教士客观地描述了明朝百姓的生活情况。当时，罗马教廷要求信奉天主教的中国人定期吃斋，星期日休息。传教士回复说：

"中国人是如此地贫穷，每天的收入又是如此之少，不让他们（周日）工作就等于不让他们吃饭。他们依靠稻米和草本植物生活，很少吃肉。如让他们斋戒，活下来都是问题。"

崇祯的运气不太好。外有不吃掉你誓不罢休的强敌，内有旱涝蝗瘟四大祸害，身边又没有务实、能干的臣子。

虽然历史没有假如。但是，我还是要假如一下。

假如崇祯在位期间风调雨顺，李自成、张献忠不造反，大明是不是就能把清军挡在关外（吴三桂不投敌）。我看很有可能。

假如换一个有能力的皇帝来替代崇祯，大明是不是就能把清军挡在关外。我看不可能。

为什么？

因为朱元璋是农民出身，他设计的政治制度是符合农业社会需求的，既落后，又不抗风险。

农业社会看天吃饭。风调雨顺，百姓过得好。小灾小难，百姓过得惨。大灾大难，百姓饿死要造反。

朱元璋造的农业车，已经落后、老化，换上谁都不行。

比如，一百多年的时间里，明朝政府始终没有弄明白，欧洲人为什么不远万里，冒着生命危险来做生意。也没有弄明白，多出口中国商品对中国的好处。

当英国的商人成为下议院议员，在伦敦严厉地批评国策时，中国海商正被官船追捕、斩杀。

明朝灭亡，不是崇祯皇帝个人的悲剧，是明朝体制的悲剧，是明朝官员和知识分子的悲剧。

话说回来，就算是崇祯度过难关，大明再存活一百年，能走向近代文明吗？显然不能。

就算李自成把清军挡在关外，他能带领大顺朝走向近代文明吗？

显然也不能。

我粗略地总结明朝中后期，知识分子头脑中的观念如下：

第一，自大封闭世界观。

明朝士人有天下观而没有世界观，认为大明是世界上唯一的文明国家，其他国家都野蛮落后。一百多年了，绝大多数明朝官员对西班牙、葡萄牙、荷兰知之甚少，还以为这些国家都在东南亚。

相比较而言，西欧国家完成多次环球航行，绘制了精美的世界地图。

户部主事张京元说：

"吾中国人足不履户外，执泥局曲，耳目所未经，与之（传教士）言辄大骇。"

现在很多人没出过国，看了大量的自媒体文章后，觉得自己比出国的人都懂外国。

明朝官员听欧洲传教士说欧洲、亚洲、非洲、美洲、赤道、南北极、纬度，哑口无言。他们听欧洲传教士说地球是圆的，太阳比地球大，月食是地球的影子，如同听天书。

但是，他们对欧洲是落后国家的看法并没有变化。面对事实，一些不服气的大学问家狡辩道，都是偷中国的。

黄宗羲说："勾股之术乃周公、商高之遗而后人失之，使西人得以窃其传。"

王夫之说："西夷之可取者，唯远近测法以术，其他皆剽窃中国之绪余。"西夷（注意称呼）只有一个特长，其他都是偷窃中国的。绪余是抽丝后留在蚕茧上的残丝，借指不要的垃圾。

这是明朝顶级学者的见识。

第二，鸵鸟式的外交观。

大明政府对于外国人的看法是，我们绝对不会出国，你们最好也不要来，不交往最好。万一你们不小心来了，我们也会接待你们，但你们最好不要多待，办完事赶紧走。

当大清重兵压境的时候，明政府又是拉拢蒙古各部落，又是向葡萄牙借兵，又是向日本求助，却连铁杆朝鲜的资源也没派上用场。

第三，皇帝不顾百姓，百姓不知皇帝的政治体制。

崇祯同时期，当德国军队进攻巴黎的时候，全体巴黎人有钱出钱、有力出力。鞋匠行会捐了5000里弗尔的巨款。国王路易十三拥抱了他们的代表。

在李自成进北京之前，崇祯是不是可以发布一道圣旨：

捐一百两银子的，获皇帝书法一幅。

捐三百两银子的，皇帝本人接见。

皇帝是不能拥抱百姓的，也不可能和百姓握手。我觉得捐一千两银子可以获皇上拍肩膀待遇。

第四，万物源于气理，缺乏理性与逻辑的哲学观。

天主教是宗教，是思想，也是一种哲学。当天主教传到中国时，对儒家思想的冲击是非常大的。很多人对天堂、地狱、灵魂很感兴趣，但更多的人却一味地攻击和排斥。

有人说，如果佛教不是汉唐而是明朝传入中国，很可能会遭到强烈的抵制。

第五，缺乏逻辑的学术观。

明朝文人是很爱动笔的。他们很多人文笔流畅，讲事实、摆道理，读起来非常有说服力，但细推敲下来却站不住脚，只能适用于某个特定条件，甚至是完全错误的。

这是因为缺乏西方那种逻辑。

明朝文人的观点很多，但定理很少。定理是共识，不需重复。观点则因角度不同，永远都在争论，永远没有结论。

像斯宾诺莎写哲学书，完全是按照几何学的方式。

利玛窦说，明朝士人的文章是有一些格言和论述，但主要靠直觉，没有科学方法，没有条理。

第六，只动嘴不动手的实践观。

明朝太多的文人文不能下笔出策，武不能纵马阵前。解决问题纸上谈兵，解决对手花样百出。他们既对付不了李自成、张献忠，又对付不了皇太极。但是欺得了崇祯，贪得了白银。阉党横行时，他们纷纷投靠门下甘为走狗。清军压境时，他们又纷纷投降成为贰臣。

崇祯帝急于寻找治乱之法，刘宗周说治乱先治心。

崇祯帝渴求能人奇才，刘宗周说人才操守不能少。

崇祯帝希望找退敌之术，刘宗周说仁义可治天下。

崇祯帝说，你回家给你孩子说去吧。

明末，很多学者痛批浮夸的学风，大声呼吁经世致用之学。

有人说，你把明朝写得那么不堪，一无是处，完全是片面的、错误的。

首先，我们没有写得那些不堪，我在多处肯定明朝成绩、欣赏明朝的人物。我欣赏的明朝人物太多了，汤显祖、徐光启、黄宗羲、王夫之、李贽等。但是，你让我赞美正德帝、嘉靖帝、万历帝、天启帝，我也做不到。任何人都不应该对一个事物进行百分之百正面与负面的评价。

  其次,我觉得明朝不是没有成绩,不是没有发展,至少在丝绸和瓷器方面稳居世界第一,且不可挑战。但是,与同时期的欧洲相比,我们发展落后了,我们发展太慢了,我们没有走出近代文明之路。我们不是倒退,不是堕落,只是我们在停滞,在缓慢前行。我们与别人的差距拉大了。

第十八章
中国史上第一支欧洲雇佣军

1521年，明朝广东水师在屯门大败葡萄牙人。在战斗过程中，广东官员目睹了葡萄牙火炮的威力。战后，大明国开始仿制，很快实现了国产化。

1543年，葡萄牙人半赖半骗，终于在澳门立住了脚。后来的西班牙人、荷兰人、英国人羡慕不已。他们从来没有争取到葡萄牙人这样的待遇。

明末官员徐光启结识了意大利传教士利马窦，向他学习西方科学技术。徐光启逐渐意识到火炮的威力。他认为，以后攻城不能再用云梯和钩杆了，以后野战也不能再用弓矢了。用大刀长矛与装备大炮的部队作战，犹如空手斗虎狼，"（西方火器）实为歼夷威房第一神器"。

此时的西方火器指的是荷兰人的大炮，比一百年前葡萄牙人的大炮先进多了。

荷兰人一头红发，明朝人称他们为红夷。他们的大炮，自然是红夷大炮了。

支持徐光启的人很多。李之藻称红夷大炮为："不饷之兵，不秣之马，无敌天下之神物。"焦勖说："（红夷大炮）是天下后世镇国之奇技。"

明末火器专家赵士祯将大炮视为国家战略。他说：

"吕宋、佛朗机是海上一浮沤耳。暹罗、日本、琉球、苏蜡，从来不敢辱慢其酋长，荼毒其民人，神器之力也。如果多造火炮，弱者可以成强国，小国可以成大国。"

道理是没错。不过，世界第一个日不落帝国西班牙，在赵士祯眼里却是海上漂浮的泡沫（浮沤）。西班牙驻菲律宾总督，在赵士祯眼里是部落酋长。

公元 1620 年，徐光启委托张焘到澳门向西洋商人购买了四尊大炮，费用是徐光启个人出的。大炮运到江西广信，经费花光了，只能放在原地。

1621 年 3 月，努尔哈赤占领辽阳、沈阳，局势危在旦夕。

经徐光启申请，朝廷同意出资把滞留江西的大炮运到北京。年底，四尊大炮运抵北京，试射效果良好。

1622 年，张焘以官方身份前往澳门，再次购得 22 门大炮。

1623 年 5 月左右，张焘带着 22 门大炮，23 名葡籍炮手和一名翻译到京。这 23 人负责指导火炮的用法。

这是中国历史上第一次雇佣欧洲军事技术人员。

御史温皋谟和兵部强烈反对聘请葡萄牙人。他们说广东民间就有很多会操纵火炮的人，何必用外人。年轻的天启皇帝否定了他们荒唐的提议。

到了天启末年，明政府先后从澳门引进 30 门大炮，其中 11 门大炮布防山海关，18 门防守北京，1 门试射时爆炸。这 30 门炮不是澳门本地生产的，也不是从欧洲兵工厂运来的，而是从搁浅在澳门附近的英国船和荷兰船上拆下来的。

1626 年，努尔哈赤攻打宁远。明军用红夷大炮反击。史载"周而不停，每炮所中糜烂，可数里。""炮过处，打死北骑无算。"

此战是后金发动侵明战争以来遭到的第一次重大挫折。

兴奋的明廷封红夷大炮为"安国全军平辽靖虏大将军"。

从沉船上拆下来的火炮都有这样的威力，可见英国战船的攻击力有多强。

除了进口，大明还成功地实现了火炮国产化。

徐光启仿制红夷炮 400 余门，并向朝廷建议训练新军。

朝中重臣纷纷弹劾徐光启。主要罪责如下：

以练兵为名侵吞国家资产。（无非骗官盗饷）

练兵就是个笑话。（以朝廷数万之金钱，供一己逍遥之儿戏）

第十八章 中国史上第一支欧洲雇佣军

还有人说:"洋铳若能护国,吾辈成何?"

如果洋炮这么厉害,那我们算什么?

你们算嘴炮。

如果明朝官员的嘴炮是世界第二,没人敢当第一。

他们给徐光启扣了一顶帽子——"名教罪人"。他们说徐光启误国欺君,其罪甚大。

动嘴的胜利了,动手的徐光启只得回上海老家抱孩子去了。

23名葡萄牙人全部遣返澳门。

崇祯帝即位。徐光启升授礼部左侍郎,又提出练兵。

同期,俄罗斯外有波兰、瑞典大军压境,内部矛盾重重。米哈伊尔沙皇不仅引进欧洲大炮,还把军队编制、训练、战术按照瑞典的模式进行改革。

崇祯帝觉得练兵投入大,见效慢,不如直接买火炮。他说,火器终为中国长技,西洋大炮不可偏废。

1627年,崇祯下旨,命两广军门李逢节和王尊德去澳门购买火炮。

1629年,后金军突然入关,北京告急。崇祯皇帝急忙追问火炮走到哪里了。

徐光启把在京的欧洲传教士动员起来,登上北京城头指导大炮发射。

李王二人早就在澳门买好了火炮,并邀请葡萄牙人贡萨沃·西劳率领31名炮手一同前往北京。红夷大铳太重了,走走停停,耗费了很多时间。

11月23日,大炮队进入涿州,遭遇后金军。当时城内官民都打算弃城逃跑。西劳急忙把大炮推上城头,只放了几炮,后金军就撤退了。

1630年,葡萄牙人拉着大炮进入北京。

崇祯皇帝十分高兴,决心聘用全部葡萄牙人。西劳年薪一百五十两,每月再加十五两零花钱。其他人年薪一百两,每月十两伙食钱。

新购西洋大炮安置北京城各要塞处,并赐名"神威大将军"。

不久,葡萄牙教练就训练出二百多名明军炮手。

学生毕业,老师就可以回澳门了。

此时关外战火又起。西劳主动向明政府请缨,愿意去抗金前线。

崇祯十分赞赏。

趁着皇帝高兴,徐光启趁机提出,再去澳门招募炮手200人、随从200人,火器若干。前后两拨葡萄牙人加起来约500人,可以彻底保障北京的安全。再花上两年时间,可以恢复全辽。

崇祯皇帝全部答应。

西劳回到澳门，很快招满400人。这其中，有出生在葡萄牙的原装欧洲人，有二代混血移民，有当地中国人，还有印度人和黑人。早在一百年前，葡萄牙人就帮助泰国王室作战，后来陆续成为缅甸、柬埔寨、日本的军事盟友，算是经验丰富的职业雇佣军。

当时澳门的总人口在万人左右，其中葡萄牙公民约一千人。

这支400人的雇佣军由两名军官率领，一个叫科德略，另一个叫罗德里格。

他们从澳门出发，一路上由地方政府供应食物和物资，有鸡有牛、有果有酒，十分丰盛。从葡萄牙人的记载来看，他们对沿途的招待很满意，也迫切希望到北方同后金军队作战。

雇佣军刚到南昌，就接到北京的加急命令：

少数人携带大炮入京，其他士兵停止前进，立即返回澳门。

原来，雇佣葡萄牙人一事遭到礼科给事中卢兆龙的强烈反对。他认为：

首先，这些人帮不上忙。"以之助顺则不足，以之酿乱则有余。"

其次，这些人不是好人。"何事外招远夷，贻忧内地，使之窥我虚实，熟我情形，更笑我天朝之无人也？"

最后，卢兆龙说：

"堂堂天朝，必待澳夷而后强？臣自幼习读孔孟之书，经文备之矣，不识世间有天主教。臣言夷人不可用，非言火炮不可用。"

我从小认真读书，到现在都没有听说过天主教。说明天主教没什么价值。

刘宗周说：

"唐宋以前，用兵未闻火器。火器无益于成败之数。愈用兵则国威俞损也。"

刘宗周要是生活在现代，肯定强烈反对引进外国飞机、计算机和手机。

林启陆说：

"从未见三代、唐宋治防夷寇御者，用此碧眼高鼻之狡番为哉。"

总结反对派观点有三：

第一，中国唐宋没用过火器，所以现也不必用。

第二，火器在战争中的作用有限，没有火器也能打胜仗。所以，不要用火器。这个推导过程非常可笑。今天小学生的逻辑性都比他们强。

第三，火器可以用，但外国人绝不能用。

明朝人，甚至在当代国人的脑中，存在着这样一种观念：

凡是主动搭讪的陌生人，多半出于某种目的。

凡是来到中国的外国人，肯定为了某种好处。

陌生人和外国人做事是为了他们有好处，我们做事也是为了我们自己有好处。每个人做事都是为了某种好处，这是人的本性，不是道德缺陷。

问题是我们如何看待陌生人和外国人。我们把他们看作是分我们蛋糕的坏蛋，还是看作合作双赢的伙伴？

明朝的这些错误，到了清朝也没有纠正过来。

虽然徐光启再三辩解，一贯犹豫的崇祯又倒向了卢兆龙。

就这样，大明朝第一支西方雇佣军刚走到一半，就原路返回了。

又浪费了不少钱。

1631年，耶稣会神父陆若汉带着武器和少数人进入京城。

为了避开文官们弓箭一般的"口水"，徐光启将陆若汉等人安排到山东登州（今山东蓬莱附近），协助自己的学生孙元化（登莱巡抚）造炮练兵。

孙元化对西方火器十分熟悉，著有《西法神机》。

登州的葡籍炮手约40人。他们很有职业精神，教授中国炮手十分认真。

第二批葡萄牙雇佣兵到达登州仅1个月后，就上了抗金前线。

当时，皇太极指挥后金兵攻打皮岛。张焘和西劳携带西洋火器前去支援。

张焘对这次战役的记述很生动：

"西人统领西劳用辽船架西洋神炮，冲击正面。计用神器十九次，约打死贼六七百。神炮诸发，房阵披靡，死伤甚众。此海外一大捷。"

后金兵不惧炮火，顽强进攻，"溃而复合，合而复溃，如是者再四。"

不过，血肉之躯终究抵不过刚硬的炮弹。后金兵大面积溃败。

红夷大炮再次帮明军取得胜利。

皮岛战役两个月后，皇太极率大军进攻关外要地大凌河。

北京兵部火急征调登州炮兵前去支援。

孙元化把这个任务交给了孔有德。

孔有德打算率领三千人马乘船跨海前去援救，无奈风高浪大。

于是，他带着大炮从陆上直奔山海关。大军行到吴桥的时候，风雪交加。

当地老百姓怕大兵骚扰，纷纷闭门罢市。

有一个士兵又冷又饿，偷了当地望族王象春（曾任吏部郎中）的一只鸡。

王家的一名家仆向孔有德告状。

明朝重文轻武。孔有德哪惹得起王象春，于是绑住这个小兵游街示众。

这个受尽侮辱的小兵一气之下，杀了这名家仆。

这下王象春不干了。孔有德只得将小兵正法。

士兵极度悲愤，怂恿孔有德造反。

孔有德于是血洗王家（没有杀王象春），然后带着大炮，杀回登州。

登州守军与孔有德叛军用红夷大炮互攻。葡萄牙炮兵本着雇佣军的职业精神，固守炮位和叛军作战。

城内的耿仲明投敌献门，孔有德杀入城内。

葡萄牙炮兵在明军纷纷逃亡和叛变的情况下，血战到最后一刻。包括炮队统领西劳在内，共有12名葡萄牙人战死，另有15人重伤被俘。

中国人尊师重教。孔有德感念师徒之情，允许陆若汉带领幸存的葡萄牙人离开登州。他们只得返回澳门。

孙元化和张焘被俘。孔有德把他们两人也放了。

1633年4月，孔有德、耿仲明携十数门红夷大炮和众多火器手投降后金。这两个家伙后来成为清军征服江南的主力。

大明花大钱、花时间培养的精锐，成了大清的特种部队。

明朝的灭亡，完全怪那只鸡。

明军屡屡欠饷，屡屡兵变，始终没找到解决办法。

按当时惯例，地方官失守城池，应自杀谢罪。孙元化是天主教徒，不能选择自杀。他和张焘来到天津。

崇祯下令将孙张二人处死。兵部追赠西劳为参将。每名死者家属给十两抚恤金。

徐光启对于爱徒悲惨的结局感到非常伤痛，第二年他就去世了，以后再也没有人提和葡萄牙人合作了。

话说回来，即使大明雇佣再多的葡萄牙人，采购再多的大炮，也无法挽回灭亡的命运。

无论支持也好，反对也罢，明朝官员看到的只是红夷大炮的形状和威力，并没有意识到其背后隐藏的奥秘——科学技术。

16 世纪的意大利数学家塔尔塔利亚发现炮弹以 45 度角发射，弹程最远。

英国人发现炮管长度为口径的 18 倍时发射性能最佳。

欧洲人发现火药中硝石、硫黄、木炭最佳比例是 74.64%、11.85%、13.51%。粉末状火药也不行，要滴上水，使其变成颗粒状，易于充分燃烧。

大炮、炮弹、火药有了，还要用特定的尺规，还要用精密的望远镜，还要用数学计算时间和距离。

火炮技术涉及数学、物理、化学、光学知识，是一项综合工程。

徐光启在《几何原本》的序言中写道，

"（两国交战）以寡弱胜众强，彼操何术以然？熟于几何之学而已。"

两国战争，比的不是大炮，比的是几何。

几何再往上，是哲学。欧洲哲学研究宇宙与世界，支持科学。明人的哲学重"心"而轻"器"，轻物质、轻事物。意大利传教士利玛窦送给明朝官员自鸣钟、天文仪器、三棱镜。汤若望又制作了望远镜。少数官员对这些机械爱不释手，但多数官员认为这是玩物丧志。先进的机器扰乱人的心智，应该避而远之。

明朝灭亡 150 年后，英国访华团向乾隆皇帝送上了天体运行仪、地球仪、装有 110 门火炮的战舰模型、榴弹炮、迫击炮、卡宾枪、连发手枪，以及蒸汽机、棉纺机、梳理机、织布机。

但是皇帝本人和官员们都没有兴趣。

第十九章
欧洲的明朝故事

崇祯自杀之后,明朝北京政府灭亡。

福王朱由崧在南京即皇帝位,改元弘光。

清军南下,攻下扬州,疯狂屠城,史称"扬州十日"。

接着,南京陷落。弘光帝被俘被杀,在位仅八个月。

1645年8月,唐王朱聿键在郑芝龙等人的拥立下,在福州登基,称隆武帝。

御马太监庞天寿侍奉隆武皇帝。他在万历年间加入天主教,受洗于龙新民。受庞天寿影响,隆武帝在福州斥巨资修建教堂,御笔书写"敕建天主堂",并赐"上帝临汝"的匾额。

郑芝龙也是天主教徒。

清军围攻福州,隆武帝派庞天寿前往澳门求援。

在传教士的帮助下,澳门总督欣然同意派尼古拉斯·费雷拉率领三百多名葡萄牙士兵前去救援。葡军人数虽然不多,但装备精良,带着火枪和十门大炮。

在途中,庞天寿听说福州已经陷落,隆武帝被清军俘虏后绝食而亡。

不久,桂王朱由榔(万历皇帝的孙子)在肇庆登基称帝,称永历帝。

史书将弘光、隆武、永历政府称南明。

庞天寿于是带着葡军转赴肇庆。

清军追近，永历帝从肇庆逃到桂林。庞天寿又率葡军追到桂林，正遇上明末抗清名将李定国和两广总督瞿式耜同清军作战。

费雷拉率领葡军立即参战。澳门火炮在作战中起到很大的作用。

中葡联军击退清军，取得桂林大捷。

瞿式耜也是一名天主教徒。他写道："臣急从都司礼庞天寿所铸西洋大火铳，即从城头施攻，毙敌乘马之虏官三四名。"

永历帝见到庞天寿，任命他为司礼监掌印太监。在庞太监的建议下，永历帝派遣耶稣会教士毕方济前往澳门，购买西洋火炮，并向葡萄牙人借兵。

澳门总督派耶稣会教士瞿纱微前往桂林。

1648年，瞿纱微给皇室成员及宫女太监们集体施洗，加入天主教。

皇太后（永历帝嫡母）教名为玛利亚，马太后（永历帝生母）教名烈纳（海伦娜），王皇后教名亚纳（安娜）。

永历皇帝本人有些犹豫。

不久之后，太子朱慈煊出生。瞿纱微想给婴儿施洗。

天主教的规定是一夫一妻。

永历帝担心儿子入教后不能娶嫔妃，不能生儿子，于是拒绝。

朱慈煊三个月大的时候，突患重病，几近不治。

在这种危急的情况下，永历帝最终同意让太子受洗，取教名当定，即康斯坦丁的简称。

永历帝很满意这个名字。当定当定，很多事情该定下来了。

瞿纱微更满意这个有独特意义的名字。

公元313年，康斯坦丁大帝在太后海伦娜的影响下，宣布基督教为罗马帝国国教。瞿纱微希望中国的海伦娜（马太后）影响中国的当定皇帝（朱慈煊）宣布基督教为大明帝国国教。

永历帝本人无意入教。耶稣会士把带领中国皈依天主教的希望寄托在当定身上。

幸运的是，朱慈煊很快恢复了健康。

是否上帝保佑的结果？没人知道。

兴奋的永历帝专门派使节到澳门耶稣会致谢，并再次请求援军支持。

澳门当局并不热情，象征性地给了百支火枪。

在庞天寿的建议下,永历帝同意派一个使团前往向罗马,直接向教皇求救。

瞿纱微推荐波兰传教士卜弥格为团长。

澳门的传教士,包括瞿纱微、卜弥格在内,都隶属于耶稣会。耶稣会总部在罗马,隶属于教皇本人。因此,访欧代表团全过程由耶稣会安排。

花蟹,背部有十字图案

卜弥格于1612年出生于波兰的利沃夫(今属乌克兰)。1644年,当他到达中国的时候,清军已经占领北京。

卜弥格曾经写过一本《中国地图册》。在书中,他说在中国有一种蟹,壳上有十字架。这是太后、皇后、太子加入天主教的吉兆。

这种蟹叫花蟹、火烧公,也叫十字蟹,和天主教并无关系。

南明向罗马派遣使团,首先要有正式的国书。

永历帝不是天主教徒,所以信以永历嫡母皇太后名义发出。写给英诺森教皇的信件部分内容如下:

"大明宁圣慈肃皇太后烈纳至谕于因诺曾爵代天主耶稣在世总师,公教皇主,圣父座前:

窃念烈纳本中国女子,忝处皇宫,惟知阃中之礼,未谙域外之教。赖有耶稣会士瞿纱微,在我皇朝敷扬圣教。遂尔信心,敬领圣洗,三年于兹矣。

望圣父代求天主,保佑我国中兴太平,俾我大明第十八代帝太祖第十二世孙,主臣等悉知敬真主耶稣。更冀圣父多遣耶稣会士来,广传圣教。

今有耶稣会士卜弥格,知我中国事情,即令回国,致言我之差圣父前,彼能详述鄙意也。俟太平之时,即遣使官来,到圣伯多禄,圣保禄台前致仪行礼。

伏望圣慈鉴兹愚悃,特谕!

永历四年,十月十一日。"

卜弥格将信件翻译成拉丁文。

庞太监也写信给教皇、耶稣会会长、葡萄牙国王和威尼斯共和国总督。

请求教皇援助的理由是,受洗入教的南明太子当定,是中国未来的皇帝,会把中国变成天主教国家。一旦大明国恢复国力,可以派军队到欧洲同土耳其人作战。

庞天寿命年轻官员陈安德与卜弥格同行。

陈安德于是成为第一个赴欧洲的"中国外交官"。

1651年1月1日,卜弥格带着陈安德从澳门出发。

这是明朝历史上第一支访欧代表团。

大明成立后,第一支赴中国的欧洲代表团,是1519年的葡萄牙代表团。这支代表团幸运地见到正德皇帝。

其实,早在三百多年前的1287年,一个名叫扫马的北京人就奉蒙古大汗之命出访法国,见到了教皇、法国国王和英国国王。

从中国回欧洲,耶稣会士一般从澳门出发,在葡萄牙远东总部——印度果阿中转。果阿和里斯本之间每年都有固定的船只往返。将近七十年前,四名日本贵族子弟从日本出发,就是按照这个线路到达欧洲的。他们见到了教皇本人。

中华访欧代表团于当年5月到达印度果阿。

当地葡萄牙官员不希望耶稣会介入中国内政,于是把卜弥格和陈安德扣押。

12月,卜弥格和陈安德成功越狱。他们知道,葡萄牙船票肯定是买不到的,于是决定走陆路。

卜陈二人化装成亚美尼亚商人,前往波斯,然后经土耳其进入欧洲。历经千辛万苦,他们终于来到威尼斯,并见到了威尼斯共和国总督弗朗西斯科·莫林。他们还向法国驻威尼斯大使介绍了中国的情况。

在会谈时,卜弥格始终穿着明朝官服。

为了宣传中国的情况,卜弥格出版了《中国报告》,被当地人抢购一空。

威尼斯人闲着无聊,对中国宫廷政治很好奇?

非也。他们只有一个目的,发现《中国报告》里的商机。

卜陈二人还不知道一个重大的新情况。

大清政府也派了一支代表团,由意大利传教士卫匡国领衔,前往罗马争取教皇支持。卫匡国认识汤若望,见过顺治皇帝。他从汕头出海,经过菲律宾前往南洋,不想在中途被信奉新教的荷兰人扣押了一年,之后返回欧洲。

大明的波兰特使被葡萄牙人拦截,大清的意大利特使被荷兰人拦截。

真够魔幻的。

1652年底，经过将近两年的跋涉，南明使团终于抵达罗马。

当时的教皇是英诺森十世。

听说卜弥格来了，英诺森教皇十分不快，拒绝接见他们。原因有二：

一、他希望卜弥格直接向自己汇报，而不是把消息公开。

二、教皇正和法国国王闹矛盾，他反对法国大使介入。

新当选的耶稣会会长古斯维斯·尼克尔认为，接受南明使臣的请求将危及耶稣会在中国的传教活动。

卜弥格和陈安德在意大利一等就是3年。

在此期间，罗马教廷召开3次会议，没有结果。

令人惊异的是，此时罗马已经有了一名中国人，比他们来得还早。

法国人路德神父长期在越南传教。为了学习当地语言，他把每一个越南字用拉丁字母标注。今天，越南人废弃了原来的文字，改用路德神父的拉丁字母。

1645年，路德神父准备返回欧洲。澳门的耶稣会告诉他，可以提供经费，让他带一名中国少年赴罗马深造。

路德神父在澳门有一个好朋友叫安多尼，是中国人。安多尼有一个儿子叫郑玛诺，是一名天主教徒。路德很喜欢郑玛诺，在日记中称其为"我的中国小孩"或"小玛诺"。所以，路德神父就选了郑玛诺。

1645年，鸡年。年号不详。因为中国有多个皇帝：

隆武皇帝（南明）、弘光皇帝（南明）、永昌皇帝李自成、大顺皇帝张献忠，以及最终夺取天下的顺治皇帝。

12月20日，路德神父带着12岁的郑玛诺从澳门出发，乘船前往罗马。他们比卜陈代表团早5年出发。

1646年1月14日，他们到达马六甲。一支荷兰船队把他们俘虏，并押回到巴达维亚（今雅加达）关了3个月。荷兰人将人畜无害的路德神父和小玛诺释放。

路德神父和小玛诺再次西行，再次经过马六甲后，来到印度果阿。他们也走陆路，经波斯到达亚美尼亚。

郑玛诺在亚美尼亚的一个修道院学习了6个月。小伙子极具语言天赋，很快就学会了亚美尼亚语，与当地人谈吐无异。

经过土耳其时，当地军官看郑玛诺身材高大、长着一副蒙古人的面孔，立即将他和路德神父拘押。郑玛诺以流利的亚美尼亚语去解释，很快获得自由。

经过五年的艰苦跋涉，这一老一少于1650年到达罗马，顺利进入耶稣会学校学习语言。从果阿到罗马，这一路超过一万公里。

耶稣会在当时拥有世界上最多的学校，超过400所，全部施行免费教育。资金来自捐赠，授课老师不拿工资。

为了节省时间，郑玛诺以1年零10个月的时间，完成欧洲中学生4年的全部课程。

1653年，郑玛诺转入著名的罗马学院。这所学院培养过多位教皇，克拉乌、伽利略曾担任该院教师。

郑玛诺学习修辞学一年，又用了三年学习哲学（包括一年逻辑学、一年音乐和科学，一年形而上学）等多门课程。

1658年毕业后，郑玛诺留在罗马学院，教授拉丁文和希腊文法与文学。

一个中国人在罗马著名的学校给外国人教授希腊文学，这在历史上尚无先例。

中国人聪明、勤学，自古以来就是如此。

1660年，郑玛诺继续攻读神学。后晋升成为神父。

1653年，大清特使卫匡国辗转抵达荷兰的阿姆斯特丹。在路上，他撰写了一本明灭清兴的历史书，叫《鞑靼战纪》。

卫匡国归纳了明朝灭亡的三大原因：辽东战事、李自成等流民起义和魏忠贤专政。他写道：

"（魏忠贤）权力无限，而官员、大臣、将军及谏官之间因此产生忌妒、倾轧，各自结党相互攻击。这个太监则火上加油，滥用他享有的恩宠。若有人言语或文字对他有所冒犯，或者谈吐和举止对他不敬，或者不奉承他的卑贱之身，他立刻下令将此人处死，即使此人是大员，也至少要罢免他的官职。"

卫匡国是一个外国人，不受派别和利益影响，记述这段历史还是比较客观公正的。方豪认为《鞑靼战纪》"所记至详，直言不隐，足补我国正史之阙略"。

总之，这本书史料价值极高。

世界上第一部记录明末清初的历史著作，竟然是外国人写的！

《鞑靼战纪》第一版于1654年在安特卫普出版,科隆、伦敦、罗马和阿姆斯特丹等地随后跟进。据统计,从1654年到1706年,50年的时间里,这本书用9种语言发行211版,广为流传。

为了断绝卜弥格向母国波兰求救的念头,卫匡国还将此书献给了波兰国王。

在欧洲期间,卫匡国还撰写了《中国上古史》《中国新图志》。这是自1615年《利玛窦札记》出版后,欧洲读者所能见到的关于中国最新、最全的报导和评论。

《中国上古史》介绍了盘古、伏羲、神农、黄帝、禹、桀、汤、纣、周武王、周赧王,一直写到西汉。他认为,伏羲即位的年代比《圣经》中挪亚洪水的时代还要早600年,引发了欧洲思想界的大争论。

《中国新图志》介绍了中国各省地理位置、名称来源、建置沿革、面积方位、气候物产、名山大川、城镇交通、户口租赋、风俗习惯、人文古迹等。卫匡国因此被称为"西方研究中国地理之父"。

卫匡国在书中第一次将古老的中国悬索桥介绍给西方。直到1741年,欧洲才有了第一座悬索桥。

卜弥格也没有闲着。他在维也纳出版的《植物志》介绍了大量的中国动植物,还强调了这些植物的药用价值。卜弥格还撰写了《中国医药概说》《中国诊脉秘法》,向欧洲人介绍中医中药。

两位特使像比赛一样,争相向欧洲人介绍中国的情况。

其实,在此之前,有关中国的书籍已经不少了。

比如,皮雷斯的《东方志:从红海到中国》(1515年)、克鲁兹的《中国志》(1569年)、西班牙传教士德阿德的《出使福建记》(1575年)、《记大明的中国事情》(1575年)、门多萨的《中华大帝国史》(1585年)、曾德昭《大中国志》(1642年)等。除此之外,在中国的传教士还向欧洲亲人朋友写了数不清的信件。

明末的欧洲人对大明了解得如此清楚,而大明对欧洲的了解却是如此匮乏。明末接触过、了解过欧洲人的蔡汝贤、茅瑞征、沈德符、俞大猷、朱纨、严从简都认为葡萄牙是一个东南亚国家,距离中国不远。大部分文人相信,葡萄牙人喜欢吃中国小孩,而且记述得十分详细,说什么用铁笼放在热水上蒸,蒸熟了用铁刷子刷掉皮肤后,小孩子还活着。这时候才杀了孩子,取了内脏,再次蒸熟后食用。

老百姓不知道情有可原，他们这么写实在不负责任。

他们是网上某些大V的祖先。

明朝人对欧洲的认识是被动的，几乎没有人去过欧洲。很多写书的人也没有去过葡萄牙人居住的澳门、西班牙人居住的菲律宾，以及荷兰人暂居的台湾。他们都是东一耳朵、西一耳朵道听途说的。

1655年，英诺森教皇去世，亚历山大七世教皇继任。

新教皇很同情南明朝廷和永历皇帝的危险处境，于是接见了南明使团。不过，教皇认为，南明军事实力太弱，早晚会亡。既然大清允许传教，因此没有必要武力支持南明。

亚历山大教皇回信给皇太后和庞天寿，给他们口头鼓励和精神安慰。在回复给庞天寿的信中，教皇引用了《圣经》中一位太监信教的事迹鼓励他。

不管怎么说，教皇从态度上是支持的。

亚历山大教皇也接见了卫匡国，就中国天主教徒祀孔和祭祖的问题进行了专题讨论。在华传教士认为中国人把孔子和祖宗当神崇拜没问题，但加入天主教后，只能承认耶稣为神，不能祭拜孔子。

卫匡国解释说，祀孔和祭祖属于中国传统礼仪，不是拜神。因此，应允许中国的天主教徒继续参加这样的仪式。

教皇接受了卫匡国的建议。

卜弥格和陈安德拿着教皇的信向葡萄牙国王约翰四世求救。

约翰四世口头答应给予南明政府军事援助。

卜弥格很兴奋。他顾不得回波兰老家省亲，立即启程返华复命。在一封写给友人的信中，他恳切地说："我要回到中国的战场上去，即使付出名誉和健康的代价也在所不惜。"

他们再次历经磨难，回到澳门。

没想到，葡萄牙殖民政府却支持大清，拒绝他们入境。

八年了，中国的局面发生了翻天覆地的变化。

清军基本上占领了广西、贵州全境。

王太后和庞天寿没有等到教皇的回信，已经病故了。

永历帝和太子准备逃亡缅甸。

为了保住澳门，为了留下来做生意、传教，葡萄牙人决定与大清合作。

卜弥格和陈安德只得从泰国和越南选择地点入境。1659年8月，因为劳累和疾病，时年 47 岁的卜弥格病逝于越南和中国广西的交界处。

陈安德也从史书上神秘地消失了。

1662 年，没有等来欧洲援助的永历帝和太子当定，被吴三桂俘虏并被处死。

卫匡国比他们早一年回到中国，1661 年因霍乱逝于杭州。

1666 年 4 月，郑玛诺在里斯本受到葡萄牙国王召见后，扬帆东渡回国。

回国的路程同样坎坷。直到 1668 年 8 月 19 日，郑玛诺才踏上澳门的土地。

一来一回，耗时二十三个春秋。

出发的时候，郑玛诺还是一名 12 岁的少年，现在是一名 35 岁的神父了。

可惜的是，郑玛诺还没有发挥什么作用，就在 1673 年病逝于北京。

如果郑玛诺能够著书立说、传播学问，说不定他就是中国第二个陈玄奘。

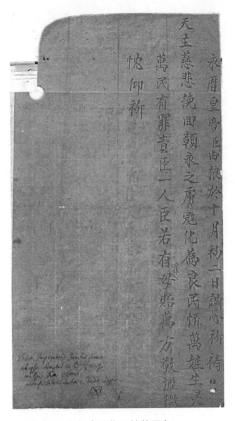

永历帝的祈祷书（现藏于梵蒂冈）

Johann Adam Schall von Bell (1592—1666)

第二十章
汤若望——位居一品官员的德国人

1592 年，约翰·亚当·沙尔·冯·白尔出生于德国科隆。

19 岁时，约翰加入耶稣会。21 岁时，约翰进入罗马学院。在这里，他聆听了伽利略关于望远镜的报告。

1618 年 4 月，从中国回来的金尼阁神父招募传教士前往中国，约翰积极报名。

出发前，金尼阁神父寻求教皇、欧洲各国王室资金支持，在欧洲采购 7000 册书，涵盖了天文、数学、建筑、矿业、文学、宗教等领域。其中有《伊索寓言》、亚里士多德的《宇宙学》、哥白尼的《天体运行论》、蒙田的《随笔集》、维特鲁威的《建筑十书》等。

金尼阁带着 22 名传教士从里斯本启航，于 1619 年 7 月 15 日抵达澳门。出发时是 22 人，到澳门时只剩下 8 人，中途死亡 14 人。约翰是幸存者之一。

金尼阁到中国后不久病逝。他带去的绝大多数图书都没有译成中文。

1622 年，约翰把自己名字中的"亚当"改为"汤"，把"约翰"改为"若望"，并取字"道未"，出典于《孟子》的"望道而未见之"。

就在这一年，荷兰人进攻澳门。汤若望参与了战斗，并学会了使用火炮。

1623年，31岁的汤若望到达北京。几个月后，他成功地预测了10月8日的月食。钦天监官员李祖白非常佩服汤若望渊博的天文知识。在汤若望的指导下，李祖白撰写了《远镜说》，成为中国首部介绍光学传播理论和望远镜制造技术的专著。

1627年，耶稣会派汤若望到西安传教。

这一年，崇祯帝继位。

清军入侵、农民反叛、财政破产、瘟疫成灾。

天下大乱，解决之道在哪里？

在天上。

大事小情，上天都会通过天象提前告诉你。

如果你不查、不懂、不能正确理解上天的意思，那你就离灭亡不远了。

大明建国后，成立钦天监，颁布了大统历。为了防止民间借天象起义，明政府禁止民间研究天文学。钦天监工作人员父死子继，确保天文科技不外泄。元朝任命阿拉伯人为天文官员。明朝继续雇佣他们，让他们用伊斯兰历法（观测天象）。

崇祯二年五月初一，钦天监用大统历、伊斯兰历推算都是错的，而徐光启用欧洲天文学方法推算与实测相符。

这不是钦天监第一次犯错了。崇祯帝十分震怒。

上帝发给我的邮件，你们不是遗漏就是读不懂，这不是害我吗。

崇祯帝亲自观测了日食、月食，欧洲历法再次获胜。

崇祯帝于是命令徐光启设立历局，编纂新历。徐光启召传教士龙华民、邓玉函入局。

邓玉函写信给欧洲的天文学家，请他们提供技术支持。开普勒收到信后，回答了邓玉函的问题，并寄了两册自己刚刚出版的《鲁道夫星表》。这是当时世界上最准的星表。可以说，伟大的开普勒本人对中国历法的修订是有贡献的。

伽利略也收到了邓玉函的信。当时他被罗马教会软禁，没有回信。

1630年，邓玉函去世，徐光启召汤若望回北京修历。

1633年，徐光启病逝。山东参政、天主教徒李天经主持历局工作。

李天经发现根据大统历推测的秋分，与实际时间竟然相差两天以上。

别小看两天，庄稼春季提前播种和延后播种，决定了秋天是丰收还是荒歉。如果闹荒歉，就要死人，吃人肉，然后是农民叛乱。

地球绕太阳一周是一年，月亮绕地球一周是一月，地球自转一周是一天。因此，修订历法的背后是天文学。

哥白尼出版《天体运行论》是在1543年。此后欧洲开启了天文学革命。第谷记录了精确的星表，开普勒发现了三大定律，伽利略用望远镜观测了太阳、月亮，布鲁诺提出了宇宙无限论。欧洲在天文学领域的认知遥遥领先于世界。

由于封闭不进步，明朝最聪明的读书人连最基本的天文常识都不能理解。比如，大地是平的，还是圆的？

绝大多数明朝士绅认为大地是平的。《三国演义》里写道，陆地如棋局。

只有极少数明朝读书人认可地球是圆的。张萱还从唐朝小说《酉阳杂记》里找出了证据。该书讲了一个故事，说是有人掘井太深，不见水，反而听到车马喧嚣的声音。

我小时候也读过类似的故事。就是把地球挖出一个洞，从中国跳进去，从美国蹦出来。

明朝士绅对地球上有人头朝上，有人头朝下不能理解。

宋应星就反对地圆说，视之为怪论。

再比如，太阳和地球比，哪个更大？

关于这个问题，不理解的明朝人就更多了。

方以智认为，如果太阳大于地球，那么地球上的生物都会被烧死。

再比如，天体旋转的轨迹是正圆形的，还是椭圆形的？

如果对这些问题没有正确的认识，就不可能制定出准确的历法。

不要说明朝，到了清朝康熙年间，当中国天文官员和欧洲天文官员进行测量比赛时，满朝文武鸦雀无声，一句话也说不出。

明朝文人先是接受一条一条的天文结论，最后惊叹地发现，欧洲天文是有逻辑的，是自成体系的，不同天文结论是相互可以论证的。

张岱认为欧洲历法：

"阐微析幽，思出象表，虽使杨子谭玄，洛下握笔，无以及此。"

杨子即杨雄，是西汉时期的大思想家，他将老子的"玄"视为宇宙的最高奥秘。洛下是西汉时期著名的天文学家洛下闳，参与制定了《太初历》。《太初历》第一次将二十四节气列入历法。

至于欧洲领先的原因，李之藻认为，欧洲不禁止研究天文历学，各国英才聚在一起讨论、研究。我们的天文历学几百年来都是家族内传，想学习没老师，想讨论没朋友，这样能不落后吗？

兵部尚书熊明遇认为欧洲人：

"四泛大海，周遭地轮，上窥玄象，下采风谣。"

欧洲人走出国门，深入世界的每一个角落。他们四处观察，广泛吸收，所以先进。

熊明遇认为，中国人应该像孔子问官于郯子一样，虚心接纳。

郯子是春秋时期一个小国的国君。孔子听说他非常懂官制，于是亲自前去拜访求教。大有收获的孔子感慨地说："天子失官，学在四夷。"

由于宫廷失职，真正的知识已经流落在民间或者远方了。

开明的明朝官员借用"天子失官"这个典故，劝国人不要无端歧视、一味拒绝欧洲知识。欧洲的确是四夷，但并不表示欧洲没有学问。

李天经说：

"䍐余西戎之裔，秦用以霸。金日磾西域之子，为汉名卿。即马沙亦黑，为回回族，我皇祖设专科以待之。苟有利于国，远近无论焉。"

明朝文人还举了韦宗观衅的故事。

后秦皇帝姚兴想讨伐落后的南凉。他派尚书郎韦宗去后凉观衅（侦察虚实）。后凉主傉檀与韦宗论王朝兴废，人事成败，机敏善变，对答如流。

韦宗出来后，长叹道：

"命世大才、经纶名教者，不必华宗夏士；
拨烦理乱、澄清济世者，亦未必《八索》《九丘》。
五经之外，冠冕之表，复自有人。
车骑神机秀发，信一代之伟人，由（即䍐）余、日磾岂足为多也。"

其意思是说，世界级人物和思想家，不都是中国人；
治理世界和国家，不一定非要用古代典籍。
像䍐余、日磾这样的人才，太少了。
一句话，外国也有能人，该用就用。
孔子他老人家还说过，"三人行，必有我师。"
明朝的保守官员早就忘记圣人的教诲了。

明末五大师之一方以智部分接受了欧洲历法，但还有很多不理解的地方。他说，土星绕日周期为28年（实际是29.46年），木星为12年（实际是11.86年），这些是怎么验证的？不可相信。

沈榷说，太阳是皇帝，月亮是皇后，星宿是文武百官，小星星是老百姓，这是尊卑贵贱的天理。欧洲历法干涉王道，伤害王化，反对祖宗，反对圣贤，罪大恶极。

我国古代根据月亮的盈亏定月。6个大月各30天，6个小月各29天，全年354天。而太阳年是365天。两者相差11天。为了取得统一，中国农历每隔三年左右需要加一个月，称闰月。比如2020年就有两个四月。

万历年间，欧洲人计算地球绕太阳一周的时间是365.2425天，已经非常接近实际的365.2422天，每3300年才差一天。因此，连闰天都不需要。

闰月问题把明朝不少官员都惹火了。

谢宫花问道，难道中国千古帝王将相，神圣贤哲的大识大见都错了吗？他们当然没错。大统历行之万世无弊。弃用闰月是异端邪说。

许大受说，没有闰月荒谬无比，真真可笑之极矣。估计他是捋着胡子说的。

林启陆说，欧洲历法是极古今之大妄（集有史以来各种错误于一身）。

他们反对欧洲历的依据是《周易》《尚书》《左传》。

他们反对欧洲历的理由不是其不准确，不科学，而是乱了天道和尊卑。

天文学的落后，背后是数学的落后。

不会计算复杂的公式，怎么能发现天体运行的规律。

哥白尼《天体运行论》一书的序中写道，"不懂几何学的人，不得入内。"

举个小小的例子。把圆周分为360度，就是一个必不可少的计算工具。

徐光启痛惜地说："中国算数之学废于近世数百年间。"他说数学可以协助发展气象、水利、乐律、建筑、理财、机械、舆地、医药、计时。数学是关乎国计民生的大事。可惜，绝大多数明朝官员没有意识到这一点。

生前，徐光启清醒地意识到中国与欧洲的差距。他说："欲求超胜，必先会通。会通之前，必先翻译。"

其意思是说，中国超过欧洲，需要三个阶段：

第一阶段翻译西方著作，第二阶段学习吸收，第三阶段超过欧洲。

徐光启是最早提出"师夷长技以制夷"的人，是明朝睁眼看世界第一人。

徐光启的意思是通过学习、创造的方式超过西方。结果，明末清初的知识士人纷纷提出，西方的知识本来就是从中国抄去的。因此中国从来就不曾落后，何来超越之说。这种观点一直延续到清朝末年。

著名史学家王仁俊说，徐光启不学无术，竟然把利玛窦、汤若望讲授天文学视为珍宝，却不知西洋历法都是从中国古书上剽窃的。徐光启既无知，又可笑。

1634年12月，历局修完新历，史称《崇祯历书》。

《崇祯历书》包括宇宙体系、天体运行数据、数学知识（如球面三角学、几何学），以及天文仪器制作与使用。

《崇祯历书》吸收了哥白尼、第谷、开普勒、伽利略的最新成果，标志着中国天文学从此与世界天文学接轨，可谓一次巨大的进步。

汤若望发现中国历史上出现过一位伟大的天文学家叫郭守敬。他说郭守敬是中国的第谷。

在后来的天文预测中，新历与大统历、伊斯兰历做对比，八战八胜。

崇祯皇帝批复，"新法为近，其余于分秒疏远。"1638年底，他亲书"钦保天学"四个大字，送给历局。

但是，部分明朝官员强烈反对，说采用西方历法"变乱治统，是千古未闻之大逆。"

崇祯帝犹豫了。

1643年，当崇祯帝决定颁布新历的时候，大明国也快走到了尽头。

一个皇帝本人认可的方案，一个亲眼所见，多次验证的方案，在大明都推行不下去，明朝能不灭亡吗？

我看过一部韩国电影《天文：问天》。因为历法不准导致粮食歉收，百姓饥馑，朝鲜皇帝提议制定朝鲜自己的历法。大臣们说，朝鲜的历法要听大明皇帝的，更改历法如同子女违反父母的愿意。电影中还出现了大明的授时历。

赞成也好，反对也罢，我觉得引进西洋历法本身就是一件大好事。它把石头扔进了死水，激起了思想的波澜，引发了争鸣与思考。

明朝知识分子对欧洲天文学强烈抵触，对欧洲人的地理知识倒是没有那么反感。他们普遍接受并赞成欧洲人带来的世界地图。

1638年左右，汤若望与李天经翻译了德国矿冶学家阿格里科拉于1550年撰写的《矿冶全书》，中译本定名为《坤舆格致》。《坤舆格致》内容包括矿山管理、开采原理、勘探技术、采矿技术、采矿工具和设备、检验矿石方法、矿石熔炼法、贵金属与非金属分离法等。

崇祯皇帝御批："发下《坤舆格致》全书，着地方官相酌地形，便宜采取。"

在徐光启的提议下，崇祯皇帝同意仿制西方火炮。

这项任务被分摊给北京的欧洲传教士，包括汤若望。

教会一贯倡导和平，传教士们却不得不制造重型杀人武器。

汤若望内心极度不愿意。由于他在澳门有使用火炮的经验，被迫成为技术骨干，两年铸造大炮20门。

刘宗周强烈反对。他说明朝依赖武器，有损国威。汤若望作奇巧以惑君心，罪不可赦，应驱逐出境。

气得崇祯把他驱逐出宫。

对于汤若望，崇祯帝下令，再铸大炮500门。

在造炮过程中，汤若望指导焦勖完成了《火攻挈要》一书，详细介绍了制造火器的全过程，并附有插图40幅。除了讲火炮制造，该书还传播了化学、数学、采矿、冶金等各方面的知识。

1644年，李自成攻陷北京，崇祯皇帝自杀。不久之后，清军杀入北京。

汤若望留守北京。

1644年7月，他向清廷进献《历法》和天文仪器，并准确预测了8月1日的日食。

大明亡了，大清也离不开历法。

摄政王多尔衮下旨：

"钦天监印信著汤若望掌管，凡该监官员俱为若望所属。一切进历、占候、选择等项，悉听演印官举行，不许紊越。"

清朝政府将新历命名为《时宪历》，颁行天下。今天我们的农历计算也来源于这部《时宪历》。

1646年清廷加授汤若望太常寺少卿衔，官阶正四品。

多尔衮为了独揽大权，准备将顺治皇帝和他的母亲赶到皇城外居住。众臣摄于他的淫威，不敢反对。

汤若望向多尔衮上书说，为顺治皇帝选择新址时出现了异象，是不祥之兆。这理由足够充分，多尔衮悻悻作罢。

多尔衮病逝后，汤若望根据天象，为顺治帝选择了亲政日期。

因此，顺治帝和皇太后对汤若望十分信任。

顺治帝非常钦佩汤若望的道德与学问，尊称其为"玛法"。"玛法"是满语音译，意思是"尊敬的老爷爷"。顺治帝经常请"玛法"到宫中叙谈。汤若望到门外时无须太监传唤，进门后无须叩跪。

1651年9月，顺治帝一天之内加封汤若望通议大夫、太仆寺卿、太常寺卿三个头衔，使他从原来的正四品晋升为三品。

顺治帝加封汤若望的父亲、祖父为通奉大夫，母亲、祖母为二品夫人。还将诰命封书邮寄到汤若望的德国老家。

1658年2月2日，顺治帝封汤若望"光禄大夫"，正一品。

顺治帝还打破尊卑惯例，亲自到汤若望寓所探望求教，1656年、1657年这两年间多达24次。

1659年5月，郑成功率领十几万水陆大军大举北伐，兵临南京城下。

顺治帝惊恐万分，甚至产生了放弃北京，避难关外的打算。受到皇太后的训斥后，顺治帝又从一个极端跳到另一个极端，吵着嚷着要御驾亲征。

文武百官纷纷跪下劝阻。

顺治根本不听。他抽出长剑劈断御座，宣称谁敢阻拦，他就劈死谁。

太后劝说不管用，搬来皇帝最信任的乳母，也不管用。

王公贵族列队到汤若望的馆舍，请他出山。

汤若望立即撰写奏章，跪劝顺治以大局为重。

顺治心里有些后悔，正找不到台阶，汤若望的奏折和苦劝正好给了他机会，于是欣然答应。

不久传来消息，郑成功在南京遭受惨败。

24岁的顺治帝患上天花，病重不起，还没有确定继承人。

顺治有8个儿子，存活的有5个，最大的二子9岁。

他担心幼王被亲王贝勒们欺负，有意把王位传给一个堂兄弟。

在生命的最后一刻，顺治帝召见汤若望，就这个事关国家前途命运的重大问题征求他的意见。

汤若望说，关于王位继承，东西方是一致的，即父死子继，兄终弟及。皇位应该传给年龄最大的皇子。不过，该皇子还没有出过天花，这是一个很大的隐患。而三皇子玄烨染过天花现在康复，且聪慧过人，因此最为合适。

皇太后也是这个意见。

于是玄烨被扶上皇位。他就是中国历史上赫赫有名的康熙大帝。

汤若望将利马窦修建的经堂扩大，建成北京第一座大教堂（南堂）。

顺治末年，中国有30多处教堂，15万左右天主教徒。

随着天主教影响力的扩大，引发了一些民间保守派的不满。

顺治十六年至十七年之间，杨光先撰写了《辟邪论》《摘谬十论》《正国体呈》《中星说》《选择议》等多篇文章，亲自到礼部、通政使司等衙门状告汤若望，说汤若望等"非我族类，其心必殊"。

这个杨光先是个汉人，他说这话，难道没有考虑到皇帝本人是满族？

他这是公然造反啊！

杨光先说，汤若望的历法是虎豹的皮，非常漂亮，招人喜欢。不过，汤若望是活虎豹，早晚要吃掉你。

杨光先说，汤若望在《时宪历》封面上题写"依西洋新法"五个字，是侮辱大清不如西洋。

《时宪历》还有一个问题，杨光先竭力反对，那就是刻。

古代中国计时，一天十二个时辰，100刻。我们知道，100不是12的整数倍，二者相配非常麻烦。

欧洲的计时单位是时分秒。一天24小时，一小时60分，一分60秒，没有刻这种用法。为了和明朝搭配起来，西方传教士把一小时分成四刻钟，一天96刻钟，和中国100刻比较接近，但比中国100刻准确。

杨光先不干了。你们洋人一天偷走我们4刻的时间啊。再说，我们一天100刻，一个时辰是8.333333刻，比西方历划分得要精细。

杨光先还把徐光启骂了一顿，说后者修订历法是"邪臣逆谋"。

当时顺治帝尚在，汤若望仍受朝廷器重。礼部不理睬杨光先的诉状。

康熙三年（1664），杨光先再上《请诛邪教状》。他说汤若望有三条大罪：潜谋造反、邪说惑众、历法荒谬。每一条都该处死。

此时朝政由鳌拜主持。他嫉妒皇室对汤若望的倚重，打算排除洋人势力，大权独揽。杨光先给他提供了一个很好的借口。

鳌拜心狠手辣，下令将汤若望及大部分钦天监官员凌迟处死。他认为这还不够，下令把那些钦天监官员的儿子也斩立决。

好不容易培养的天文人才被斩草除根，一个不留。

此时，汤若望已经是一位73岁的老人了。

就在要凌迟汤若望的最后一刻，北京突然出现一场大地震，皇宫因此失火。加上皇太后趁机说情，汤若望才保住生命。南怀仁等几名传教士被流放。

李祖白等5名中国钦天监官员被杀头。

鳌拜任命杨光先出任钦天监正。

杨光先说，我不懂，干不了。反正我就是强烈反对地球是圆的。

鳌拜说，你写了那么多文章反驳西洋历法，说明你懂。你不干谁干。

杨光先硬着头皮来到钦天监。他废除《时宪历》，恢复了《大统历》。他又贬黜了三十多名精通西洋历法的职员。在他的不懈努力下，汤若望好不容易培养出来的天文人才被全部废掉。

然后，这位老先生又把天文仪器给废了。

这样，他这个外行终于可以放心地领导外行了。

在这位外行领导下，钦天监的测量没有一次是对的。

一年搞出两个春分，两个闰月。

后来康熙皇帝气愤地写道：

"从古有历法以来，未闻一岁中再闰。举朝无有知历者，朕目睹其事，心中痛恨。"

不过，杨光先说了一句谁也驳不倒的话替自己辩护：

"宁可使中夏无好历法，不可使中夏有西洋人。"

这句话还可以改成，宁肯明朝人都饿死，不可使中华有大清人。

康熙皇帝年轻，没悟出杨光先话中的意思，否则应该把"逆贼"杨光先凌迟，诛九族。

1666年，汤若望在忧郁中病逝于北京，享年75岁。

1668年，康熙命杨光先与传教士南怀仁同时进行日影观测，观测金星、水星，杨光先全部败给南怀仁。当时欧洲人已经知道光的折射定律。阳光从真空进入地球大气层会折射。海拔高的地方空气稀薄，地平面空气饱和。因此，阳光进入地球大气层到达地平面走的不是直线，类似于台阶线。这叫蒙气差。另外，欧洲人测阳光方向时，连接的是太阳中心与地心，而不是太阳中心与地面。这两者有地半径差。剔除这两个因素后，南怀仁提供了精确的日影数据。

杨光先哪里知道这些啊！更何况他强烈反对地球是圆的！

早在秦始皇时代，埃及人就知道了地球是圆的，并测出了地球的半径。当时没有什么科学仪器，测量工具就是两根木杆。我举个例子，先测出北京和南京的距离。当太阳在南京是垂直照射时，在北京则与垂直线有一个夹角。用两地距离乘以360度，再除以夹角即可。简单吧！连计算器都不用。

这件事对少年康熙震动很大。多年后他对皇子们说，当南怀仁进行测量的时候，满朝文武没有一个说话的，没有一个看得懂。这让我下定决心要亲自学习历法。

鳌拜倒台后，康熙皇帝将杨光先革职。考虑到他是一位70岁的老人，恩准他回家乡养老。杨光先死于归途。

清政府重新任命南怀仁为钦天监负责人，并恢复《时宪历》。

康熙政府确定的时间是：日十二时，时八刻，刻十五分，分六十秒。

1669年9月，康熙皇帝为汤若望昭雪，恢复他"通玄教师"之名。同年12月，康熙帝赐地重葬汤若望于利玛窦墓旁，亲赐祭文。

汤若望在中西文化交流史、中国基督教史和中国科技史上是一位不可忽视的人物。

钦天监要持续观测天文数据，可惜那些天文仪器都被杨光先搞坏了。

南怀仁用了四年时间，于1673年铸成六件大型天文仪器，安置在北京观象台上（建国门附近）。

这些仪器不仅能观测天象，本身也是精美的艺术品。

北京观象台晚于巴黎天文台一年，不过比著名的英国格林尼治天文台还早两年。

南怀仁去世后，钦天监一直由欧洲传教士负责。

道光六年（1826年），欧洲传教士或回国、或病故，且国人已经熟悉历法，钦天监不再召西洋人，以满人、汉人替代。这个过程中至少有二十位欧洲人担任过清朝官员。

大清灭亡后，中国采用民国纪年法。

今天，我们全部使用欧洲人制定的公历，与国际接轨。

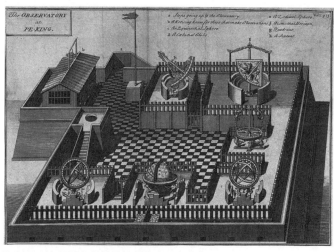

比利时人南怀仁主持铸造的北京古天文仪器

黄宗羲（1610—1695）

古者以天下为主，君为客，凡君之所毕世而经营者，为天下也。

向使无君，人各得自私也，人各得自利也。

天子之说是未必是，天子之说非未必非。

盖天下之治乱，不在一姓之兴亡，而在万民之忧乐。

第二十一章

黄宗羲——"中国民主启蒙之父"

明朝末年,内忧外患。朝廷无能,百姓遭难。国家陷入黑暗,不能自拔。

就在这漫长无尽的黑暗当中,中国出了一个民主启蒙思想家,出了一部可与《人权宣言》相媲美的旷世奇书。

这名思想家叫黄宗羲。我觉得他是明清之际最重要的人物之一。

在现有的政治框架下玩权术,耍阴谋,那是政治家。徐阶、高拱、严嵩、张居正、申时行,都是聪明的官僚。

用事实、逻辑、对比把现有政治框架的利弊说透,总结一套原则,设计一个更复杂、更高级的政治体系,这是政治思想家。

有人说,明朝有的是政治家,但没有政治思想家。

黄宗羲的出现,证明中国有政治思想家,而且有杰出的、有深度的政治思想家。

有人说他的著作《明夷待访录》是中国版的《人权宣言》。

黄宗羲于1610年生于浙江余姚。他的父亲黄尊素是东林党人,因弹劾魏忠贤被削职下狱,受尽酷刑而死。

崇祯元年(1628年),魏忠贤倒台,黄尊素冤案终获平反。

黄宗羲作为证人,在刑部参加会审。他掏出藏在袖中的尖锥刺向阉党余孽许显纯，并拔掉其同伙崔应元的胡子，在父亲坟前烧掉。

百姓称他为姚江黄孝子。

崇祯皇帝称他为忠臣孤子。

我说他是一条血性汉子。

1644年，崇祯自杀。

1646年，鲁王在绍兴建立政权，任命黄宗羲为兵部职方司主事。

黄宗羲积极同清兵作战，兵败，避居化安山。

1649年，鲁王命他与阮美、冯京第出使日本，请求援兵。黄宗羲渡海来到日本长崎。当时日本实行闭关锁国政策，无意介入大清和大明的争执。

黄宗羲从日本回国后，归家隐居。

1650年至1654年，黄宗羲遭清廷三次通缉。

1663年，黄宗羲开馆讲学，撰成《明夷待访录》《明儒学案》等。

1695年8月12日，黄宗羲与世长辞，享年85岁。

临死前，黄宗羲叮嘱儿子把自己的头发散开。这表示不扎辫子，不当清朝的老百姓。

黄宗羲最重要的政治著作就是《明夷待访录》。

明夷是《周易》中的一卦，其意思是说有智慧的人处在患难地位。待访，等待后代明君来访、采纳。

秦始皇废除分封制，建立君主专制，至今超过两千两百年了。

董仲舒罢黜百家，独尊儒术，又影响了中国两千年。

秦始皇制度+孔子思想，这是我国古代政治、经济、法律、军事、哲学、文化、伦理道德的基础。

朱元璋建立大明以后，设计了一套所有阶级都受害，只有自己子孙万年安全的制度。这些制度事后证明落后、荒谬、无效。比如，明朝规定太监不能干政，然后出再了王振、汪直、刘谨、魏忠贤。明朝废除了丞相，但成立了内阁。明朝实行军户，号称不花钱就能养兵两百万。实际上，明军兵力不到百万，真打仗的时候到处缺钱，士兵因欠饷导致的叛乱、投敌数不胜数。明朝不允许民间研究天文学，导致天文学陷入停滞。

明朝的官员在朱元璋的制度上缝缝补补，提出很多解决具体问题的建议。

但是，没有人置疑这套制度的根本，没有人提出革命性的方案。

只有黄宗羲做到了。他说：

"君主原来是造福人民的，现在是祸害人民的；
臣子是服从人民的官，不是君主的奴仆；
法度原来是保护人民的，现在成了维护君主利益的工具；
明朝的灭亡就是因为取消了宰相；
各级学校定期议论政治，君主和官员要去学习；
科举考试扼杀人才；
提升地方权力，与中央形成制约关系；
工商业不是国家末业，是国家本业。"

下面我来一一解读。

《明夷待访录》开篇就是《原君》，直指君主制的核心和要害。
为方便大家理解，我用白话文来阐述该文的观点。
古代的君主让天下人得到利益，让天下人免遭祸患。他干得比天下人都辛苦，得到的比天下人都少。所以，没有人愿意做君主。
大家推选务光当君主，务光吓得投水自杀。
尧舜干到一半，受不了离职了。
禹硬着头皮干到底，累得大腿不长毛，小腿不长肉，三过家门而不入。
古代的君主不是统治人民，是服务人民的。
好逸恶劳是人的本性。君主就是克服本性为人服务的。
秦汉以后，君主把天下的财产和利益归自己，将天下的祸患和损失归别人。
尧舜罢工，禹硬着头皮干活，刘邦却洋洋得意地说："我的产业（天下）比我二哥多得多。"
过去，众人集资买蛋糕。君主为大家切蛋糕。大家不费劲吃大块，君主吃剩下的小块。
现在，君主先切大块蛋糕给自己，然后让大家吃小块，还说蛋糕是自己出钱买的，大家占了他的便宜，应该感激他。
黄宗羲怒斥道，君主未得到天下时，使天下的人民肝脑涂地，使天下的子女离散。君主得到天下后，敲榨天下人的骨髓，离散天下人的子女，以供奉自己一人的荒淫享乐。
蛋糕不仅不是君主出的钱，甚至顶风冒雨买蛋糕的也不是君主本人。
朱元璋，你得到天下，是无数人流血牺牲换来的。事成之后，你却说天下是你朱家的财产，有资格得到财产（蛋糕）的人都被你处死。你活着，天下的女人成了你淫乐的工具。你死了，还要超过四十个女人为你殉葬。

黄宗羲说，你有一个皇后，三个妃子就够了。这样服侍的太监可以减少到几十人。这能省多少钱？省多少事？

明朝官员说，皇帝女人少，生不出儿子，影响政权稳定。

黄宗羲说，尧舜有子孙，没有把大位传给他们。宋徽宗子孙倒是多，儿子被金人屠杀，女儿被金人强奸。

黄宗羲说了一句和霍布斯有异曲同工的话：

"向使无君，人各得自私也，人各得自利也。"

没有君主的时候，人们都能得到自己的财产和利益。有了君主之后，人们反而失去了自己的东西。

所以，人们怨恨他们的君主，将他看成仇敌，比作独夫。

仇敌独夫，都应该马上下台。

明朝官员说，君为臣纲，君对臣错。即使像夏桀、殷纣这样的暴君也不能废黜。

黄宗羲说，他们害死那么多老百姓，难道不是过错？不是犯罪？不该下台？像桀纣这样的君主灭亡，不是国家的危机，是国家变好的转机。像秦始皇、朱元璋这样的君主兴起，是国家倒退的开始。

明朝官员让皇帝学习汉文帝（海瑞），让皇帝区别明主暴君（张居正），这些都是枝叶问题，不是树根问题。

这就是黄宗羲与别人不一样的地方，或者说他思想深刻的地方。

霍布斯说，君主和人民签订合同后，他才上岗的。

黄宗羲说，君主是因为先为人民做好事才产生的。

霍布斯比较了君主制和共和制的利弊。

黄宗羲说，君主是天下的最大害。可惜的是他没有听说过共和制，不知道共和国是什么样的，否则他的文章在全世界都有指导意义。

《明夷待访录》的第二篇是《原臣》。

黄宗羲举例说，治理天下好比拉大木头。国君在前，臣下在后一起使劲。君拉大木头为民众。臣拉大木头也是为民众，而不是为君。

君臣名称不同，都是做同样工作的人。以后不要说君臣民了，就说官（君臣）民好了。

春秋战国时期，王、公、侯、伯、男都是职级。公侯当面拜君主，君主也回拜臣子。比如秦王见范雎的时候，跪而请曰："先生何以幸教寡人？"两人分开的时候，范雎再拜，秦王亦再拜。

秦汉以后，君主再也不会拜臣子了。

为什么？

有人故意把公侯伯男和王拉开了距离。这种硬性的划分是不合理的。

刘少奇曾对时传祥说："你掏大粪是人民勤务员，我当主席也是人民勤务员，只是革命分工不同。"

君臣是同事关系。

如果臣不为民服务，君就罢免了他。

如果君不为民服务，臣子可以拒绝君主的命令，并督促君主纠正。

同志之间要相互批评监督嘛。

明朝官员说，君为臣纲，君为臣之父。君要臣死，臣不得不死。

黄宗羲说，臣子不是君主的儿子，甚至可以是君主的老师和朋友。

他举例说，万历皇帝对张居正稍稍优待了点，但这种优待比起古时候学生对待老师的礼遇还不到百分之一，就有人说皇帝丧失了尊严。这种君尊臣卑的观念是要不得的。

黄宗羲认为，明朝君臣关系完全是错位的。

皇帝的错误在于自己不服务人民，也不聘用服务人民的人，只聘用服务于自己的人。

臣子的错误在于以为自己的权力来源是皇帝，而不是百姓。他不履行自己的公职，反而变成皇帝的私仆，把自己沦落到太监和宫女的地位。当皇帝和人民发生矛盾的时候，官员站在皇帝一边，侵害百姓的利益。

本来，皇帝应该自称为臣，他是服务百姓的臣，最大的臣。

实际上，臣子却把他当皇帝。大皇帝带着一群小皇帝。

《明夷待访录》中，《原相》一章的第一句话是：

"有明之无善治，自高皇帝罢丞相始也。"

黄宗羲说，几乎整个明朝的治理都是失败的，根源在于没有丞相。

这句话得惹恼多少明粉儿。

中国古代丞相的地位很高。丞相进到大门时，天子要起立。如果天子坐轿子看到丞相，也要下来。

黄宗羲认为，天子传子不传贤，丞相传贤不传子。

当天子不贤时，贤良的丞相可以补救。

明朝废除丞相后设立了内阁。内阁不是专门的机构，权力有限。

明朝没有丞相，对谁有好处？

太监。

比如魏忠贤。他人称九千岁，比丞相还威风。

黄宗羲建议，应恢复丞相设置。国家大事由丞相和天子共同商量，最后由天子批红。

欧洲也有不少懒国王、笨国王，丞相可以帮助他们。本书前面讲到的法国铁血丞相黎塞留就是例证。

法国国王路易十三说，我不需要黎塞留，但国家需要黎塞留，所以我要任用他。

站在臣民的角度，有丞相对国家是好事。

站在皇帝的角度，有丞相对自己是坏事。"丞相擅权可致天下大乱，废除丞相制度可以杜绝权臣。"

所以，明朝皇帝不要丞相。

1781年，尹嘉铨在著作中称大学士为相国，被乾隆皇帝发现后严厉驳斥。大清怎么能有相国？

《原法》一章的主要内容有：

三代（夏商周）的时候有法度，三代以后没有法度。

为什么？

当时的帝王授田土给百姓，让他们有吃有穿。设置学校给百姓，让他们接受教育。制定婚姻制度，让他们不淫乱。规定兵役赋税，让他们不动乱。

当时的法度是服务百姓的手段。

后世君主制定的法度是约束百姓，保护自己的。

秦朝废除分封制后，所有的郡县归君主私人所有。

汉代实行庶孽制，因为庶孽可以保障君主的安全。

宋代解除方镇的兵权，因为兵权威胁君主。

明朝的皇帝担心官员骗他，用另一个人监督他。还是不放心，再用制度约束他。法令是一个接一个,天下越来越乱。

黄宗羲认为,这些法度是为老百姓着想吗?对老百姓有好处吗?凡是侵害老百姓利益的,都不能称为法。

有人认为,现代的法律比古代的法律完备。

黄宗羲反驳说,古代的君主没有强烈的折腾欲望,古代的百姓也没有坏到可恶的地步。所以法度不够,社会却是平安的。

法令少的时候去增加,大家容易接受。法令多的时候去减少,就非常困难了。所以,现在做什么事情都难。

《学校》一章的主要观点有:

早先,君主认为对的未必对,君主认为错的未必错。

那么,对错的标准在哪里?在学校。

学校和朝廷是两个机构,不相从属,相互监督。

东汉时,大学有三万学生,官员见了他们都得躲着走。

宋朝时,儒生在皇宫外击鼓,请求朝廷任用李纲。

明朝时,朝廷判断是非。学校成为科举的配套场所,不敢也不能辨别对错了。

黄宗羲提出的方案是:

从中央到地方,层层设置学校。校长不能由政府委任,由各级公众推举。官员辞官后可以当校长,百姓没当过官也可以当校长。官员不能兼任校长。校长不是官员,所以没有上级。

学校除了教授儒学,还要教兵法、历算、医学、射击等课程。

"中央大学(太学)校长"级别不低于丞相,甚至高于丞相。

每月初一,皇帝和丞相、六卿、谏议等官员都要到太学来,"就弟子之列","政有缺失,祭酒直言不讳"。

地方官员在每月初一和十五也要到地方学校向校长叩头,就像弟子一样。地方官员要听取郡县师生的评议。

逃课缺课一律惩罚。

黄宗羲的方案已经非常接近英国议会制度了。英国议会定期开会,讨论国策利弊,国王和首相参加,接受评议。英国议长不是官员,不受英国国王和首相领导。如果有什么不同的话,一是英国议员来源广泛,有很多律师和商人,明朝学校则全部是读书人。二是黄宗羲把校长的地位抬得很高。英国议长见了国王还得站着。黄宗羲认为，皇帝见了校长要喊老师。

《取士》一章的主要观点有：

古代选人宽松，用人严格。现在选人严格，用人宽松。

汉代有选举，有贤能的士人不会被埋没。唐宋考试科目多样，选拔的人才多样。考过了科举还要去吏部复试，不合格照样不能当官。比如韩愈，他在吏部复试了三次都失败了，十年后才当官。宋代虽然登第之后就可以入仕，但官职较小。

宽进不会遗漏人才，严用不会误用庸才。

明朝的科举是严格选人。千军万马只能过科举一座独木桥。像屈原、司马迁、司马相如、董仲舒、扬雄这样的偏才，到了明朝就别想当官了。

明朝读书人一旦当了官，便终身为官，或在中央、或在地方，即使被罢免回家，也享受待遇。

其结果，众多豪杰默默老死于沟壑，更多废物大肆吞噬着俸禄。

现在中国的大学也是严进宽出。很多偏才被拒之门外，很多不合格的大学生却走向社会。

《明夷待访录》是一部批判君主专制、具有民主启蒙性质的专著。

《明夷待访录》是一部里程碑式的、超时代的政治学著作。

像张居正这样的官员，制定了很多有利于国家的政策。

而黄宗羲则设计了一部封建时代的宪法！

中国历史上从来不缺能臣，只缺有独立思想、原创思想的哲人。

明夷待访是指等待后代明君来采访、采纳。

后代的君主显然知道这本书的"价值"，纷纷下令禁止此书出版。

直到清朝末年，康有为、梁启超、谭嗣同、章太炎等提倡君主立宪和革命的人，才发现这本书，将其视为天书。可惜太晚了。

黄宗羲和马基雅维利的书都属于古典政治理论。与马基雅维利推崇一千多年前的罗马共和国一样，黄宗羲比照的目标是中国两千多年前的三代。

显然，这是不可能发展出近代或现代政治的。

如果说有什么不足的话，

第一，这本书没有《原民》，没有论述人民的权利，人民的需求。

第二，由于中国的政治体制比较单一，只能就君主制论君主制。150年前意大利马基雅维利的《君主论》就阐述了君主制、僭主制、贵族制、民主制之间的利弊。黄宗羲很伟大，但他不可能想到民主制。

第三，把三代作为理想，凡事和古代比，是没有出路的。过去好的传统可以继承，把过去当成目标，则是完全错误的。

第四，逻辑性不足。

像霍布斯的《利维坦》先讨论人，夹杂着讨论宇宙。把人讨论透了，再阐述政治。政治是人的学问，如果对人都认识不清，何谈政治。

霍布斯从哲学开始，然后到政治学，形成一套体系。姑且不说对错，至少是自洽的。论述一门学科，从定义开始，然后是公理和定理。逻辑通畅后，再举例子。黄宗羲还是就政治论政治，一些例子是能证明一些观点，但举反例也能驳倒这些观点。

黄宗羲还提出，历史上的税费改革不止一次，但每次税费改革后，由于当时社会政治环境的局限性，农民负担在下降一段时间后又涨到一个比改革前更高的水平。后人称之为"黄宗羲定律"。

黄宗羲同时代还有一位著名的思想家。他说过一句震撼中国人心灵的话："天下兴亡，匹夫有责。"

真相是，顾炎武没说过。

顾炎武读完《明夷待访录》后惊叹道：

"读之再三，于是知天下之未尝无人，百王之弊可以复起，而三代之业，可以徐还也。"

我大明不是没有人（才）！回到三代的状态是有可能的！

可能吗？不可能。

明朝没有实现三代，清朝也没有实现三代。

那么，这个世界有实现三代的吗？

有。在哪里？19世纪的英国。

鸦片战争后，国人纷纷走出国门，在英国大开眼界。

清末学者王韬写道：

"英国之所恃者，在上下之情通，君民之分亲，本固邦宁，虽久不变。观其国中平日间政治，实有三代以上之遗意焉。"

闽浙总督徐继畬赞美华盛顿说：

"华盛顿不传子孙，而创为举世之法，几于天下为公，浸浸乎三代之遗志。"

晚清中国第一个驻欧大使郭嵩焘写道：

"三代以前，独中国有教化耳。自汉以来，中国教化日益微灭，而政教风俗，欧洲各国乃独擅其胜。其视中国，亦犹三代盛时之视夷狄也。"

薛福成认为民主不是西方人发明的，他说：

"中国唐虞之前，皆民主也。匹夫有德者，民皆可戴之为君。秦汉以后，则全乎为君主矣。"

顾炎武在《日知录》里写道：

"易姓改号，谓之亡国；仁义充塞，而至于率兽食人，人将相食，谓之亡天下。保国者，其君其臣肉食者谋之。保天下者，匹夫之贱与有责焉耳矣。"

顾炎武认为，"亡国"是指改朝换代，换个皇帝。秦亡了有汉，明完了有清。"亡天下"是指仁义道德得不到发扬光大，统治者虐害人民，人民之间也纷争不断，这是亡天下。

汉亡宋亡，明亡清亡，但中国始终没有亡。

维护明朝不灭亡，崇祯负主要责任，官员负次要责任。百姓的责任很轻，甚至不用负责。

但是，国家到了没有仁义的时候，到了统治者虐害人民的时候，到了人民相互残杀的时候，最低微的百姓也有义务和责任站出来，保护天下。

如果很多中国人不讲仁义道德、不讲文化传统、不尊重孔孟先贤，那么中国就真地危险了，每个中国人都要站出来维护道统。

梁启超把顾炎武这段话浓缩为八个字，"天下兴亡，匹夫有责。"

顾炎武的主要观点如下：

第一，反对独治，主张众治。他说："人君之于天下，不能以独治也。独治之而刑繁矣，众治之而刑措矣。"

第二，大力发展经济。他说："今天下之大患，莫大乎贫。有道之世，必以厚生为本。"他希望明朝五年而小康，十年而大富。谈钱有什么丢人的。

顾炎武说："古之人君，未尝讳言财也。民得其利，则财源通而有益于官；

官专其利，则财源塞而必损于民。"

很多人读明史喜欢看夏言、严嵩、徐阶、高拱官场斗，很多人爱评价嘉靖崇祯的是非，很多人推崇于谦和海瑞的气节，很多人热衷于明清战争的细节。

唐宋都有政治斗争、军事艺术、文学巨匠。

明朝不见得比它们好到哪儿去。

为什么？

行为受思想支配。同样的行为背后肯定是同样的思想。

至于我，我更喜欢了解郑和、李贽、何心隐、徐光启、黄宗羲、顾炎武、汤显祖、吴承恩、冯梦龙、徐霞客这些人的思想和人生。他们是如何看待宇宙的？如何看待社会的？如何看待人生的？

一个人只知道一亩三分地，老婆孩子热炕头，他的精神财富和物质财富永远是有限的。

一个人掌握知识、经商作生意。他有可能发财，也有可能破产。

一百个人只知道一亩三分地，老婆孩子热炕头，这些人将永远生活在农业社会。

一百个人掌握知识、经商作生意，肯定有不少发财的，并带动大家走向更好的社会。

第二十二章
俄国人来了

公元1643年,崇祯十六年。

清军征服索伦部落,将整个黑龙江流域纳入大清版图。

索伦是中国北方鄂伦春族、达斡尔族等部族的统称。

同年,一支俄罗斯军队突然杀入外兴安岭,进入中国境内。

继葡萄牙人、西班牙人、荷兰人、英国人、意大利人、法国人、德国人、比利时人之后,俄罗斯人终于来了。

以荷兰人为首的西欧人,其核心目的是来经商的。

以意大利人为首的西欧人,其核心目的是来传教的。

俄罗斯人的核心目的,是来抢人、抢钱、抢地盘的。

1240年,蒙古人征服了俄罗斯,将其纳入金帐汗国的疆域。

1274年,蒙古军队占领南宋全境。

蒙古人先征服了遥远的俄罗斯,后征服了中国。

蒙古人信奉伊斯兰教,劝俄罗斯人从东正教改信伊斯兰教。

俄罗斯人问,信教可以,能喝酒吗?

蒙古人说,伊斯兰教禁酒。

俄罗斯人说,噢,那就算了。

1472年,莫斯科大公伊凡三世迎娶了一位身世不同寻常的妻子。

她叫索菲娅，是被土耳其灭亡的拜占庭帝国的公主。

拜占庭帝国的国徽是双头鹰，左右两个脑袋分别监视着欧洲和亚洲。伊凡三世认为自己是拜占庭帝国的继承人，于是把双头鹰加入俄罗斯国徽。

今天还是。

1480年，在被蒙古人统治240年后，伊凡三世宣布莫斯科大公国独立。

俄罗斯民族源于好战的北欧维京人，被蒙古人统治期间又融入了蒙古人能征善战的基因。从此，俄罗斯人成为世界上对土地最渴求的民族。

1526年，莫斯科大公瓦西里三世快50岁了，还没有儿子，他决定离婚，取一位新妻子。

俄罗斯大公娶妻的程序是这样的。

所有贵族家庭中未出嫁的少女报名（一般上千人）。

专家评委从年龄、身高、头部大小、肤色、眼睛、头发等多个维度打分。

符合条件的百名候选人进行第二轮筛选，由御医检查是否有伤有病。

大约二三十人进入最后一道程序，由大公本人亲自面试，挑选一个。

听起来像中国的科举考试，最后由皇帝进行殿试。

瓦西里最终选择了叶莲娜。

1530年8月25日是一个阴雨天，叶莲娜马上就要生产了。

突然天空中亮起一道夺人双目的闪电，紧接着是一声震耳欲聋的炸雷，最后是一声"哇哇"的哭声。

一个男婴诞生了。瓦西里给儿子起名伊凡，即伊凡四世。不过，更多的人称他为"雷帝"。

伊凡四世3岁即位，叶莲娜太后摄政。

5年后，叶莲娜突然去世，原因不明，很可能死于政敌的毒药。

大贵族舒伊斯基抓住了权力。为了终生控制伊凡，他想到了一个馊主意，即经常吓唬这个8岁的孩子，让他从小在心里留下阴影，长大后见到自己就打哆嗦。

5年后，伊凡四世在舅舅格林斯基的支持下，逮捕了舒伊斯基，把他和四条嗜血的饿狗关进同一间牢房。

伊凡四世没有幸福的童年，舒伊斯基没有幸福的老年。

1547年，莫斯科突然发生一场大火，造成1700多人死亡，8万多人无家可归。受灾群众情绪很不稳定。他们冲进克里姆林宫，用石头砸死了舅舅。

伊凡四世没想到自己以这种方式夺回了权力。

新官上任三把火。他的第一把火就是把自己的莫斯科大公改叫俄罗斯沙皇。

伊凡四世在位期间，多次向外征战。

俄罗斯领土面积约 600 万平米公里，超过了万历时期的大明。

伊凡四世下令在克里姆林宫附近修建一座东正教大教堂，起名圣母教堂。圣母教堂由九个小石室教堂组成。后来，建筑师陆续给九个小教堂戴上颜色丰富、样式不一的洋葱帽子。从此该教堂成为俄罗斯最出名的建筑物之一。

1580 年时，雷帝有三个儿子。

有一天，雷帝发现太子妃穿了一件不顺眼的衣服，于是上前责骂她，动手打她，导致她的胎儿流产。太子上前同父亲理论。

雷帝在愤怒中用权杖击打儿子的头。不巧（恰巧）的是，权杖正打在太子的太阳穴上，太子当场毙命。雷帝被满脸鲜血的太子惊住了。他抱着儿子的尸体日夜号啕。

雷帝另外两个儿子当中，费奥尔多是个傻子，小季米特里是个婴儿，而且被很多人视为非婚生儿子。

1584 年，万历十二年。雷帝在下棋时死去，有人说他是被毒死的。

雷帝知道费奥尔多是个弱智，临死前安排四大臣辅政。

四大臣分为两派，国舅戈东诺夫（他的妹妹是费奥尔多的妻子）和别利斯基支持费奥尔多，另外两人主张废掉傻子，立小王子季米特里为沙皇。

费奥尔多不仅傻，而且弱，站一会儿就要坐下。有一次举行仪式的时候，他因为承受不了皇冠的重量，当场摘下来送给旁边的人。

1591 年，季米特里暴死，原因不明。官方声明是他不小心拿刀捅到了自己的脖子。

戈东诺夫没有了对手，执掌大权，成为摄政王。

1598 年，体弱多病的费奥尔多在坚持了 14 年后病逝，享年 41 岁，没有子女。

今天专家们开棺验尸，证明他是被人毒死的。

俄罗斯大贵族们一商量，只能让费奥尔多的妻子伊琳娜当女沙皇。

伊琳娜不愿意，去修道院剃发做了修女。

皇位只能给戈东诺夫。他和沙皇家族没有血缘关系。

还有人说，费奥尔多就是被戈东诺夫毒杀的。

9月1日，加冕当天，戈东诺夫对臣民发誓道：

"苍天为证！我要在一百年之内，让俄罗斯没有一个穷人，一个病人。"

戈东诺夫认识到俄罗斯的落后。他是第一个向欧洲派遣留学生的沙皇，主要留学国家是德国、英国、法国和奥地利。

结果，派出去的留学生全部留在了欧洲，没有一个回到俄罗斯。

1605年，戈东诺夫七窍流血，据推测是被人毒死的。

在这个空当上，有个自称是季米特里的人，在波兰军队的支持下进入莫斯科，成为新沙皇。

假季米特里很亲民，经常出宫造访民居。他劝告大贵族们多去欧洲参观学习，最好把自己的子女送到欧洲留学。

俄罗斯大贵族认为沙皇是个神经病。

1606年5月8日，假季米特里和来自波兰的玛丽娜举行了隆重的婚礼。婚礼仪式和时间都违反了东正教的教规。玛丽娜从波兰带来的贵族在莫斯科酒后撒泼，冒犯了俄罗斯权贵。

大贵族舒伊斯基知道沙皇是个冒牌货，他想夺权。

5月17日凌晨三点，莫斯科教堂钟声齐鸣，发出了暴动信号。

舒伊斯基命人打开监狱的大门，给每名犯人都发了斧头和刀剑。他一手持剑，一手拿着十字架，带着匪徒们冲进克里姆林宫。

假季米特里被钟声和喧哗声吵醒。他跳窗逃跑，没考虑到窗户距离地面超过十米，或者说考虑到了也得跳。假季米特里重重地摔在地面，昏迷过去。

愤怒的暴民抓住他，把他烧死，然后把他的骨灰掺上火药，制成炮弹，发射到波兰境内。

玛丽娜皇后逃回波兰，大量波兰贵族被杀。

喜事丧事一起办了。

5月19日，舒伊斯基登基成为沙皇瓦西里四世。

波兰人称季米特里那天晚上没有死，而是逃出莫斯科，回到波兰。他们扶持了第二个假季米特里。

1610年，波兰军队攻占莫斯科，舒伊斯基被杀。不幸的是，第二个假季米特里也死了。

波兰国王西吉斯蒙德想让自己的儿子继承俄罗斯皇位，后来改变主意想自己亲自兼任俄罗斯沙皇。

1612 年，俄罗斯贵族把波兰人赶出莫斯科，但没有能力把他们赶出俄罗斯领土。

欧洲最强盛的瑞典军队也闯进了俄罗斯国门。他们提议俄罗斯人接受一位瑞典王子为沙皇。

十几年来国家没有一个看似合法的元首，俄罗斯到了灭亡的最后时刻。

全国只有十分之一的土地有收成，饿殍遍地。

市民们抢劫富人，焚毁城市。

农民们赶走官员，建立地方政权。

1613 年，俄罗斯大贵族、高级神职人员、大商人以及莫斯科市民代表约一千人齐聚莫斯科，参加全国缙绅会议。

在过去，莫斯科市民多次建议，甚至以武力强迫沙皇接受他们的方案。这次，他们有了选择沙皇的权力。

全国缙绅会议最后宣布：

立 17 岁的米哈伊尔·罗曼诺夫为沙皇。

米哈伊尔死活不愿意当沙皇。贵族们把他绑架到莫斯科。

1613 年 7 月 22 日，米哈伊尔在他 17 岁生日那天正式登基，成为俄罗斯新沙皇。他创建的王朝称罗曼诺夫王朝，一直延续到十月革命的那一年。

在米哈伊尔的领导下，俄罗斯引进欧洲先进的火器，像瑞典人一样训练军队。俄罗斯还引进英国和荷兰的工匠和生意人，在莫科斯为他们划分居住区。俄罗斯雇佣英国地质学家寻找铜矿，建设钢厂和兵工厂。米哈伊尔还重建了图书馆。

1645 年，米哈伊尔去世。他在危机时刻挽救了国家。俄罗斯变得平静、富裕。莫斯科的人口和伦敦不相上下，超过了罗马。

而同期的崇祯皇帝就没有那么幸运了。

1618 年，米哈伊尔沙皇派佩特林来到北京，住了四天，没有见到万历皇帝。总结明朝中后期这一百多年来俄罗斯的历史，有四个主要特点：

第一，政府缺乏法律规范和道德约束，像落后的蒙古政权，几乎每隔二三十年就有一场大的政变。小的暗杀不计其数。

第二，对内对外性情残忍。他们处理敌人或罪犯的方式有泥土活埋，有铁笼活烤，有嘴灌铁水，惨无人道。

第三，疯狂对外作战、扩张，屠杀外族人和外国人。史学家说："被俄罗斯人征服的外国人中，只有怀中的婴儿没有流泪。"

罗曼诺夫王朝的开创者米哈伊尔沙皇

第四,俄罗斯周边国家因为民族、信仰不同,极为复杂。

1598 年,俄罗斯吞并西伯利亚汗国。

西伯利亚汗国与地理上的西伯利亚不是一个概念。

西伯利亚汗国位于欧洲与亚洲交界的地方,领土面积只有几十万平方公里,人口只有 20 万。

西伯利亚这个名称起源于蒙古语"西波尔",意为"灵静之地"。俄罗斯人将其音译为"西伯利亚"。

地理意义上的西伯利亚西起乌拉尔山脉,东至白令海峡,北临北冰洋,南抵哈萨克斯坦、蒙古、外兴安岭,面积约 1300 万平方公里。西伯利亚比欧洲都大。

西伯利亚依据地形可分为三部分:西边的西伯利亚平原、中间的西伯利亚高原、东边的西伯利亚山地。

大唐帝国拥有西伯利亚大量领土，比如国人熟知的贝加尔湖地区。

从地形上来看，俄罗斯对西伯利亚的地理优势远远高于中国。

平原可以建立村镇生活，山地不适合人类居住。

俄罗斯人从西向东分布，同纬度温度相差不明显。

中国人从南向北分布，越走越冷。

就像美洲的印第安人一样，西伯利亚有若干部落，以游牧为生。这里没有国家政权（酋长制），没有文字，而且人数较少。17世纪初期，这一广大地区的人口约30万。用人口密度做个比喻，相当于中国一个省1万人居住。

当然，西伯利亚有相当大一块土地属于大明帝国。

永乐七年（1409年），明政府设奴儿干都司，其管辖范围西起鄂嫩河，东至库页岛，北达外兴安岭，南濒日本海。

1413年，当地兴建永宁寺。明政府立了一块碑，称永乐碑。永乐碑有中文，也有蒙古文、女真文、藏文，没有俄文，现存海参崴。

永乐碑是大明帝国拥有外兴安岭的不灭物证。

1600年，俄罗斯人进入鄂毕河流域；

1607年，俄罗斯人进入叶尼塞河流；

1628年，俄罗斯人进入勒拿河流域；

这是西伯利亚的三大水系，从西向东排列，南北流向。

1632年，俄罗斯人在勒拿河中游河谷建立雅库茨克，这个地方相当于整个西伯利亚的中心。

1639年，俄罗斯人到达鄂霍次克海。从莫斯科跨越6000公里后，俄罗斯人站立在太平洋的海滩。

1652年，俄罗斯人在靠近贝加尔湖西南端的地方建立了伊尔库茨克城。

拥有先进武器和丰富作战经验的俄罗斯人可以轻易地击败零散的、落后的西伯利亚部落，强迫他们信奉东正教，每名男子每年至少缴纳11张貂皮。

年轻俘虏则被迫为俄罗斯人修筑军事堡垒。

任何反抗只能招致更残酷的镇压。

西伯利亚地区几乎没有什么农业，当地的殖民者连粮食都需要从靠近欧洲的地方运过来。由于路途遥远，经常断粮。另外，殖民者在当地管辖的人口又非常少，没办法靠收税养活自己。因此，这些殖民者在西伯利亚没有系统的政府机构，更像是分散的驻军点，一方面收购点皮毛，一方面就是到处抢劫。

沙皇政府对于广大的西伯利亚没有办法进行直接有效的管理。他不出本钱，鼓励那些将军和亡命徒去探险、抢劫。如果成功了，就封他们为贵族，失败了沙皇也没有什么损失。

公元1643年，崇祯十六年。

俄罗斯人瓦西里·波雅尔科夫率132人来到外兴安岭。他们杀人放火、敲诈勒索。这是俄军第一次侵略中国。勇敢的达斡尔人奋起反抗，将敌人赶跑。俄国人粮食耗尽，有40多人饿死。波雅尔科夫让活着的人吃人肉，包括达斡尔人的肉，以及饿死同胞的肉，一共吃了50多人。

1644年，在迎来一支援军后，他们再次南下，被当地人民打得四处逃窜。1645年，波雅尔科夫带着480张貂皮以及3名人质逃到最东边的鄂霍次克海。1646年，他们返回出发地雅库茨克。

此后几年，又有多名俄国殖民者侵入黑龙江地区，掌握了大量的情报。

叶罗费·帕夫洛维奇·哈巴罗夫出生于阿尔汉格尔斯克州邻近的农村。他是贫苦农民，比农奴强点，后经商致富。

1649年夏，哈巴罗夫统率70名哥萨克人越过外兴安岭，到达黑龙江上游北岸。这里是达斡尔头人拉夫凯的领地，共有5座城堡。

黑龙江古书称"黑水"，满语和蒙古语的意思也是"黑水"。

俄国人则称之为阿穆尔河，意为大河或河口的意思。

哈巴罗夫欺骗达斡尔人说，自己是来打猎的，做生意的。

达斡尔人根据俄语"猎人"的发音，称他们为罗刹。

达斡尔人没有上当，当面揭穿了他的骗局。

哈巴罗夫劝达斡尔人归顺沙皇，并缴纳实物税。

达斡尔人严词拒绝。

哈巴罗夫这小子本想动武，又掂量着自己这几十人太少，于是留下少数人驻守，自己回雅库茨克求援。

哈巴罗夫向当地督军弗兰茨别科夫鼓吹黑龙江地区的富有。广阔的田野、牧场和大森林，农业发达，盛产皮毛，比整个西伯利亚财富的总和都多。

弗兰茨别科夫动心了，同意给哈巴罗夫武器、军服和经费。

弗兰茨别科夫还写了一封信，让哈巴罗夫带给中国顺治皇帝。信中说：

"清朝皇帝应率领他的氏族、部落和全体的人，接受全俄沙皇阿列克塞的统治，永远做奴隶，并向沙皇进贡金银宝石和刺绣织物。如果你们服从，沙皇将派军队来保护你们。如果你们反对，那么就用战争镇压你们，杀死绞死灭死你们，把你们的妻子儿女抓起来做俘虏。"

这些家伙狂妄自大到搞笑的程度。

1650年夏末，哈巴罗夫率领138名士兵，携带3门火炮和一批枪支弹药，再次南下。

1650年10月，哈巴匪帮占领了雅克萨。

雅克萨在女真语中意为"坍塌的河湾子"，今天俄罗斯将其改名为阿尔巴津。

哈巴匪帮以雅克萨为基地，修筑城堡。他们不断袭击附近达斡尔居民。

年轻的男人一律抓来充当苦力，为他们干活，或者为他们加工貂皮。

老男人，一律杀死。

女人，不管老幼，强奸加虐杀。

将整村达斡尔人屠杀的事情也时有发生。

总之，这是帮兽类。

1651年6月，哈巴匪帮窜到达斡尔头人桂古达尔的村寨（在今呼玛县新街基村的黑龙江对岸），杀死大人和小孩661人，抢走妇女243人，儿童118人，合计1022人。而俄方只有4人阵亡。

1651年9月4日，哈巴匪帮窜到托尔加城，将头人托尔加、图龙恰扣作人质。这位图龙恰是皇太极的额附达斡尔大头人巴尔达齐的亲戚。托尔加城内的达斡尔人夜里集体逃跑。恼羞成怒的哈巴匪帮将全城焚掠一空。

第二天，托尔加悲愤自杀。

9月下旬，哈巴匪帮窜入松花江与黑龙江汇合处的朱舍里（俄国人称作杜切尔），打死了很多人，并把妇女、小孩和牲畜夺为己有。

10月9日，哈巴匪帮窜入宏加力河河口附近的阿枪斯克（中方称为乌扎拉村），修城建房，准备在此过冬。他们也没有闲着，天天抢掠，抓人质，征实物税。

10月19日，朱舍里人和赫哲人奋起反抗。由于武器简陋，许多人壮烈牺牲。

一年时间，哈巴匪帮劫掠了一百多个村镇，残害生命超千人。

达斡尔人向驻守宁古塔的清朝官员哭诉，请求顺治皇帝保护他们。

宁古塔并没有塔，是满语"六个"的意思。

接到禀报后，清朝政府命令宁古塔驻军立即驱逐哈巴匪帮。

宁古塔章京（章京即将军）海塞命令捕牲翼长希福率领数百名士兵以及达斡尔人、赫哲人，前往征剿。

1652年4月4日凌晨，他们到达沙俄殖民军驻地乌扎拉村。

此时，哈巴罗夫统领的二百多名殖民军还在睡觉。

如果清军偷偷接近，突然发动进攻，一定能全歼匪帮。

蠢驴希福却在很远的地方就鸣枪放炮。

哈巴匪帮惊醒过来，立即展开防守。

清军具有数量上的优势。他们用大炮轰开敌堡，冲进营地，甚至将军旗插上城墙。

吓出尿的哈巴罗夫准备举手投降。

此时，蠢驴希福下了第二道愚蠢的命令：不准打死敌人，全部要活的。

清军于是停止开火，有的人放下了武器，空手去抓俄国人。

哈巴罗夫一看，立即命令俄国人开枪。

双手放下武器的清军纷纷倒地。

希福只能败退。

此战结果，清军方面伤亡近700人，损失战马830匹、火枪17支、火炮2门和一些粮食，连插上城墙的军旗也丢了。

哈巴匪帮有10人阵亡，78人受伤，包括哈巴罗夫本人。

哈巴罗夫因为以少胜多，在俄国成了著名的大英雄。俄国政府为他竖立雕像，发行纪念币。还在西伯利亚设立哈巴罗夫斯克边疆区和哈巴罗夫斯克市。

哈巴罗夫回到莫斯科，沙皇赏赐他军功章和土地。

沙皇任命洛巴诺夫为远东元帅，率领三千人马，全面征服黑龙江。

不久之后，沙皇发现兵力不足，粮食不足，于是收回这一命令。

顺治皇帝听到战报，勃然大怒。他下令处死海塞，革去希福的职务，鞭打一百，继续留在宁古塔。

为了整个东北地区的安全，看来是需要采取一些措施了。

原来宁古塔只设总管统辖，官阶三品，隶于盛京昂邦章京。

清政府将宁古塔总管提升为昂邦章京。设章京一名，士兵430名。

顺治帝任命沙尔虎达为昂邦章京、宁古塔总管。沙尔虎达是三朝老将，曾率兵几次征抚瓦尔喀、虎尔哈、库尔喀，是统一黑龙江地区的大功臣。

清政府派使节到朝鲜，要求朝鲜国王选鸟枪熟手百人，到宁古塔接受调遣。朝鲜国王孝宗遵令，遣北虞侯边岌领一百名鸟枪手到宁古塔报道。

此时，宁古塔共有清兵300名，赫哲族人300名，朝鲜兵100名，共700名。

哈巴罗夫已经回到欧洲。新的匪帮首领是他的助手斯捷潘诺夫，手下有370名悍匪，继续在松花江上烧杀奸掠。

1653年，俄国雅库茨克督军命契奇金等五人去北京，将他写给顺治皇帝的信带去。信中写道：

"我们的国君是强盛的、伟大的、令人敬畏的。他是许多皇帝和诸侯的统治者。他以圣谕命令你沙姆沙汗率领你的全族和所有达斡尔酋长们接受国君的统治。如果你拒绝，那么，国君就会因为你不顺从而用战争来惩治你，夺取你的城市，使你们看到国君的神威。

为了不触怒大国君，你们要用你们国家出产的金、银、宝石、贵重的商品和柔软的皮货进贡。"

契奇金没走出多远，就被愤怒的达斡尔等族人民斩杀。

1654年夏天，清军与俄军相遇。

朝鲜将领边岌建议，选择江边一个地势较高的地方设阵，用柳栅设墙。敌人若来进攻，就放炮回击。

沙尔虎达点头同意。

果然，俄国人一边用大炮轰击，一边派士兵登岸。

中朝联军还击。

俄军战败，登船退出松花江，逃往黑龙江上游。

1657年，沙尔虎达领兵远道突袭，败俄军于黑龙江下游的尚坚乌票（今佳木斯市附近山音村）。

朝廷赐沙尔虎达蟒衣貂帽、鞍马、腰刀、缎疋等物。

1658年，清政府再次遣使到朝鲜，命朝鲜国王征兵运粮。征敕谕：

"今罗刹犯我边境，扰害生民，应行征剿，兹发满兵前往，需用善使鸟枪手二百名，王即照数筒发，并将一切应用之物，全行备办。"

朝鲜国王遵命。

1658年，斯捷潘诺夫带领俄国殖民军500名，乘船沿黑龙江抢掠，又闯入了松花江。沙尔虎达率清军分乘战船47只，在松花江与牡丹江的会合处（今黑龙江省依兰县城附近）严阵以待。

双方激烈交战。清军击毙加活捉俄军 270 多人。另外两百多人狼狈逃走。匪帮头子斯捷潘诺夫暴尸战场。

此战,可称"松花江口大捷"。

1660 年,沙尔虎达的儿子巴海与前来进犯的俄军交战,斩首及淹死俄军百人,抓获俄罗斯妇女 47 名。

从 1652 年到 1660 年,清军八年抗俄,将俄国侵略者全部逐出黑龙江中下游流域。不过,清军并没有在附近驻军,而是班师回朝。

几年后,俄罗斯殖民者就回来了。

俄国殖民者最早于 1640 年进入外兴安岭。1652 年,清军开始反击,直到 1689 后双方才签署《尼布楚》条约,这三十多年史称"中俄边界冲突"。

与英国、法国、荷兰等国不同的是,俄罗斯从此是大清国的邻居了。

对大明大清来说,人不犯我,我不犯人。人若犯我,我去平息。

对英法德来说,人不犯我,我要防人。若有机会,我定犯人。

对俄罗斯来说,不管人犯不犯我,只要有空,我就去犯人。

如果说大英帝国是把一百个外国领土变成殖民地,

那么,俄罗斯就是把一百个外国领土变成本国领土。

罗曼诺夫王朝 1613 年创立,1917 年结束。

清朝于 1616 年建立政府,1912 年灭亡。

两个王朝成立与灭亡时间相近,都是大帝国,国土面积相近。

两个王朝成立时,俄罗斯是农奴制国家,工商业落后,每年出版的书籍少得可怜。

而大清则继承了四千年的中华文明。

不过,罗曼诺夫王朝从清帝国身上,至少"搞走"了上百万平方公里的土地。

第五部分　巴洛克时代的艺术

第二十三章
贝尼尼和圣彼得大教堂

天启六年。公元 1626 年 11 月 18 日。

世界上最大的教堂，圣彼得大教堂正式宣告落成。

圣彼得大教堂长约 211 米，宽 150 米，总面积 2.3 万平方米，最多可容纳近 6 万人同时祈祷。

圣彼得大教堂的高度是 136.6 米，在欧洲的教堂里不算是最高的。

从 13 世纪一直到 1884 年美国华盛顿纪念碑落成之前，在将近五百年的时间里，教堂一直是世界上最高的建筑。

明朝末年，世界最高的建筑是德国施特拉尔松德的圣玛丽教堂，高度是 151 米。其他较高的教堂有英国林肯大教堂（159 米），法国博伟的圣皮埃尔大教堂（153 米），法国史特拉斯堡教堂（142 米）。当时，林肯大教堂和圣皮埃尔大教堂的最高塔倒塌，所以圣玛丽教堂暂居第一。

总之，这几座教堂的高度居世界前五。

当时的欧洲有数十万座教堂，从重要程度来讲，圣彼得教堂位居第一。

首先说说圣彼得。

彼得是个渔夫，放弃家产跟随耶稣传道，是耶稣最喜爱的三个门徒之一（彼得、雅各、约翰）。在法语中，彼得叫皮埃尔。

罗马教会尊圣彼得为第一任教皇，罗马教会的开创者。

罗马帝国的君士坦丁大帝在罗马找到了圣彼得的墓地，命人在墓地上修建教堂。教堂于公元 330 年左右完工，称圣彼得大教堂。

到了 1503 年，圣彼得教堂已经矗立了一千多年，濒近坍塌。当时的建筑技术不发达，不能够修缮加固。

因此，教皇尤里乌斯二世决定将其拆除，并在原址重建新圣彼得大教堂。尤里乌斯教皇做了雄心勃勃的设计计划，对新教堂的投资不惜血本。他授权神职人员到处销售赎罪券，引起了马丁·路德的抵抗，导致了轰轰烈烈的宗教改革。

圣彼得大教堂于 1506 年开工，整个工期为 120.5 年。

大教堂施工总成本约 4680 万杜卡特，折算成黄金 110 吨。

拉斐尔曾担任建筑总监。1547 年，米开朗琪罗极不情愿地成为新的建筑总监。他为圣彼得大教堂设计了绝无仅有的大圆顶，直径 42 米。在此之后，大教堂还有五位建筑总监。

从外观上看，圣彼得大教堂是文艺复兴和巴洛克两种风格的综合体，所以更加华丽、恢宏、堂皇、美观。

大教堂上面是大圆顶，大圆顶的顶部是十字架，十字架下面有个青铜圆球，外部覆盖着黄金。如果看照片，这颗球很小，但是其内部却可以容纳 20 个人。1845 年，教皇和俄罗斯沙皇还在圆球里吃过茶点。这应该是现代电视塔空中餐厅的原型。

教堂左右各有一个大钟表，分别显示格林尼治时间和罗马时间。

教堂平顶上有 13 尊雕像，是耶稣和他的 12 个徒弟。

沿着台阶走向大门，可以看见两座高大的使徒雕像。这两位是耶稣最重要的门徒——彼得和保罗。

圣彼得大教堂有 5 扇门。每隔 25 年，最右边的门会打开一次，教皇会带领信徒由此走入圣堂，意为走入天堂。你如果去游览的话，一般走右边第二扇门。其他三扇门分别是"中门""善恶门"和"死门"。听起来十分复杂，只有诸葛亮才能破解这个迷魂阵。

进入大厅后，我打赌你会惊讶得闭不上嘴。

大教堂里有三件国宝。

第一件就在离大教堂门口不远的右边，一件名为《圣殇》的雕塑作品，内容是圣母怀抱死去的儿子。这是米开朗琪罗24岁时的作品。当时的人们不相信一个年轻人能够创作出如此杰出的作品。为了证明自己，米开朗琪罗在雕像上刻上了自己的名字。这是世界上唯一有米开朗琪罗签名的雕塑。

第二件宝贝是贝尼尼雕制的青铜华盖，就在大圆顶的正下方。华盖由4根螺旋形铜柱支撑，足有5层楼那么高。华盖本身由4位天使支撑。华盖前面的半圆形栏杆上点燃着99盏长明灯，华盖下方则是宗座祭坛和圣彼得的坟墓。只有教皇本人才有资格在这里举行弥撒。

第三件宝贝是圣彼得宝座，也是贝尼尼设计的。宝座镶有象牙，椅背上有两个小天使，手持开启天国的钥匙和教皇三重冠。

你可以乘坐电梯来到屋顶庭园，从这里俯视圣彼得大广场。

圣彼得大广场长340米，宽240米，可容纳30万人。

广场中间耸立着一座41米高的方尖碑，来自埃及。方尖碑两旁各有一座美丽的喷泉，涓涓的清泉象征着上帝赋予教徒的生命之水。

广场被两个半圆形的长廊环绕。每个长廊由284根高大的圆石柱支撑着长廊的顶，顶上有142个教会史上有名的圣男圣女的雕像。

圣彼得大教堂和广场都属于梵蒂冈。

梵蒂冈在拉丁语中意为"先知之地"。

梵蒂冈是天主教的总部，是全球8亿天主教徒的精神中心。

梵蒂冈也是一个国中之国，一个政教合一的国家。

美国哲学家爱默生说，圣彼得大教堂是地球上美丽崇高的装饰品，是该时代最伟大的建筑。

信教的人们，无不认为圣彼得大教堂是上帝的奇迹。

不信教的人们，无不为人类的创造力感到惊叹。

一位观察家说，如果有人可以游览17世纪世界各地的主要城市，就会得出结论：罗马是世界文明的中心，因为有圣彼得大教堂。

以上内容写得像导游词，为什么？除了因为圣彼得大教堂的确值得游览之外，我认为，圣彼得大教堂建造过程是人类最重要的历史之一，圣彼得大教堂是人类才华和努力的体现，圣彼得大教堂是永不磨灭的丰碑。

17世纪初，除了圣彼得大教堂，法国在扩建卢浮宫，印度开始修建著名的泰姬陵，伊朗的伊斯法罕伊玛目广场竣工。当崇祯皇帝正节衣缩食过苦日子的时候，几大帝国正大兴土木。

贝尼尼自画像

提起圣彼得大教堂,以及罗马,就不得不引出一个天才人物——贝尼尼。

教皇乌尔班八世说,贝尼尼为罗马而生,罗马以贝尼尼为荣。

可以说,罗马城就是贝尼尼的博物馆和纪念碑。

整个罗马有近千个喷泉,走在很多地方都能听到水的声音。

贝尼尼创作了四河喷泉、摩尔人喷泉、破船喷泉、特里同喷泉、蜜蜂喷泉。

其中,最著名的四河喷泉位于罗马纳沃纳广场。"四河"是指欧洲的多瑙河、亚洲的恒河、非洲的尼罗河、美洲的里约·德·拉·普拉达河。四河还代表着四大洲(当时欧洲人已经到了澳大利亚,但并不了解)。

贝尼尼也是一位优秀的画家。由于文章篇幅原因,这里不展开讲了。他的主要成就在雕塑领域。他是米开朗琪罗之后最杰出的雕塑家。实际上,他的雕塑技艺不逊于米开朗琪罗。

贝尼尼的父亲皮埃特罗是一位非常普通的雕塑家。普通到什么程度,就是雕刻完成之后,人家让他重来一遍。

1606年,皮埃特罗带着8岁的儿子贝尼尼去见教皇保罗五世。

贝尼尼拿出笔来,很快画完一幅速写。

教皇大为惊叹,直呼这是第二个米开朗琪罗。

教皇赏给小家伙12枚银币,小贝尼尼的双手都捧不住。

保罗五世授命红衣主教巴贝里尼监护小贝尼尼并为他量身定制教育方案。

红衣主教对皮埃特罗说,你儿子的水平我看比你强。

皮埃特罗笑着说,其实我最好的雕塑作品,就是我儿子。

19岁时,贝尼尼创作了《圣洛伦佐的殉难》。

圣洛伦佐(圣劳伦斯)是一位图书管理员。他作为基督徒被敌人放在烧红的铁网上活活烤死。

圣洛伦佐被烤到一半时,对行刑者说,这一面烤好了,翻个面吧。

行刑者看到圣洛伦佐的面部表情中既有痛苦也有快乐。他闻到了世界上最美的香味，比羊肉串更香的味道。

这是开玩笑。

行刑者闻到了天使的芳香，于是改变信仰，变成一名基督徒。

圣洛伦佐后来成为灶神。

贝尼尼将自己的大腿贴上一个烧热的火盆，一边对着镜子观察自己痛苦的表情，一边用凿子雕刻圣洛伦佐。

17 世纪初，罗马的每一个艺术家，面前都有两座高不可攀的大山：

绘画的卡拉瓦乔，雕塑的米开朗琪罗。

一个人想要成功，必须另辟蹊径。

贝尼尼说过一句非常著名的话：

"不敢打破规则的人，永远不可能超越规则。"

20 岁出头的贝尼尼创造了两幅写入美术教材的作品：

《冥王劫持帕尔赛芙涅》和《阿波罗和达芙妮》。

任何看到《冥王劫持帕尔赛芙涅》的人都会惊叹不已。

雕像是一个强壮的男人用力抓住一位少女，少女惊呼着想要挣脱男人的怀抱。你只需看两个关键部位——男人的两只手。他的一只手放在少女的后背上，另一只手放在少女的大腿上。在这两个部位，你可以看到少女的肌肉被男人的手按住，出现了自然的凹陷。仿佛少女不是石头做的，而是真正的有弹性肌肉的人。

这幅作品体现出刚与柔、强与弱、男与女的强烈对比。

《阿波罗和达芙妮》的故事是这样的。

阿波罗是一位强壮的神射手。有一天，他看到小爱神丘比特在摆弄弓箭，于是对他说，我的箭能射死大毒龙，你这个小玩意儿有屁用？

小丘比特生气了。他把一支"生"爱箭射向阿波罗，同时将一支"灭"爱箭射向河神的女儿——年轻漂亮的达芙妮。

阿波罗疯狂地追求达芙妮。达芙妮拼命地躲避阿波罗。

阿波罗终于追上了达芙妮。当他欣喜地用一只手触摸达芙妮时，达芙妮却变成了一株月桂树。阿波罗摘下月桂枝叶编成桂冠戴在头上。1688 年，德莱顿被任命为第一位桂冠诗人。

贝尼尼的这件作品呈现了达芙妮演变的瞬间：她的脚变成了树根，她的手指变成了树枝和树叶，她的身体正长出树皮。

追逐与逃避，欣喜与惊恐，快乐与悲剧，在两具美丽的肉体中体现出来。

一位法国红衣主教宣称，我的家里绝对不会摆这样的雕塑，否则我家里所有人都会被诱惑。

贝尼尼听说后，非常开心。

1623年，新教皇乌尔班八世召见贝尼尼，对他说了一段著名的赞语：

"尊敬的骑士，你觐见我，觐见教皇是你的幸运。而你生活在这个时代，是我们所有人的幸运。"

贝尼尼的生活并不复杂。年纪轻轻就过上了人上人的生活。他一直没有结婚，在年近40的时候，疯狂地爱上了自己助手的老婆——科丝坦萨。

贝尼尼破例为自己的情妇雕刻了一个半身像。

要知道，当时只有王公贵族和高级神职人员才有资格享受这样的待遇。

贝尼尼没打算和科丝坦萨结婚，直到有一天他听到一个噩耗：

情妇和自己亲弟弟路易吉上床了。

当时，路易吉给贝尼尼当助理、打下手。

贝尼尼告诉情妇和弟弟自己要去乡下走一趟，然后偷偷来到科丝坦萨的家里。

他见到了最不想见的人，自己的弟弟。

他见到了最不想见的事，弟弟穿着科丝坦萨的睡衣。

贝尼尼怒火中烧。他顺手抄起一根铁钩子，准备捅死自己的弟弟。

在弟弟的挣扎和哀号下，贝尼尼打断了他的两根肋骨。

贝尼尼回到家后，还不解气，越想越气。他抓起长剑，直奔弟弟家。

路易吉忍着剧痛从床上爬起来，捂着肋下逃进教堂。

贝尼尼想闯入禁地，神父们拼力拦住了他。

奸夫要解决，淫妇也不能放过。

贝尼尼递给仆人一把剃刀，让他去找科丝坦萨。

仆人没有辜负贝尼尼的重托，用剃刀毁了一张美丽的脸，贝尼尼曾经深爱的脸。

仆人被逮捕，审判后关进监狱。

毁容后的科丝坦萨因为通奸罪，也进了监狱。

路易吉被放逐到博洛尼亚，与他恨之入骨的哥哥保持安全距离。

主谋加凶手贝尼尼，罚款 3000 斯库多。

教皇免除了贝尼尼的罚金。他说，你的问题是缺个老婆。

于是贝尼尼娶了全罗马最漂亮的女人——卡特琳娜·特奇奥。

婚后，贝尼尼从未出轨，育有 11 个子女。

科丝坦萨半胸像

1680 年，贝尼尼病逝于罗马。

后人称贝尼尼是"米开朗琪罗之后最伟大的雕塑家"。

实际上，贝尼尼没有完全模仿米开朗琪罗。他有自己鲜明的特点。他的雕塑水平直到今天仍无人能超越。贝尼尼能雕人物，还能雕刻皮肤、毛发、青筋、额头上的汗珠、眼睛下面的泪痕，都如同真的一样。

他能点石成人。

米开朗琪罗的雕像主要集中在宗教领域，体现了神和人之间的联系。这些雕像以特定的动作展示了特定的含义。另外，米开朗琪罗几乎所有的作品都是男性，女性也是强壮的"女汉子"。

贝尼尼的作品更接近生活。他的人物不是摆拍，而是在奔跑、在扭曲、在旋转、在喘息、在尖叫、在狂呼、在痉挛。

不服气的乔舒亚·雷诺兹讽刺贝尼尼说，他的雕像都是杂耍演员。

其实，这正是巴洛克雕塑的一大特点，激情、活力、张力甚至暴力。

今天你去罗马游览的话，圣天使桥上有贝尼尼的雕像，圣彼得广场上有他设计的柱廊。你会看到他雕刻的君士坦丁大帝骑马像，你从他设计建造的朝圣阶梯拾级而上，进入圣彼得大教堂。圣彼得大教堂里乌尔班八世或亚历山大七世的墓龛、圣彼得墓上方的华盖、圣彼得宝座，都是贝尼尼的作品。

有人说贝尼尼：

"如果上演一出大戏的话，其中布景是他画的，雕像是他刻的，机械是他发明的，音乐是他谱曲的，剧本是他写的，甚至连剧院也是他建造的。"

贝尼尼在各个领域都取得了惊人的成就。他真正吸收了古希腊、古罗马以及米开朗琪罗的精髓。

人们称贝尼尼为巴洛克之父。

第二十三章　贝尼尼和圣彼得大教堂　　287

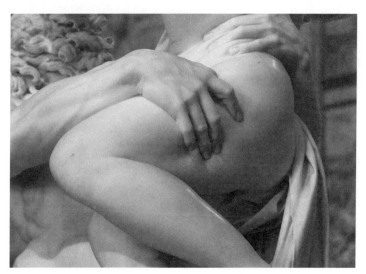

贝尼尼《冥王劫持帕尔赛芙涅》（局部），大理石，1622年，当时贝尼尼只有24岁

Rembrandt（1606—1669）

  什么？把我和伦勃朗相比？太亵渎了。我们应该俯伏在伦勃朗面前，决不能与他相比！

——法国著名雕塑家奥古斯特·罗丹

我有三个老师：大自然，委拉斯凯兹和伦勃朗。

——西班牙著名画家弗朗西斯科·戈雅

第二十四章

伦勃朗——"饿死也不妥协"

荷兰最出名的画家是谁?

凡·高。

凡·高的老师是谁?

凡·高年轻的时候,和一个朋友去看画展。

他在一幅画前面停下来,仔细琢磨。

朋友等不及,就抛开凡·高一个人继续往前看。他看了一圈回来,发现凡·高还站在这幅画前面。

朋友一看,这幅画是伦勃朗的《犹太新娘》。

凡·高对朋友说,我真想在这幅画前坐上两个星期,哪怕啃面包、喝凉水。如果我能画出这样的画,我愿意少活10岁。

在《犹太新娘》中,伦勃朗反复涂抹新郎的衣袖,使其亮部像浮雕一般地凸起,乍一看杂乱无章,仔细看衣饰的纹理是完美的。

我们知道,凡·高作品的一大特色就是反复涂抹。

凡·高是世界知名度最高的荷兰画家。

伦勃朗是荷兰人民心目中地位最高的画家。

伦勃朗于1606年生于莱顿。他的父亲是一位富有的磨坊主,母亲是一位面包师的女儿。

14 岁时，伦勃朗进入莱顿大学（世界顶级高校）学习法律。半年后，他放弃学业，向当地一位老师学习绘画。现在看起来，这纯属不务正业。

1623 年，伦爸爸把 17 岁的伦勃朗送到阿姆斯特丹最有名的画家拉斯特曼的画坊学习。伦爸爸开明，有钱，还支持儿子的梦想。

拉斯特曼认为，绘画中，层次最高的是表现重大事件的作品。受他的影响，年轻的伦勃朗喜欢创作充满表现力的绘画。

1627 年，21 岁的伦勃朗已经掌握了油画、素描和铜版画的技巧，并且形成了自己的风格，于是回到家乡开画室招徒弟。

生意好的时候，他一年接到 65 张订单。

26 岁，伦勃朗离开家乡，前往荷兰第一大城市阿姆斯特丹。

有才华的人总是要去大城市。

刚到阿姆斯特丹的时候，伦勃朗主要画人像。4 年时间，伦勃朗为 50 多位有钱有地位的人画肖像画。

现在人人都用手机自拍，几乎没有人雇佣画家为自己画肖像画。

我多年前有一个想做的项目。现在每个父母都会为婴儿拍艺术照，我的设想是为婴儿画肖像油画，儿童可以扮成世界名画的造型，比如丘比特等。

伦勃朗挣了大钱，娶了一位有财有貌的姑娘。姑娘是一位市长的女儿，父母双亡，有地有房。伦勃朗的求婚礼物就是姑娘的肖像画。

伦勃朗爱他的妻子。他画表情疑惑的妻子，他画安静接受丈夫描摹的妻子，他画在榻上安睡的妻子，他画美梦初醒的妻子。

妻子就是美，妻子就是幸福。

伦勃朗在市中心买了一栋四层楼的大房子。阿姆斯特丹是大城市，寸土寸金。有钱人也买不起大片的土地，所以都是买小土地盖高楼。

阿姆斯特丹是国际化城市，能买到世界各地的商品。

伦勃朗是暴发户，是购物狂。

他的收藏包括日本盔甲、印尼匕首、罗马时代的皇帝半身塑像、远东鼻笛、毒镖吹管、高加索皮革、波斯纺织品、土耳其号角、爪哇皮影，可能还有中国古筝。动物标本有一只凯门鳄、一只狐猴、一只天堂鸟。

据说天堂鸟从不落地，累了就在飞行中睡觉。

所以，伦勃朗的天堂鸟是没有腿的（可能被鸟贩子烤着吃了）。

当然，画家最大的收藏是别人的画。如卢卡斯·范·莱顿、勃鲁盖尔、丢勒、曼特尼亚和提香。

第二十四章 伦勃朗——"饿死也不妥协"

伦勃朗开了工作室,有 50 个学生(员工),算是业内的大公司了。

童年幸福、少年得志、婚姻美满、事业发达。

34 岁那年,伦勃朗画了一幅自画像。他倚靠在壁台边,神情带着几分无忧无虑的优雅,俨然是一名年轻上进、有远大前途的贵族。

文艺复兴风格的绘画,其背景或鲜艳亮丽,或柔和多彩。

卡拉瓦乔将背景一律改成黑色。人物站在中央,一束强光打在他的脸上或身上。这就是巴洛克风格。

伦勃朗深受卡拉瓦乔影响,他比这位祖师爷走得更远。他用光更微妙,效果更强烈。

我们在拍证件照的时候,背景一般是白色或蓝色,拍出来的效果是平面的。

现在把背景换成黑色,然后从你的左前方打一束光到你的脸上。照片洗出来之后,有一种酷似伦勃朗人物肖像画的效果。

仔细观察,你右眼下方,鼻子右部会形成一个倒立的光线三角形。

这种用光的方法,就叫伦勃朗光。

很多导演在电影中频频使用伦勃朗光,比如王家卫。电影海报也使用伦勃朗光。你搜一下《教父》,马龙·白兰度的脸就是伦勃朗光。

明朝画家已经接触过欧洲油画,对其赞叹不已。

刘侗写道:"欧洲画望之如塑。鼻隆其准,耳隆其轮。"

顾起元归纳原因如下:"中国画只画阳不画阴,故人物面部身手平正,绝无凹凸感。欧洲人物画阴阳兼画,所以面部有高下,手臂皆轮圆。"

下面介绍伦勃朗的一幅作品——《苏珊娜和长老》。

苏珊娜与长老的故事出自《圣经》。苏珊娜是一个貌美贞洁的女子。两位长老痴迷于苏珊娜的美貌,常常跟随。有一天,苏珊娜在自家花园沐浴时,两个长老竟然跳出来企图施暴。苏珊娜坚拒不从,大声呼救。

众人冲进花园后,两位长老反诬苏珊娜与人通奸。

众人盲目相信了长老的话,要把苏珊娜处死。

先知说出了真相,挽救了苏珊娜的生命,把长老处死。

很多画家都创作过这个题材。当你看到一幅画里有两个猥琐老头和一个洗浴的女人时,几乎可以肯定就是这个故事。

伦勃朗笔下的两位色长老,前面这位面露凶光,伸出恶爪,试图扒下女主角的衣服。后面这位满头白发,已经需要靠拐杖行走了,依然色心不死。

伦勃朗笔下的苏珊娜，面对两位动手动脚的长老，既不慌张，也不反抗，而是双手合十祈祷。她的脸不是冲着两位色长老，而是天真地望着画外的你。

她的眼睛仿佛射出一个问题，你在看什么？你怎么想？

你是相信我，还是相信长老？

伦勃朗很多画就是这样的。你盯着画看，画中的人物盯着你看。

仔细看图，整个画面只有苏珊娜是亮的，其他地方都是黑暗的。

两位长老出没于黑暗当中。他们所做的勾当见不得人、见不得光。

伦勃朗《苏珊娜与长老》，1647 年，76.6 厘米 x 92.8 厘米，现藏于柏林画廊

想象一下，让你坐下来，别人给你画肖像，你的感受是什么？

无聊，不耐烦。即使画家画完了，让你看过了，他还会反复修改，反复让你提意见，整个过程非常冗长。

哈尔斯是一位和伦勃朗同时代的杰出画家。他是快手，画肖像就像拍照片。他能用画笔"捕捉到"人物最美、最精神、最有特色的瞬间。

有一次，哈尔斯在酒吧与一位外来的骑士发生了冲突。

酒吧老板让骑士原谅这位老画家。

骑士看着眼前这位邋遢的老人,不相信他是画家。就算是画家,也是个蹩脚的不入流的货色。

哈尔斯也不辩解。他打开手包,取出绘画工具,在画板上飞快地描绘起来。骑士一杯酒还没有喝完,画板上已经出现了一位鄙视与不屑的骑士。

骑士一看,大吃一惊,这幅素描和刚才的自己一模一样。

于是,两人举杯庆祝。

哈尔斯回家后,继续修饰该画,变成了千古佳作《微笑的骑士》。

哈尔斯《微笑的骑士》

德国著名画家马克斯·利伯曼说过:

"当我看到哈尔斯的作品,我有一种创作的欲望。因为他的人物活泼生动。"

他接着说:

"当我看到伦勃朗的作品时,我只能放弃。伦勃朗的绘画技巧太高了,根本学不会。"

如果说哈尔斯画的是人物的形象和表情,那么伦勃朗画的是人物的气质和心灵。

举个不恰当的例子。

开始,伦勃朗画 20 岁没有阅历的少女,阳光漂亮。

现在,伦勃朗只画 35 岁以上的女人。

他画女人的知性,女人的智慧,女人的嫉妒,女人的傲慢。

他不画美女大头照，他不再抹掉女人脸上的疤痕和粉刺。

他不画女人曼妙的身姿和动作，他画的是女人眼光和面部肌肉透露出来的、微妙的精神状态。

他画的美女不是笑嘻嘻地看着你，而是想把她的故事讲给你听，欲说还休。

他画的不是你天生的容貌，而是你后天的内涵。

我认识一位企业家，事业做得很成功。他开心大笑的时候，你看他的脸总觉得哪里有些不对劲。再仔细看，他的眉头没有舒展开。他创业的时候长期吃苦，整天都是苦瓜脸。现在日子好过了，但皱紧的眉毛恢复不了了。

不用说话，甚至不用做表情，一张平静的脸也有故事。看看镜中的自己，容貌变了，心态也变了。

伦勃朗不再追求光洁、和谐、完美。他追求真。

伦勃朗不像意大利人那样把和谐与美看得高于一切。

伦勃朗早先的一批客户当中，很多人在海外经商冒险，有着丰富的阅历。他们觉得伦勃朗画得真实、画得好。

伦勃朗到了中年的时候，老一辈商人逐渐退出舞台，富二代接班上任。

这些小年轻没有经历过苦难。他们游历意大利和法兰西，其品位也逐渐向古典主义靠拢。他们用威尼斯圆形建筑打造自己的乡村别墅。他们穿着华丽多彩的服装。他们不能忍受脸上的瑕疵。他们喜欢一眼就能看懂、一眼就觉得好的绘画。他们不喜欢去理解、去琢磨。

对伦勃朗而言，他经验丰富、画技娴熟。无论是老一辈，还是富二代，只要提要求，他都能满足。

然而，伦勃朗却违背市场需求，坚决走自己的路。

他不想画用化妆品掩饰过的脸，或者说看起来很美的脸。

他想画成熟的脸、自信的脸、智慧的脸、热情的脸、真实的脸，甚至忧郁的脸。

当伦勃朗觉得自己的作品越来越深刻，越来越有内涵的时候，他的客户也越来越少了。

当时的荷兰绘画市场有点像当今的中国影视市场。男的是小鲜肉，女的是锥子脸。他们在影视作品中开豪车、住阔宅。他们在嘻嘻哈哈中就挣了大钱。

伦勃朗不想跟随。他一再琢磨角色，琢磨细节，他想突破自己。他塑造了一个又一个人物。结果他的作品没人看，挣的钱还不如小鲜肉的司机。

伦勃朗特别倔强。有一次，他给别人画全家福。此时，他的一只宠物猴死了。

他对客人说,能不能把这只猴子画进全家福里。

客户坚决反对。

伦勃朗还是坚持画上了。

客户拒绝收货、不再付钱。

二流的画家都是商人,他让客户满意,自己赚大钱。

一流的画家都是天才,他让自己满意,宁肯赔钱,过得穷困潦倒。

1642年,伦勃朗接到一张订单。

阿姆斯特丹的民兵队需要一幅集体肖像画。

他们决定AA制,每人出100荷兰盾。折合成人民币的话,每人1万元。

荷兰人做事精明、小气,AA制就是他们发明的。

这幅画将悬挂在民兵总部一楼的巨型大厅里,占据一整面墙。伦勃朗不得不搭一个架子来支撑庞大的画布。

过去的团体画属于摆拍,人物整齐划一,像士兵一样成排站立。

伦勃朗不想落入俗套。于是他设计了一个场景:

接到市民报警后,民兵队在出发前的一刻。

画面正中穿黑色军装,身披红色绶带的是中尉弗朗西斯。他嘴唇微张,正同身旁的副队长商量对策。他伸出的手在副队长身上留下一道阴影。

队员们有人在擦枪筒,有人在扛旗帜,周围有一群孩子在看热闹。

伦勃朗把自己画在队长帽子的上头,露出他那标志性的鼻子。

当伦勃朗耗费大量心血完成这幅作品,得意地交给民兵队员们时,所有人都沉默了。

然后是一片叫嚷声:

"这画画得太乱了。难道不应该站得整整齐齐,像支军队的样子。"

"为什么我只有脑袋,而他却有整个身子?"

"凭什么他站在中间,而我却躲在后面的角落里?"

"大家出的钱一样多,就要画得一样多。"

"这个小女孩是谁?她的腰间为什么有只鸡?她出钱了吗?"

他们对伦勃朗说,要么重画,要么退钱。

伦勃朗呕心沥血的作品遭到批评,他竭力为自己辩护。

不重画,不退钱。

民兵队员们把伦勃朗告上法庭,整个阿姆斯特丹都知道了。

最后法官判决，民兵队员拿走这幅画，但不付尾款（占大头）。

民兵们把油画挂在门厅里。门厅有点小放不下，队员们于是裁掉了部分画面。人们在门厅里烧泥炭取暖，时间久了，画面上落了厚厚的一层炭灰，使得整幅画色彩变得更加暗淡。

伦勃朗画的是白天，结果画面看起来像晚上。

这幅画原名叫《弗兰斯·班尼克·库克上尉带领的第二民兵支队》，后来人们把这幅画叫《夜巡》。

今天，《夜巡》和达·芬奇的《蒙娜丽莎》、委拉斯凯兹的《宫娥》并称世界三大名画。

这些民兵不会想到，他们成为世界名人了。

客户投诉，就连法官都说这幅画难看。

从此以后，就再也没有人找伦勃朗画肖像了。

伦勃朗生活上大手大脚，突然断了收入来源，立即陷入困境。

不幸的是，他的妻子也于这年去世了，刚刚30周岁。妻子给他留下了一笔巨款——4万荷兰盾。妻子的遗嘱规定，伦勃朗不能再婚，否则就把她的嫁妆还给她的娘家人。

伦勃朗夫妇有四个孩子，只活了一个男婴，还不满周岁。

伦勃朗请了一个叫迪瑞克斯的奶妈照顾自己和儿子。不久之后，两人同居了。

迪瑞克斯非要伦勃朗娶她。在遭到拒绝后，她把伦勃朗告上法庭。伦勃朗不得不支付给她高额的赡养费和养老金，身心俱疲。

伦勃朗和后来的女仆韩德瑞克同居了。两人生了一个女儿。因为遗嘱，两人不能结婚。教会和社会一致谴责伦勃朗犯下通奸罪。

他们认为，伦勃朗不仅画得差，人品也差。

时代变了，客户变了，需求也变了。

但伦勃朗没变。他不想变。

有人劝他说，不管你当年多牛，你现在过气了。你画的东西是四不像，你甚至不如一个普通的画家。人家收费还比你低。

你就不能把人家的皮肤画得白皙一点？

你就不能把人家脸上的瑕疵去掉吗？

你就不能把人家的衣服画得清晰点？

第二十四章 伦勃朗——"饿死也不妥协"

不能。

我画的是艺术品，不是画。

那些假装高贵、优雅、端庄和有涵养的人，实际上粗鄙、庸俗、虚伪与浅薄。我不想画他们。

伦勃朗没有订单，没有现金流。

吃了几年老本之后，伦勃朗欠下的债务越来越多。他的房贷已经严重逾期。他投资了一艘货船，又因海难沉入大海。

1656年，伦勃朗只得忍受耻辱地签署了破产协议，拍卖自己的物品还债。银器、镜子、床、椅子和箱子，曾经琳琅满目的收藏，充满异国情调的玩物和天然珍品，还有多年辛苦收集的艺术档案，包括逝世多年的恩师彼得·拉斯特曼所作《托比亚斯》，旧友兼对手杨·利文斯在莱顿小城的绘画，曼特尼亚的手稿，卢卡斯·范·莱登的手书等。

债主根本不想了解艺术，他们只要现金。伦勃朗价值连城的收藏品被按普通装饰品处理掉了。

1658年，债主们逼伦勃朗卖掉他的四层楼豪宅。他的房子不仅没有增值，反而比原价低2000荷兰盾。

顺便说一句，他的豪宅今天还可以参观。

伦勃朗50岁了，却不得不去贫民窟租房子住。

韩德瑞克和伦勃朗的儿子开了一家画店，帮助伦勃朗卖他的画。

一个翻身的机会来了。

阿姆斯特丹市政大厦是荷兰最漂亮的建筑之一。市政官员决定订购一些油画来装饰大厅，这项任务交给了伦勃朗的弟子戈弗特·弗林克。不巧弗林克于1660年去世。这时候，才有人想起了他的老师伦勃朗。

伦勃朗分配的作品题目叫《克劳迪亚斯·西维利斯的密谋》。

荷兰人认为自己的祖先是巴达维亚人。一千多年前，罗马人入侵荷兰。巴达维亚领袖克劳迪亚斯·西维利斯与各部落首领歃血为盟，誓死抵抗罗马人。这幅画只要体现克劳迪亚斯高大、英俊、坚毅的一面，就能获得客户满意。

该画的劳务费为1000荷兰盾，相当于20万人民币。

对于陷入困顿中的伦勃朗来说，这是一笔巨款。

绘画技巧从来不是问题。伦勃朗20年前的水平就能超过他现在所有的学生。如果伦勃朗愿意，他可以创造一幅《最后的晚餐》。

《克劳迪亚斯·西维利斯的密谋》挂在阿姆斯特丹的市政厅，整个荷兰的权贵都会看到这幅作品。到时候，源源不断的订单就会飞来，伦勃朗就可以赎回自己的豪宅。

伦勃朗正确的选择，就是顺应大众的审美，压抑自己的个性，向客户低一下头，轻松地把 20 万人民币拿回家。

然而，伦勃朗不想去理解别人。他想让别人理解他。

画作完成之后，挂在了市政厅的墙上。

然而，市政府人员实在不能理解、不能忍受伦勃朗的美。最后，他们叫来伦勃朗，让他自己摘下自己的画，拿走。

还有人认为，伦勃朗把民族英雄画成小丑，是荷奸，是卖国贼。

20 万人民币没有到手，伦勃朗还自己搭上了画布和染料的钱。

还不算为之付出的心血。

挂在市政厅的油画被人逼着摘下来，伦勃朗顿时沦为荷兰人的笑柄。

人们嘲笑他的画技，嘲笑他的不合时宜。

市政官员雇佣约里安·欧文，让他画一幅同样的内容填补伦勃朗留下的空白。

欧文用了几天的时间就完成了画作，拿到 50 荷兰盾，即 1 万元人民币。

显然，市政官员认为欧文的作品太普通，艺术价值不高。

官员们宁肯天天看三流货，也不接受伦勃朗的作品。

我问你，如果让你设计一幅将士们抵抗强敌的作品，你会选择下面哪个方案：

A 方案。我方将士个个英俊威武、身材高大。他们盔甲鲜明、武器锃亮。他们脸上充满着自信的笑容，看起来他们消灭敌人有如削瓜切菜。

B 方案。我方将士有高有矮，有胖有瘦，没有长得漂亮的，都是一般人，如同你我以及你我的亲朋好友。他们衣着破烂，有人身上还带着伤。他们个个表情严肃。他们似乎没有信心，但眼光中没有恐惧和妥协。

反正我的答案是 B。

伦勃朗的巨画肯定没人要了，扔了吧怪可惜的。

别说 20 万人民币，伦勃朗家里 1 万人民币也没有。他把这幅巨画裁成几幅小画，低价售出。

1734 年，伦勃朗去世 65 年后，有人以 60 荷兰盾的价格购得其中一幅小画。这幅小画相当于原画的四分之一。60 荷兰盾也就是一张好床的价格。

这幅小画现藏于瑞典。

2008年3月,瑞典艺术家将这幅画估价1.23亿美元。

不幸加不幸的是,韩德瑞克和儿子(只有27岁)都先于伦勃朗去世。

1669年,伦勃朗在贫困中闭上眼睛,身边只有女儿陪伴。

除了一些旧衣服和绘画用具外,画家没有留下任何财产。因此,他只能葬在阿姆斯特丹西教堂的一处无名墓地里。后来城市改造,把墓地平了。从此,再也找不到伦勃朗的遗骸了。

伦勃朗生前没有留下传记。他画了上百幅自画像,至今尚存90幅。这些自画像有他的容貌、身份、家人、情感、财富、人生和他要向世人展示的东西。

伦勃朗大鼻小眼,长得实在不好看。不过,如果一个画家觉得自己都不美,都没有观赏价值,他怎么有信心去创作作品给别人欣赏?

年轻时,伦勃朗画过一幅自己和娇妻的画,从里到外都透露着快乐。

晚年的伦勃朗面部褶皱、表情忧郁、身材肥胖、贫穷寒酸。他就画这样的自己,不用美化。

伦勃朗依旧凝视着画面外的你。

1658年的自画像,伦勃朗为画中的自己穿上了金色衣服。他挺直胸膛,表情严肃地端坐在椅子上,右手放在扶手上,左手握着一把画画用的木杆。

这是标准的国王画像。

不管世人如何笑我,不管我的容颜如何衰老,不管我的衣服多么破旧,我依然是绘画界的王。

1658年的自画像中,伦勃朗面带微笑。也许是对冰冷世界的蔑视和回敬。

巴洛克主义创始人、伦勃朗心目中的"老师"卡拉瓦乔,腰间经常藏着一把匕首。谁批评他的画,他就找谁打架、拼命。

伦勃朗用自画像回复批评、回复世界。

我的人就是这样,我的画就是这样。

我不在乎你们的嘲讽。

我宁肯穷死、饿死,也不画一张庸俗的画。

我伦勃朗笔下没有二流作品。

我认识一位书法家。如果你手中有他早年的作品,愿意给他,他就为你写一幅更好的作品,然后撕掉你还给他的作品。他不想让后人看到他曾经写得不好的作品。

一个名人，如果不是极特殊情况，千万不要做钱的奴隶，千万不要昧着良心说话做事。因为你说过的每一句话，做过的每一件事，历史都会记住。

画一幅画，没人评价，这是业余画家。

画一幅画，普通人都说好，这是二流画家。

画一幅画，画家都说好，这是一流画家。

画一幅画，全世界都说不好，这是大师。

伦勃朗的绘画水平与同时代的鲁本斯、委拉斯凯兹不相上下。后面两个人为王室服务，美化君主，衣食无忧，同伦勃朗的命运有天地之别。

伦勃朗，荷兰最伟大的画家之一，世界历史上最伟大的画家之一。

伦勃朗去世了，荷兰艺术的黄金时代也结束了。

第二十五章
明末清初的欧洲绘画

从明朝中期到清朝成立将近150年里，欧洲艺术（绘画、雕刻和建筑）大体上可以分为三个阶段。

第一阶段是文艺复兴阶段，代表人物有文艺三杰（达·芬奇、米开朗琪罗、拉斐尔），有威尼斯三杰（提香、丁托列托和委罗内塞），有北欧豪杰丢勒，有佛兰德怪杰老勃鲁盖尔。

第二阶段是矫饰主义阶段，出现了一个怪咖奇葩，哈布斯堡王朝的宫廷画家朱塞佩·阿尔钦博托（1527？—1593年）。

任何人都会被他的画吸引。比如，他画《图书馆长》的肖像，就用各种书组成图书馆长的脸。他画《厨师》，厨师的脸由乳猪和烤家禽构成。他画《园丁》，园丁的脸全是蔬菜。

我们有时会遇到一类观察题，让你在一幅画中寻找10种以上的动物。

阿尔钦博托就是这类画的祖师爷。

1600年，新世纪的头一年，罗马出现了一部轰动全城的作品——《圣马太蒙召》，并宣告了第三阶段——巴洛克阶段的来临。

巴洛克这个词来源于葡萄牙语，意为不圆的珍珠，形状怪异的珍珠。在意大利语中，巴洛克有"奇特、古怪、变形"等解释。

《圣马太蒙召》的作者叫卡拉瓦乔,是一位脾气暴躁的"浪子天才"。关于他的事迹与成就,笔者在《万历十五年欧洲那些事儿》中有详细介绍。

卡拉瓦乔的创新点体现在三个方面:

第一,整个画面由明基调变为黑背景,高光聚焦在中心人物身上,整个画面充满戏剧性。

第二,画中人物形象从耶稣、圣母转向人,既有王公贵族,也有平民百姓。小商小贩、妓女小偷,皆可入画。

第三,从和谐优雅、平衡克制的动作转向激情、夸张,甚至暴力。

天妒英才,卡拉瓦乔死于1610年。

卡拉瓦乔死后的一百年里,欧洲最著名的画家,包括伦勃朗、委拉斯凯兹、鲁本斯、维米尔在内,都深受卡拉瓦乔影响,都算是巴洛克画家。

其中,伦勃朗、维米尔、哈尔斯称荷兰画派三杰。

鲁本斯、凡·戴克和乔登斯称佛兰德画派三杰。

其中,伦勃朗的《夜巡》(1642年)、委拉斯凯兹的《宫娥》(1656年)与达·芬奇的《蒙娜丽莎》合称西方油画的"三宝"。

《夜巡》是荷兰的国宝,《宫娥》是西班牙的国宝。

除了绘画,这一百年内的雕塑、建筑、音乐都被称为巴洛克式。因此,当你听说某件艺术品、某栋建筑是巴洛克风格时,你就知道它们诞生于17世纪(明末清初)。

用个最简单的方式归纳如下:

1500—1599年,文艺复兴时期;

1600—1699年,巴洛克时期;

1700—1800年,洛可可和浪漫主义时期。

我在《正德十六年欧洲那些事儿》里介绍过达·芬奇、米开朗琪罗、拉斐尔、老勃鲁盖尔,在《万历十五年欧洲那些事儿》里介绍过卡拉瓦乔,加上本书中的贝尼尼、伦勃朗,也只是介绍了很少一部分艺术家,也只是介绍了他们很少的作品。我在写作过程中,学习了大量画家的生平、作品,非常想介绍给各位读者。相对于其他人,艺术家的脾气更古怪,艺术家的生活更凌乱,艺术家的人生更多彩。

可惜的是,本书不是艺术史,没有足够的篇幅留给他们。

不懂艺术,生活的乐趣和意义至少降低一半。

艺术史和政治史、军事史、科技史一样重要。

艺术家对人类的贡献不逊于政治家、军事家和科学家。

艺术家是哲学家。他们通过不同常人的眼睛观察世界，通过自己的画笔和凿子表达世界观，表达人生观。

艺术家是历史学家。他们的作品真实地反映了那个时代人们吃什么、穿什么、住什么、干什么、家里有什么。他们的作品真实地反映了那个时代人们的喜悦和哀愁。

早在万历年间，明朝的画家们就看到了传教士带来的西洋油画，对其逼真程度赞叹不已。明末清初，欧洲画家也在青花瓷上领略了中国绘画作品。

艺术家是创新家。一个花瓶，一百个画师画出来都差不多。而一百个艺术家，可以创造出一百种表现形式。

不管哪个国家，艺术家都是国宝，艺术家的作品也是国宝。

然而，在古代社会，无论中国还是欧洲，人们都把艺术家当作地位不高的工匠。

西班牙画家阿隆·卡诺完成了一件贵族雕像，向贵族的会计索要100杜布伦（约3200美元）酬劳。

会计问他："你花了几天时间完成的？"

"25天。"

"那你一天就挣4个杜布伦喽？"

"我之所以能用25天成完，是因为我之前学了15年。"

"我也学了15年，而且还花大价钱上大学。身为会计，我的职业比你高贵，但我一天只挣1个杜布伦。"

"你的职业比我高贵？"雕刻家咆哮道，"你，会计，是国王以地上的土造就的，而我，阿隆·卡诺则是上帝亲自创造出来的。"

盛怒之下，阿隆·卡诺将雕像砸得粉碎。

现在文盲很少了，说你是文盲你肯定生气。

不过，现在的"艺盲"却比比皆是。除了知道几个艺术家的名字，以及几幅作品外，其他的就知之甚少了。大多数人一年去博物馆看展览不超过三次，其艺术知识尚停留在中小学生水平。包括我自己在内，这两年通过阅读材料、观看画作，也就具备了高中生的水平。

我去过欧洲多个国家，很少花钱去博物馆看艺术品。有的景点大门票包括画展，为了不吃亏就进去看几眼，很快就不耐烦地出来了。

中华民族的伟大复兴，最重要的是文化复兴。

中华民族的伟大进步，最重要的是民众文化素质的进步。

很多国人骄傲地说，在法国的各大百货商场，都有中文翻译和懂中文的销售员。然而，很多法国景点和博物馆，有日文，甚至韩文的翻译，却没有中文翻译。

下面简要介绍几位17世纪的艺术家。

听说过约翰内斯·维米尔（1632—1675）的人可能不多，看过《戴珍珠耳环的少女》的人肯定不少。

维米尔出生在代尔夫特一个画商家庭。21岁时，他加入了代尔夫特画家公会，做过两届公会领导人。他有11个儿女，由此导致生活贫困，有时不得不用油画去抵偿面包铺的债务。1675年，维米尔参加了抵抗法国军队的战争，因劳累过度，在贫病交加中去世，终年43岁。

他生前的作品不多，死后也不为人所知。

直到两百年后，一位法国艺术评论家杜尔发现了这位埋没已久的天才画家。

维米尔作品大多数描绘宁静、和谐的家庭生活，特别是女性的形象和活动，画面通常是一两个人在室内劳作或休闲，光线从左侧的窗户照进来。

与同时期其他画家不同，特别是与"自画狂"伦勃朗不同，维米尔没有画过自画像，只在一幅作品中画过自己的背影。西班牙著名画家达利对维米尔佩服不已，特意在自己的画里重复了这个背影。

我们非常遗憾地无法目睹画家的真容。

委拉斯凯兹（1599—1660）是文艺复兴后期西班牙最伟大的画家。弗朗西斯科·戈雅认为他是自己心目中的"伟大教师"。

委拉斯凯兹出生于塞维利亚。12岁开始学画，19岁娶了老师的女儿，26岁成为宫廷画师，为西班牙国王腓力四世及王后、公主画了大量的肖像画。

国王非常欣赏委拉斯凯兹，经常在他的画室一待就是几个小时。

有人妒嫉他说："委拉斯凯兹只会画人头，别的就一无所长了。"

委拉斯凯兹不快地回敬道："整个西班牙，还没有几个人能画好人头。"

1660年，委拉斯凯兹在筹备西班牙公主和法国国王路易十四的婚礼中劳累而死。

彼得·保罗·鲁本斯（1577—1640）是17世纪佛兰德最著名、最有成就的画家。鲁本斯画作最大的特点就是，他画中的女人都是肉嘟嘟的。

相对于其他画家，鲁本斯的人生非常成功。

他是欧洲各国王室的座上宾。西班牙国王任命他为大使，英国国王查理一世封他为爵士，法国王室向他下达了大量订单。

鲁本斯负责接订单，出创意和框架，完成核心部分，其他的交给自己的助手完成。

鲁本斯一生创作了大量的作品。对此，他无奈地说：

"我没有那么大的雄心，但订单太多迫使我毫无勇气地冒险。"

附　录
明末清初世界大事记

时　间	事　件
万历四十八年 （1620年）	• 万历皇帝驾崩。 • "五月花"号到达北美，部分乘客签署《五月花号公约》。 • 天启皇帝登基。
天启元年 （1621年）	• 北美殖民者与印第安人共庆丰收，后来演变成感恩节。 • 荷兰天文学家、数学家斯涅尔发明斯涅尔定律。
天启二年 （1622年）	• 英国和波斯合作，从葡萄牙人手中夺走霍尔木兹。 • 葡萄牙人在澳门击退前来进攻的荷兰人。 • 荷兰人侵占澎湖。 • 印第安酋长杀死了347名英国定居者。
天启三年 （1623年）	• 《莎士比亚戏剧集》出版。
天启四年 （1624年）	• 路易十三首建凡尔赛宫。 • 黎塞留成为第一部长。 • 圣弗朗西斯·泽维尔大学在玻利维亚成立。 • 福建政府迫使荷兰人从澎湖撤离。
天启五年 （1625年）	• 英国国王查理一世加冕。

续表

时　　间	事　　件
天启六年 （1626 年）	• 荷兰人以 60 荷兰盾购买曼哈顿。 • 努尔哈赤去世。 • 圣彼得大教堂竣工。
天启七年 （1627 年）	• 后金军首次征服朝鲜。 • 崇祯登基。
崇祯元年 （1628 年）	• 威廉·哈维出版《心血运动论》。 • 托马斯·曼撰写重商主义名著《英国来自对外贸易的财富》。
崇祯二年 （1629 年）	• 查理一世解散议会，开始"十一年暴政"。
崇祯三年 （1630 年）	• 波士顿建市。 • 袁崇焕被凌迟。 • 德国天文学家约翰尼斯·开普勒去世。
崇祯四年 （1631 年）	• 法国第一家报纸出版发行。 • 《风中奇缘》的男主角，英国冒险家约翰·史密斯去世。 • 英国人托马斯·霍布森去世。作为一个马贩子，他只展示自己最差的马，然后告诉顾客可以自由选择。后人用霍布森的选择表示没有选择的选择。
崇祯五年 （1632 年）	• 北美马里兰殖民地成立。 • 俄罗斯人建立雅库茨克据点。 • 泰姬陵开始建设。 • 夸美纽斯出版《大教学论》。
崇祯六年 （1633 年）	• 塞缪尔·德·尚普兰担任新法国（加拿大）总督。 • 料罗湾大战，郑芝龙战胜荷兰舰队。 • 徐光启去世。
崇祯七年 （1634 年）	• 法兰西学院成立。 • 德国人创建宝拉纳啤酒厂。
崇祯八年 （1635 年）	• 日本禁止商人出国，违者处以死刑。
崇祯九年 （1636 年）	• 哈佛大学成立。

续表

时间	事件
崇祯十年 （1637年）	• 费马在书页空白处写下费马猜想。 • 荷兰共和国出现郁金香泡沫。 • 宋应星出版《天工开物》。 • 第一次中英冲突。 • 笛卡儿提出"我思故我在"。
崇祯十一年 （1638年）	• 荷兰人定居毛里求斯、锡兰。
崇祯十二年 （1639年）	• 俄罗斯人到达太平洋。 • 荷兰与日本达成独家贸易合作协议。
崇祯十三年 （1640年）	• 第一家著名的欧洲咖啡屋在威尼斯开业。 • 佛兰德画家彼得·保罗·鲁本斯去世。
崇祯十四年 （1641年）	• 荷兰人把葡萄牙人从马六甲赶走。 • 中国北部和中部爆发大规模瘟疫。 • 中国探险家兼地理学家徐霞客去世。
崇祯十五年 （1642年）	• 英国内战爆发。 • 伦勃朗完成他最著名的画作——《夜巡》。 • 荷兰航海家阿贝尔·塔斯曼发现新西兰。
崇祯十六年 （1643年）	• 法国国王路易十四继位。 • 皇太极去世，顺治皇帝继位。 • 荷兰航海家阿贝尔·塔斯曼发现汤加和斐济。
崇祯十七年 顺治元年 （1644年）	• 李自成进入北京，崇祯皇帝自杀。 • 清军占领北京。
顺治二年 （1645年）	• 多尔衮发布剃发令。
顺治四年 （1647年）	• 英国清教徒统治者禁止民众过圣诞节。 • 意大利数学家卡瓦列里去世。 • 明朝文学家冯梦龙去世。
顺治五年 （1648年）	• 荷兰与西班牙结束八十年战争，获得独立。 • 俄罗斯人杰兹诺夫从北冰洋穿过白令海峡，到达太平洋。 • 印度红堡竣工。

续表

时　　间	事　　件
顺治六年 （1649 年）	• 英国议会判处国王查理一世死刑并行刑。 • 法国数学家兼民间科学协会秘书长马林·梅森去世。
顺治八年 （1651 年）	• 英国政治哲学家霍布斯出版《利维坦》。 • 英国第一家咖啡馆在牛津开业。
顺治九年 （1652 年）	• 荷兰人里贝克在好望角建立补给站，后成为开普敦。
顺治十年 （1653 年）	• 第一次英荷战争爆发。
顺治十二年 （1655 年）	• 阿姆斯特丹市政厅揭幕，现为皇家宫殿。
顺治十三年 （1656 年）	• 西班牙画家委拉斯凯兹创作了最重要的作品《宫娥》。
顺治十四年 （1657 年）	• 奥利弗·克伦威尔拒绝成为英国国王，继续称"护国公"。 • 惠更斯出版了一本概率论著作。
顺治十五年 （1658 年）	• 英国护国公奥利弗·克伦威尔去世。 • 大清和俄罗斯军队在黑龙江领域发生武装冲突。
顺治十六年 （1659 年）	• 世界上第一张支票签出。
顺治十七年 （1660 年）	• 英国查理二世国王继位。
顺治十八年 （1661 年）	• 奥利弗·克伦威尔被戮尸。 • 顺治去世，康熙继位。
康熙元年 （1662 年）	• 郑成功收复台湾并于当年去世。 • 永历皇帝被处死。 • 巴黎试行公交车。 • 葡萄牙将印度孟买作为嫁妆送给英国。